JAMES HILLMAN

VOM SINN
DES
LANGEN
LEBENS

W0087521

JAMES HILLMAN

VOM SINN DES LANGEN LEBENS

WIR WERDEN, WAS WIR SIND

KÖSEL

Übersetzung aus dem Amerikanischen:
Karin Petersen, Berlin.
Die Originalausgabe erschien unter dem Titel
»The Force of Character. And the Lasting Life«
bei Random House Inc., New York.

ISBN 3-466-34430-1
Copyright © 1999 by James Hillman
© 2000 für die deutsche Ausgabe
by Kösel-Verlag GmbH & Co., München
Printed in Germany. Alle Rechte vorbehalten
Druck und Bindung: Kösel, Kempten
Umschlagmotiv: Marc Tauss, New York
Foto auf der Umschlagrückseite: Imke Lass, Glenwood Springs
Umschlaggestaltung: Kaselow Design, München

1 2 3 4 5 · 04 03 02 01 00

Gedruckt auf umweltfreundlich hergestelltem Werkdruckpapier
(säurefrei und chlorfrei gebleicht)

FÜR MARGOT,
DIE DIE SACHE DER
SCHILDKRÖTE
NIEMALS
VORANGETRIEBEN
HAT

*Alte Männer müßten stets
Kundschafter sein.*

T.S. ELIOT

INHALT

EIN VORWORT
FÜR DIE LESERINNEN
UND LESER

Alt werden ist nichts Zufälliges. Es ist notwendig für den menschlichen Zustand, von der Seele beabsichtigt. Alt werden ist in unsere Physiologie eingebaut; und doch dehnt sich das menschliche Leben zu unserer Verblüffung weit über die Zeit der Fruchtbarkeit hinaus aus und überdauert die muskuläre Spannkraft und die Schärfe der Sinnesorgane. Aus diesem Grund brauchen wir schöpferische Ideen, die das Altwerden achten und sich ihm mit der Intelligenz nähern, die es verdient. Eine solche Sicht werden Sie in diesem Buch finden. Es verspricht, Ihr Denken mit sprudelnden Einsichten zu erfrischen, die den Übergang in die späten Jahre tief greifend, ja sogar dauerhaft beeinflussen werden.

Warum also *leben* wir so lange? Andere Säugetiere räumen ihren Platz, während wir die Menopause vierzig, fünfzig und manchmal sogar sechzig Jahre überleben. Wir bleiben, räkeln uns in unseren Ohrensesseln oder drehen die Tretmühle noch mit 88 Jahren weiter.

Ich kann der Theorie nicht zustimmen, dass die menschliche Langlebigkeit das künstliche Ergebnis der Zivilisation, ihrer Wissenschaft und ihrer sozialen Netzwerke ist, welche einen Haufen lebender Mumien hervorbringen, Paradoxien, die in einer Zwischenzone schweben. Die Alten als »Retardierte«.

Lassen Sie uns stattdessen den Gedanken verfolgen, dass der Charakter die zusätzlichen Jahre *benötigt* und dass uns die lange Lebensdauer weder von unseren Genen noch von der lebensverlängernden Medizin oder der gesellschaftlichen Verschwörung aufgezwungen wird. Die letzten Jahren festigen und erfüllen den menschlichen Charakter.

Was die menschliche Natur über die menschliche Natur am dringendsten erfahren möchte, betrifft nicht die Entwicklungskette von den entferntesten Ursprüngen bis zur unmittelbaren Gegenwart. Wir möchten unserem Altwerden einen Sinn abgewinnen, der über Verschleiß und das Nachlassen der Kräfte hinausweist. Welchem Zweck dient das Altern? Um was geht es genau?

Die Fragen treffen uns plötzlich, mitten im Leben, und nicht in der berüchtigten »Midlife Crisis«. Diese Krise beruht auf zwei Ängsten: Jahr für Jahr läuft mein Leben dahin, aber komme ich auch weiter mit dem, was mich wirklich ausmacht? Gemeint sind Altwerden *und* Charakter. Dieses allgemein verbreitete Syndrom sagt weniger über die Lebensmitte als über die zentrale Krise der menschlichen Natur aus, weniger darüber, zu alt als vielmehr noch zu jung zu sein. Es geht nicht um den Verlust von Fähigkeiten, sondern um den Verlust von Illusionen.

Wir finden mehr über unsere Krise in der Lebensmitte heraus, wenn wir kritisch auf die sentimentale Verlängerung der Jugendzeit zurückschauen, statt uns schon vierzig Jahre im Voraus auf das Altersheim auszurichten. Diese Zukunftsprojektion hält uns davon ab, die Lebensmitte wirklich zu leben und deckt die faszinierenden Fragen nach den späten Lebensjahren mit einem Leichentuch des Grauens zu. Mit vierzig sind wir noch nicht achtzig, und es liegt noch sehr viel mehr »wache Zeit« vor als hinter uns. Unsere Begegnung mit dem Alter in der Lebensmitte ist verfrüht. Wir haben noch nicht die Wahrnehmung entwickelt, um die Bilder des Alterns zu ergründen, so dass die Antworten, die wir in der Lebensmitte finden, hauptsächlich unsere Ängste widerspiegeln. Dieses Buch riskiert völlig andere Antworten.

Um das Altern zu *erklären*, wenden wir uns meistens an die Biologie, die Genetik und die Geriatrie, aber um das Altwerden zu *verstehen*, brauchen wir mehr: die Idee des Charakters. Die Biologie ist nicht mit dem Körper identisch, sie ist lediglich ein Weg, ihn zu beschreiben. Das Altwerden wird vermittelt durch die Geschichten, die man sich darüber erzählt. Die Biologie erzählt eine Geschichte, die Psychologie eine andere. Oder, besser gesagt, die Psychologie versucht, die Erklärungen der Biologie zu verstehen.

Unsere Wirklichkeit als lebendige, denkende Wesen geht den Erklärungen unseres Lebens und Denkens voraus. Eine psychologische Herangehensweise an das Altwerden muss sich an diese Priorität halten. Wenn die Idee der Seele (selbst wenn wir diese Idee nicht erklären können) für uns von primärem Wert ist, dann sollte unser Denken mit unserem Wertsystem im Einklang stehen. Das heißt, wir müssen das Altwerden psychologisieren und die Seele darin entdecken.

Im normalen Verlauf des Lebens endet das Altwerden mit dem Sterben, und unser normales Denken über das Altern zieht die gleiche Schlussfolgerung. Wenn Altwerden immer mit dem Sterben endet, bedeutet das dann, dass das Ziel des Altwerdens allein im Sterben besteht? Die Biologie betrachtet das Altern als einen Prozess, der zur Nutzlosigkeit führt. Doch lassen Sie uns das Alter statt als Prozess lieber als eine *Struktur* betrachten, die ihre ganz eigene grundlegende Natur aufweist.

Lassen Sie uns die Frage stellen, warum unsere späteren Jahre eine bestimmte Form und bestimmte charakteristische

Züge aufweisen. Vielleicht müssen wir die »Nutzlosigkeit« ästhetisch betrachten. Muss die Seele ein angemessenes Alter erreichen, bevor sie geht? In diesem Fall können wir uns das Altwerden nicht nur als biologische Umwandlung, sondern auch als eine Transformation zu Schönheit vorstellen. Die Alten sind dann wie ausgestellte Bilder, die biologisches Leben in Imagination, in Kunst umsetzen. Sie werden zu verblüffend eindringlichen Ahnenbildern, Charakteren im Spiel der Zivilisation, von denen jeder eine einzigartige, ebenso unersetzliche wie wertvolle Gestalt darstellt. Altern als Kunstform?

Um den späten Jahren und den oft absurden misslichen Zuständen und lächerlichen Degradierungen, die mit dem Alter einhergehen, einen Sinn abzugewinnen, tun wir gut daran, zu einer der tief greifendsten Fragen zurückzukehren, die sich das menschliche Denken jemals gestellt hat: Was ist der Charakter, und wie zwingt er uns in die Muster, nach denen wir leben?

Nicht nur Ihre Körperfunktionen und Ihre Organe altern, sondern Ihre gesamte Natur, die ganz bestimmte Person, die Sie geworden und bereits vor Jahren gewesen sind. Der Charakter hat Ihr Gesicht geprägt, Ihre Gewohnheiten, Ihre Freundschaften, Ihre Eigenarten und das Maß Ihres Ehrgeizes mit seinen Karrieren und Misserfolgen. Der Charakter beeinflusst Ihre Art zu geben und zu nehmen; beeinflusst Ihre Kinder und Ihre Art zu lieben. Er geleitet Sie nachts nach Hause und kann Sie lange wach halten.

Sie und ich, wir sind nicht die ersten Menschen, die erleben, wie es ist, alt zu werden, auch wenn wir zum ersten Mal damit konfrontiert sind. Die Menschheit ist immer gealtert, warum also nicht auf die Erfahrungen zurückgreifen, die Menschen in früheren Jahrhunderten mit dem Altwerden gemacht haben? Für unsere Kultur wäre das eine erfrischend neue Herangehensweise. Wenn wir unsere Ideen den jüngsten Forschungen entnehmen, bedeutet dies eine starke Einschränkung unserer Sicht auf das Neue – und viel Neues ist bereits gekommen und gegangen, wenn diese Seiten gedruckt worden sind und ihren Weg in Ihre Hände gefunden haben. Außerdem gründet vieles vom Neuen in Verleugnung. Ein unterschwelliges Motiv in der Erforschung des Alterns ist der Drang, es loszuwerden, als wäre es ein Krebs.

Auch ich versuche eine Idee loszuwerden oder zumindest die feste Vorstellung beiseite zu schieben, wir seien an erster Stelle physiologische Geschöpfe, und aus diesem Grunde könne unser Denken über uns selbst auf das Denken über unseren Körper reduziert werden. Diese Vorstellung hängt wie ein Urteil über uns; wir werden zu Opfern des Alterns. Wir glauben, unsere gesamte Existenz sei der Physiologie unterjocht und werde von dieser – in den späteren Jahren besonders dramatisch – beherrscht.

Stattdessen wollen wir in diesem Buch die Vorstellung in den Vordergrund rücken, dass wir in Wirklichkeit dem Charakter unterworfen sind. »Der Charakter«, sagte Heraklit in den Anfängen des westlichen Denkens, »ist Schicksal«. Nicht Napoleon, nicht die Geographie und auch nicht Freud und die Anatomie. Der Charakter! Der Charakter regiert – regiert auch die Physiologie. Und wir werden mit all der Gewichtigkeit und Beharrlichkeit, die wir immer noch aufbringen, daran festhalten, dass das genetische Erbe in unserem eigenen und eigentümlichen Muster durch unseren Charakter Form annimmt, diese ganz spezielle Komposition von persönlichen Zügen, Launen, Freuden und Verpflichtungen, jene identifizierbare Gestalt, die sowohl unseren Namen als auch unsere Geschichte und ein Gesicht trägt, das ein »Ich« widerspiegelt.

Dann werden wir den Verfall von Körper und Geist nicht nur trübselig betrachten. Wir werden ihn mit einer Wahrheit verbinden, die ihm zugrunde liegt und die wir bereits empfinden: Irgendetwas formt ein menschliches Leben zu einem Gesamtbild, das auch die willkürlichen Zufälligkeiten und die vergeudeten Belanglosigkeiten des Lebens mit einschließt. Wir widmen die späten Jahre oft hingebungsvoll der Erforschung dieser Belanglosigkeiten und wagen uns vor zu früheren Fehlern, um verständliche Muster zu entdecken.

Dieses Begreifen, das der alternde Verstand seinem alten Körper zu schenken versucht, wandelt diesen Körper in eine Metapher um und verleiht dem biologischen Prozess eine zusätzliche Bedeutungsebene. Das Altwerden nimmt der Biologie genau dann ihre Nüchternheit, wenn wir ihr am meisten unterworfen sind. Die späteren Jahre gewähren uns die Möglichkeit, auf das, was nur konkrete biologische Probleme schienen, noch einen zweiten Blick zu werfen. In anderen Kulturen spricht man von der Öffnung des »Dritten Auges«, von der Verdichtung des »feinstofflichen Körpers«. Nach meinem Verständnis wird damit der psychologischen Sichtweise der erste Platz eingeräumt, und die Seele wird zum primären Fundament des Seins.

Der Biologie ihre Nüchternheit nehmen heißt nicht sie verleugnen. Wir können Degenerationsprozesse und genetische Einflüsse nicht in Abrede stellen. Wir rücken diese Möbelstücke lediglich von vorne nach hinten und verlagern unsere Prioritäten. Was zeitlich zuerst kommt – Bakterien, Mitochondrien, Schleimpilze, chemische Zusammensetzungen, elektrische Ströme – muss nicht unbedingt auch als Wert oder Gedanke im Vordergrund stehen. Außerdem ist »die Kluft zwischen den höchst komplexen Mischungen organischer Chemikalien und der simpelsten Zelle niemals geschlossen worden. Weder in der Theorie noch im Labor wurde Leben jemals aus chemischen Stoffen hergestellt, ganz gleich, wie komplex diese sein mögen«, schreibt der Evolutionsbiologe Lynn Margulis.[1]

Das Leben mag wohl auf Bakterien, Pilzen und chemischen Zusammensetzungen beruhen, aber das Denken erreicht Vielschichtigkeiten, die nicht auf primäre Bausteine reduziert werden können. Das ist eines der größten Rätsel des Denkens: Es kann seine eigene Gattung hervorbringen, unnatürliche Ideen wählen und seine eigene Evolution aufzeigen – und viele ziemlich unpassende Gedanken überleben.

Wenn das Alter für die Erfüllung des Charakters erforderlich ist, was ist dann mit all jenen, die es niemals erreichen und die vor dem fünfzigsten Lebensjahr den letzten Atemzug tun? Vielleicht sind die üblichen Kommentare berechtigt: »Sie ist viel zu früh gestorben«, »Sein Tod kam verfrüht.« Womit wir meinen, dass der Charakter dieser Menschen nicht ausgereift ist. Aber was ist mit der großen Mehrheit der Menschen in anderen Jahrhunderten, die nur dreißig, vierzig Jahre alt wurden? Wurde ihr Charakter vernachlässigt, nicht ausgeformt?

Vielleicht war die Notwendigkeit des Alterns damals geringer. Alte Kulturen haben die Charakterbildung mit Initiationen, Festen und Begräbnissen ritualisiert (was auch heute noch für viele Eingeborenenvölker gilt); und die Ältesten gaben kollektive Anweisungen. Obwohl die Ältesten in diesen Gesellschaften jünger gewesen sein mögen als unsere Senioren, waren sie immer noch sehr präsent. Sie warfen beständig ein Auge auf die einzelnen Mitglieder der Gruppe und konzentrierten sich dabei kontinuierlich auf den Charakter.

Seit die Psychoanalyse angefangen hat, von »stagnierender« und »gehemmter« Charakterentwicklung und »Charakterstörungen« in der Kindheit zu berichten, ist selbst die Idee des Charakters auf die Kindheit fixiert. Die Psychologie blickt zurück, um die Charakterentwicklung zu studieren und vernachlässigt dabei die offensichtliche Tatsache, dass der Charakter seine volle Gestaltungskraft bei den meisten von uns erst sehr viel später offenbart. Wir werden einfach dadurch zu dem charakteristischen Menschen, der wir sind, dass wir länger am Leben bleiben. Wie wir altern, welche Verhaltensmuster wir regelmäßig an den Tag legen, der Stil unseres Erscheinungsbildes – das alles zeigt, wie der Charakter arbeitet. Und so, wie der Charakter den Prozess des Alterns bestimmt, enthüllt das Altwerden den Charakter.

So, wie Kindheit und Jugend ihre Beschützer haben, die zu den Heldentaten der ersten Liebe und wilden Abenteuern inspirieren, braucht auch das Alter seine Götter. Die späteren Jahre laden andere Götter ein, für deren Kennenlernen viele langsam verstreichende Jahre erforderlich sind. Ihre Forderungen und ihre Inspiration mögen völlig anders aussehen, können aber ebenso wenig zurückgewiesen werden wie die Götter, die wir in der Jugend anrufen. Entdeckung und Verheißung sind kein alleiniges Vorrecht der Jugend; das Alter ist von Offenbarungen nicht ausgeschlossen.

Wir müssen erkennen, wie hoffnungslos unser Denken über die Dauer des Lebens in geringschätziger Diskriminierung befangen ist – ein Klassendenken, das sämtliche älteren Menschen in eine Kategorie mit eindeutigen, unvermeidlichen Gebrechen verweist, die sie dem Zusammenbruch des Organismus und der Erschöpfung seiner Reserven verdanken. Biologie und Ökonomie bilden unser grundlegendes westliches Denkmodell. Vorstellungen von der Seele, vom individuellen Charakter und dem Einfluss geistiger Wachheit auf den Lebensprozess sind zum dekorativen Beiwerk geworden, das die Verzweiflung mindern und die »eigentliche Wahrheit« über das Alter bemänteln soll.

Die übliche Diskriminierung des Alters, diese »eigentliche Wahrheit«, gibt uns das Gefühl, in der Falle zu sitzen – und bringt uns in inneren Zwiespalt. Entweder wir ergeben uns der wachsenden pessimistischen Misere und können bereits mit fünfzig an nichts anderes mehr denken als an unseren geistigen und körperlichen Verfall, oder wir verleugnen die »eigentliche Wahrheit« optimistisch mit einem heroischen Programm für unser spirituelles Wachstum und unsere körperliche Fitness.

Die optimistische und die pessimistische Sicht beruht jeweils auf derselben Voraussetzung: das Alter ist Trübsal. Das wäre dann die »eigentliche Wahrheit«. Ob wir es überwinden oder uns ihm unterwerfen – das Wesen des Alters besteht unweigerlich darin, dass es einsam, armselig, abstoßend ist und viel zu lange dauert. Vielleicht stellen wir uns vor, wie Armut auf uns lastet, wie wir abgeliefert werden in einem öden Altersheim, wo wir verrückt, stumm und übel riechend auf unser Ende warten.

Doch nehmen wir einmal an, dass beide, sowohl die Optimisten als auch die Pessimisten, Recht haben und zwar gleichzeitig. Ja, Alter ist beschwerlich, vor allem wenn es belastet wird mit der *Vorstellung*, es sei beschwerlich. So lange wir jedes Zittern, jeden kleinen Leberflecken und jeden vergessenen Namen lediglich als Zeichen des Verfalls betrachten, belasten wir das Alter mit unserem Denken, ebenso wie unser Denken durch das Alter belastet wird. Allein darin, dass wir jedes Mal, wenn wir unser Gesicht im Spiegel sehen, unsere negative Diagnose des Geschehens wiederholen, zeigt sich, wie mächtig die Idee ist, vor deren Karren wir unsere späten Lebensjahre spannen.

Der Geist liebt Ideen. Er verlangt ständig frische, auch wenn sie nur halb ausgegoren sind. Er hält sich mit Grübeleien beschäftigt. Der Verstand ist auf natürliche Weise neugierig, erfinderisch, rebellisch. Man rät älteren Menschen, geistig aktiv zu bleiben, um den Verfall der Gehirnfunktionen hinauszuzögern. Die Forschung sagt, geistige Arbeit baue die Gehirnzellen auf. Nutze ihn oder verliere ihn – ganz gleich, über was du nachdenkst, Hauptsache, du trainierst deinen Geist wie einen Muskel. Aber Ideen sind nicht bloß Vitamine, die dazu dienen, den Geist wach zu halten; der Geist dient auch den Ideen. Indem er sie von allen Seiten betrachtet und sie auseinander nimmt, hält er sie lebendig und verhindert, dass sie lächerlich erscheinen.

Unsere Ideen über das Alter müssen ausgetauscht werden. Wie ein Hüftgelenk, das kein Gewicht mehr tragen kann, oder trübe Linsen, die einen daran hindern, aus dem eigenen Kopf herauszusehen, müssen wir unsere Ideen im Rollstuhl in den Operationssaal fahren. Doch um verschlissene geistige Gewohnheiten zu ersetzen, müssen wir sowohl den Angriff proben als auch Kondition haben.

Um mit den üblichen Vorstellungen von den späteren Lebensjahren zu brechen, müssen wir sie wahrscheinlich durchbrechen. Vielleicht erkennen wir dann, dass viele konventionelle Ideen, die Ausflucht vor der Tyrannei des Alters bieten, in Wirklichkeit Orte sind, an denen wir uns vor der Macht des Charakters verstecken.

Es ist tröstlich zu glauben, dass wir weiser werden, dass unser Urteil nüchterner ausfällt und die Veränderungen in unseren Genitalien, wie Sophokles sagte, eine Erleichterung sind. Es ist leichter, alt zu sein, wenn wir den Klischees der Diskriminierungen des Alters zustimmen und glauben, dass die Einstellungen, die zum Vorschein kommen, wenn wir älter werden, nicht unsere grundlegende Natur offenbaren, sondern lediglich auf das Altwerden zurückzuführen sind. So sind wir zum Beispiel zu Tränen gerührt über die Freundlichkeit eines Menschen oder bieten jemandem Hilfe an, der in

Schwierigkeiten steckt. Statt diese Freundlichkeit als unseren Charakterzug zu akzeptieren, tun wir sie ab: »Ich werde nachsichtig im Alter.« Oder, nicht mein Charakter, sondern mein Alter bewirkt, dass ich gemeine rassistische Äußerungen von mir gebe, armselige Ratschläge erteile, meinen Nachbarn hinterher spioniere. »Ich bin lediglich ein hilfloses Opfer des Alters«: Der Schwanz – oder das Märchen vom Schwanz – wackelt mit dem armen kleinen Hund.

Je länger wir an unseren überholten Vorstellungen festhalten, desto negativer ist ihre Wirkung auf uns und sie beginnen, pathologische Züge zu zeigen. Die Hauptpathologie der späten Jahre besteht in unseren Ideen über diesen Lebensabschnitt. Die eigene Jugend und eine Kultur, die ihre Ideen von dieser Jugend bezieht, können dazu beitragen, dass das Alter krankhaft wird. Nach fünfzig, sechzig Jahren beginnt eine andere Therapie – die Therapie der Ideen.

Alt werden ist zur Grundangst einer ganzen Generation geworden. Was wir individuell fürchten, sagt die Gesellschaft demographisch voraus. Immense Summen werden ausgegeben, um die Ursachen für das Altwerden aufzustöbern und zu verhindern, dass es näher rückt. Trotzdem schreitet das Alter mit stetigem statistischem Fortschritt voran. Die kommenden Jahre werden in wachsendem Maße von älteren Menschen bestimmt sein. Ob das 21. Jahrhundert vom ökologischen Bewusstsein begrünt wird, mag dahingestellt sein, mit Sicherheit aber wird es durch seine immer älter werdende Bevölkerung ergrauen. Die entwickelten Nationen altern rapide; in manchen hält die Geburtenrate nicht einmal der zunehmenden Langlebigkeit stand. Der immer während Klassenkampf zwischen Besitzenden und Besitzlosen wird im neuen Jahrhundert zwischen Alter und Jugend ausgetragen werden.

Theodore Roszak freut sich in seinem ausgezeichneten Buch *America the Wise* auf den Triumph der Alten. Durch ihre bloße Anzahl könnten sie die Gesellschaft revolutionieren, so dass diese sich vom raubgierigen Kapitalismus und der Ausbeutung der Umwelt zu dem entwickelt, was Roszak als »Überleben der Freundlichsten«[2] bezeichnet. Durch den wachsenden Anteil von Senioren an der Bevölkerung verschiebt sich das Gleichgewicht zugunsten von Werten, die, wie er glaubt, älteren Menschen am meisten am Herzen liegen: Linderung des Leidens, Gewaltlosigkeit, Gerechtigkeit, liebevolle Zuwendung und die Erhaltung »der Gesundheit und Schönheit des Planeten«.[3]

Jeder von uns kann helfen, Roszaks Vision voranzutreiben: erstens, indem wir die morbide Vorstellung vom Altwerden verbannen, die ältere Mitbürger in die lähmende Depression treibt, ihr Blickfeld durch Ärger verengt und sie von ihrem Ruf als Älteste abschneidet; und zweitens, indem wir die Idee vom Charakter wieder einführen, die das Vertrauen in die individuelle Einzigartigkeit als instrumentale Kraft zur Beeinflussung dessen stärkt, was wir dem Planeten zu geben haben.

Wenn wir den Charakter durch unser Altwerden erkunden, führt uns das zu unerforschtem Gelände. Die üblichen Landkarten des Alterns, die den Charakter unberücksichtigt lassen, sind ebenso nüchtern wie flach und vermitteln dem Benutzer weder inspirierende Höhepunkte noch Seelentiefe; und zugleich präsentieren die Texte über den Charakter sich nicht als Hinweis auf die Fundgruben und Quellen der menschlichen Natur, sondern als Handbücher für die Erziehung und Maßregelung der Jugend. Auch wenn die Moralisten die Idee vom Charakter ständig auf ihre Tagesordnung setzen, ist die Kraft des Charakters jedoch an erster Stelle natürlich und erst an zweiter moralisch. Bevor wir den Charakter der moralischen Korrektur unterwerfen. muss er zuerst einmal als *Idee* erforscht werden.

»Alte Männer müßten stets Kundschafter sein«, schrieb T.S. Eliot.[4] Ich verstehe das so: Folgen wir unserer Neugier, erforschen wir wichtige Ideen, riskieren wir Verstöße. Laut Aussage des brillanten spanischen Philosophen José Ortega y Gasset kommt der Begriff »Erkenntnis« dem griechischen Wort *alethia*, einer Aktivität des Geistes, die das gesamte westliche Philosophieren einleitete, am nächsten: »ein Entdecken des Seins der Dinge in der großen Nacktheit ... das Verborgene oder Verhüllte an die Oberfläche ziehen ...«.[5]

Falschheit kleidet sich oft in die Gewänder allgemein akzeptierter Wahrheiten, die verbreitete Unbewusstheit, die wir alle teilen. Eine Therapie der Ideen könnte uns von den Konventionen befreien, die unseren Verstand daran hindern, interessante Verstöße zu begehen.

Um genau zu sehen, wie die Kraft des Charakters zu Werke geht, müssen wir uns von ganzem Herzen einlassen auf das, was geschieht, wenn wir alt werden. Das erfordert sowohl Neugier als auch Mut. Mit »Mut« meine ich, alte Vorstellungen gehen zu lassen *und* insoweit loszulassen, dass wir uns für merkwürdige Ideen öffnen und die Ereignisse, die wir fürchten, eine andere Bedeutung bekommen. Ich meine den Mut, neugierig zu sein. Neugier ist einer der großartigsten Antriebe der Menschheit, vielleicht animalischen Lebens überhaupt; dieser dringende Wunsch, die Welt zu erforschen, der den Affen und die Maus zu ihren riskanten Abenteuern treibt. Für uns Menschen findet das Abenteuer mehr und mehr im Geist statt. Diesen geistigen Mut bezeichnete der große Philosoph Alfred North Whitehead als »Abenteuer des Denkens«. »Ein Gedanke«, sagte er »ist eine Form von enormer Erregung.«[6]

Ein vorwort vom autor

Warum werden ältere Menschen zu Moralisten, warum werden sie sentimental und radikal? Sie ketten sich an bedrohte Bäume; sie gehen auf die Straße; sie brüllen. Sie schließen ihre Ohren an einen Walkman an und lauschen Vorträgen über den moralischen Verfall des Westens. Wir Alten sind entrüstet, schockiert, beschämt.

Warum reicht es nicht, dass wir langsam in den Hintergrund treten? Warum können wir unser Licht nicht einfach hinter den ergrauenden Hügeln untergehen lassen?

Sonnenuntergang ist das falsche Bild; denn die schwindende Sonne ist voller Feuer, ein letzter Protest, ein Ruf nach Schönheit. Wir begünstigen den Tag und lassen nicht zu, dass er in der heiteren Gelassenheit des Abends untergeht. »Mehr Licht!« sagte Goethe, als seines erlosch. Keine liebreizenden Schwalben, die in der Dämmerung zwitschern, sondern unaufhörliches Geläute; Glocken, die rufen; ein Aufruf zu predigen. »Laut Platon sind das Ausrauben der Götter und der Umsturz des Staates entschuldbare Verbrechen, wenn sie unter dem Einfluss extremen Alters geschehen.«[1] Beruht auch dieses Buch auf einem Umsturz?

Stellen wir uns einmal vor, dass wir sowohl von unserem Thema, dem Charakter, *als auch* von den Variationen des Autors zu diesem Thema und *seinem* Charakter angetrieben werden, während wir die ganze Zeit das moralische, sentimentale und radikale Gepäck mit uns herumtragen, das alle alten Menschen sich auf ihren Rücken geschnallt haben. Schreiben als Last; Schreiben als Abenteuer; Schreiben als Enthüllung.

Ich möchte gewiss nicht noch mehr darüber lesen, wie wir den Charakter entwickeln und zur Weisheit des Alters gelangen können. Obwohl er den Archetypus des alten Weisen benannt und sich manchmal auch mit ihm identifiziert hat, schrieb C.G. Jung: »Ich tröste mich mit dem Gedanken, dass nur ein Narr Weisheit erwartet.«[2] »Die Weisheit des Alters?« fragt T.S. Eliot in *Vier Quartette,* »Haben sie uns betrogen/Oder betrogen sie sich selbst/ die leise sprechenden Alten, / war unser einziges Erbteil ein Rezept für Betrug?«[3]

Weisheit, Mitgefühl, Verständnis und sämtliche anderen Qualitäten, die den Ältesten bescheinigt werden, dienen lediglich als beruhigende, Phobien abwehrende Idealisierungen gegen die verwegene Kraft des alternden Charakters, der zusammengerollt in der alten Seele liegt, bereit zum Sprung. Wir Alten – auf halben Wege zu den Geisterstatuen der Ahnen und der nackten Sinnlichkeit des reinen Geistes – können die Zunge einer Kobra wegschnippen, wenn wir erst einmal aufgebracht sind. Doch die Rage ist kurzlebig.

Von einem Buch verlange ich genau das, was ich auch schreiben will: ein Buch, das ich selbst gerne lesen möchte. Autorinnen und Autoren scheinen in ihren späten Jahren keine große Auswahl zu haben: Erinnerungen an ihre früheren Lebenszeiten, Überarbeitung und Widerrufung früherer Werke und defensive Zusammenfassungen früheren Denkens. Könnte es nicht noch eine andere Möglichkeit geben?

Wir können nicht über den letzten Lebensabschnitt schreiben, als betrieben wir eine objektive Studie, die uns als Schreibende nichts angeht. Unser Leben steht zur Debatte, so dass der Text, sollte er wirklich von Herzen kommen, uns auch etwas über den Charakter des schreibenden Menschen erzählt. Autoren sind Charaktere in ihren eigenen Dichtungen. Ein Buch, das verkündet, es sei ein Sachbuch und komme als objektive Geschichte, Wissenschaft, Forschung oder Wahrheit daher, kann seine dichterische Qualität nicht verbergen. Wir können unserem Charakter in nichts, was wir schreiben, entkommen.

Ein alter Soldat kämpft seinen alten Kampf in jedem neuen Feldzug immer noch einmal. Der letzte Lebensabschnitt ist voll von ständigen Wiederholungen der grundlegenden Besessenheiten und geprägt von der Rückkehr zu ihnen. Mein eigener Krieg – und einen entscheidenden Kampf muss ich noch gewinnen – ist der mit den Formen des Denkens und der konditionierten Gefühle, die in der Psychologie vorherrschen und damit auch die Art und Weise bestimmen, wie wir über unser Dasein denken und fühlen. Von diesen Konditionierungen ist nichts tyrannischer als die Überzeugungen, die Verstand und Herz an die positivistischen Wissenschaften (den Gentechnizismus und die Computermanie), ökonomische Gesetzmäßigkeiten (rigiden Kapitalismus) und ein engstirniges Vertrauen (Fundamentalismus) ketten. Die Idee des Charakters ist allen dreien fremd. Ich verfechte sie genau deswegen, weil sie dem Zeitgeist so völlig verloren gegangen ist.

Die Idee selbst wird mir einiges an Arbeit abnehmen, denn Ideen sind eigenständige Kräfte, die sich eines Verstandes bemächtigen und ihn erst loslassen, wenn wir ihnen unser Denken gewidmet haben. Die Idee des Charakters verlangt, dass darüber geschrieben wird; sie will gedruckt werden. Das Wort selbst stammt von dem griechischen Begriff *kharassein* ab, was soviel heißt wie »eingravieren«, »entwerfen« oder »eintragen«; das Wort *kharakter* benennt sowohl den, der markante, eindeutige Zeichen setzt, *als auch* die Zeichen, die wie Buchstaben in einem Schriftsystem gesetzt werden. »Charakter« verweist auf die eindeutigen Qualitäten eines Individuums und kann auch eine Person in einem dichterischen Werk oder einem Bühnenstück bezeichnen. Das Wort verwebt die individuellen Eigenarten des Autors mit dem Akt des Schreibens und dem Buch als einer Bühne, die von der Imagination bevölkert wird.

Aber was schreibt denn ein alter Mensch und wie geht er dabei vor? »Es ist nicht immer leicht«, heißt es bei Wallace Stevens, »zu sagen, was der Unterschied ist zwischen denken und aus dem Fenster schauen.«[4] Wie hat Paul Valéry es formuliert? »Denken? ... Denken! Heißt den Faden verlieren.« »Wissen Sie, schreiben ist das einzige, was das Denken stoppt«, erzählte David Mamet einem Interviewpartner.[5]

Und wie sieht das Schreiben aus, welches das Denken zum Stillstand bringt? Don DeLillo sagt: »Das Werk ... geht aus all der Zeit hervor, die ein Autor vergeudet. Wir stehen herum, schauen aus dem Fenster, schlendern im Flur auf und ab, setzen uns wieder an die Seite ...«[6] Die Schildkröte gibt die Geschwindigkeit vor. Wir wurden auf ihrem Rücken geboren. Forschen als langsames Denken, Denken als noch langsameres Schreiben: wir Alten kennen uns aus mit verloren gegangenen Fäden und vergeudeten Zeiten, denn wir können mit dem üblichen Denken nicht mithalten.

Das übliche Denken über die späteren Jahre macht beim Tod Halt. Das ist nicht das Ziel dieses Buches, so wie auch der Tod kein beherzter Weg ist, über das Alter nachzudenken. Was könnte näher liegen als bildliche Vergleiche aus dem Reich der Natur: prächtige Bäume, die auf kräftigen Stämmen ruhen; eine alte Seeschildkröte auf dem tiefsten Grund des Ozeans; der volle Geschmack gereifter Weine und Käse (»Reife ist alles«)?

Meine Leidenschaft kann sich mit dem Offensichtlichen nicht zufrieden geben, ja, nicht einmal mit dem Bewiesenen. Der Tod als Ende führt uns kaum auf verbotenes Gelände. Ich denke an Maurice Blanchots Mahnung, »zu schreiben, was verboten ist zu lesen.«[7] Jeder hat eine Meinung zum Tod. Das Thema lädt geradezu ein zu Klischees. Wie Woody Allen sagt: »Der Tod (ist) eines der wenigen Dinge, die leicht im Liegen erledigt werden können.«[8] Die Rabbis, die Mönche, die alten Philosophen, die Knabenpriester und die Seher, die als Kanal für höheres Wissen dienten, können Ihre Ohren mit Lehren füllen. Eine empirische Beobachtung, die der Überprüfung standzuhalten scheint, ist, dass die Götter wohl die lieben, die jung sterben, während der Tod die ganz Alten bevorzugt.

Der Tod ist kein Gegenstand für das Denken, denn er kann dem Denken nicht unterworfen werden; der Tod geht über das Denken hinaus, unerreichbar für dessen Methoden. Logik, Beweisführung, Experiment – sie alle gehen leer aus. Der Tod hat keine Psychologie, keine andere Phänomenologie als den Symbolismus, den Spiritualismus und metaphysische Spekulationen. Niemand weiß auch nur das Geringste über ihn. Es gibt nichts zum Nachdenken. »Ein freyer Mensch ... gedenkt ... an nichts weniger, als an den Tod«, sagte Spinoza.[9]

Aus diesem Grund ist es für unsere Nachforschungen von entscheidender Bedeutung, dass wir *den Tod vom Altwerden abkoppeln* und stattdessen die uralte Verbindung zwischen Alter und der Einzigartigkeit des Charakters wieder herstellen. »Alt« als Eigenschaft zeigt sich in Abstufungen in vielen Dingen, deren Charakter wir bewundern, wie alten Schiffen, alten Hütten, alten Fotos; hier bezeichnet »alt« weder etwas, das über die mittleren Jahre hinausgewachsen ist, noch etwas, das sich auf dem Weg zum Tod befindet.

Die Antwort auf die Frage: »Warum bin ich alt?« lautet gewöhnlich »Weil ich auf den Tod zugehe.« Aber die Tatsachen zeigen, dass ich, während ich älter werde, mehr Charakter und nicht mehr Tod enthülle. Das soll nicht heißen, dass ich meinen Tod verleugne; aber ich selbst werde meinen letzten Lebensabschnitt nicht damit verbringen, über etwas zu schreiben, über das ich nichts wissen kann.

Viel wichtiger ist, die späteren Jahre als einen Seinszustand und »alt« als archetypisches Phänomen mit seinen eigenen Mythen und Bedeutungen zu betrachten. Diese Herausforderung verlangt bei weitem mehr Mut: den Wert des Altwerdens herauszufinden, ohne bei der Metaphysik oder der Theologie des Todes Anleihen zu machen. Altwerden an sich befreit vom Leichnam.

Ein begieriges Interesse am »Alten« als archetypischer Möglichkeit in allen Dingen, als Gegebenheit bei menschlichen Wesen wie bei allen Wesen – genau das fehlt unserer Gesellschaft und fehlt insbesondere alten Menschen, die sich danach sehnen, es zu entdecken. Denn wir wissen, dass wir unsere Tage und Nächte unter der Schirmherrschaft des unversöhnlichen Gottes verbringen müssen, der die letzten Jahre regiert und ein Opfer verlangt. Die Vernachlässigung dieses Gottes spiegelt sich wider in der Vernachlässigung der alt Gewordenen und in den Altenheimen, die Routine bieten statt Rituale, profane Heiligtümer ohne transzendente Vision, ohne archetypisches Fundament.

Die Restaurierung des Tempels für das Alte erfordert kein tatsächliches Bauwerk. Sie kann als literarisches Unternehmen beginnen, eine geschriebene Konstruktion, die aus unserem konstruktiven Schreiben hervorgeht. Seien wir so beherzt, uns diese Erkundung als Ritual vorzustellen, auf dass unser Denken und Schreiben die Kräfte einladen möge, die unser Thema regieren. Stellen wir uns vor, dass eine Weihung ein Anfang ist.

Ein vorwort
zu diesem Buch

Dieses Buch besteht aus drei Hauptteilen, die das Thema des Charakters über drei Stadien hinweg verfolgen. Dabei handelt es sich nicht um die üblichen drei Phasen – Kindheit, erwachsene Jahre und Alter; vielmehr wendet sich dieses Buch hauptsächlich den Veränderungen zu, die der Charakter im späteren Leben erfährt. Erstens dem Wunsch, möglichst lange zu bleiben; dann den körperlichen und seelischen Veränderungen, die auftreten, wenn die Kraft zu bleiben schwindet und der Charakter sich mehr und mehr festigt und offenbart, bis ein drittes Teil des Puzzles sichtbar wird: das, was bleibt, wenn Sie gegangen sind. *Bleiben. Gehen. Was bleibt*. Drei Teile, drei Hauptideen.

Bücher gründen auf Ideen, was besonders für dieses Buch gilt. Die Fähigkeit, Ideen einzuladen und Freude daran zu haben, sie zu unterhalten, ist schon seit langem eine Rechtfertigung für das Schreiben und Lesen von Büchern sowie für das Festhalten an ihnen als wertvollem Besitz. In Teil I »Bleiben« untersucht das Kapitel »Ein langes Leben«, was diese Vorstellung im weiteren Sinne impliziert, welche Sehnsüchte sie beinhaltet und wie die Idee von einem langen Leben über die Maßstäbe von biologischer Effizienz und statischen Erwartungen hinaus erweitert werden kann. Teil I untersucht auch die Vorstellung von »alt« und warum das Altsein wesentlich ist für das, was wir am Charakter von Personen, Orten und Dingen lieben.

Teil II, »Gehen«, befasst sich mit den körperlichen Symptomen, die das Leben uns beschert, wenn wir anfangen, es hinter uns zu lassen, und untersucht, welche Rolle diese Symptome bei der Charakterbildung spielen. Dies ist das Herz des Buches, denn es wendet sich dem Herzen allen Lebens zu. Dieser Teil versucht in kurzen Kapiteln zu zeigen, wie sich die Störungen, die das Altwerden begleiten, in Charakterfunktionen wandeln. Die Unannehmlichkeiten, Behinderungen und gefürchteten Symptome der späteren Jahre ändern ihre Bedeutung, wenn wir ihren Sinn und Zweck herausfinden. Die Idee, mit der wir uns im ganzen Teil »Gehen« befassen, ist, dass der Charakter vom Körper Weisheit lernt.

Im Teil »Gehen« stelle ich auch die Verbindung zwischen der Psychologie und ihrer ursprünglichen historischen Heimat, der Philosophie, wieder her. Die Aufgabe des Philosophen, sagte Nietzsche, bestünde darin, dass er »Werthe schaffe«. Heute werden Werte oft als rein persönliche Meinungen abgetan und dogmatisiert oder vermarktet, um zu bekehren oder Kunden zu werben; somit gilt, dass sich der Psychologe als Philosoph, wenn er in seinem späten Leben zu bleibenden Werten findet, wie Nietzsche sagte, »jederzeit mit seinem Heute in Widerspruch befunden hat und befinden mußte«.[1] Dieses Buch ist also auch ein philosophisches Buch. Die alten Philosophen wurden herzlich eingeladen, mitzureden, wenn es darum geht, Werte zu schaffen.

Zwischen den Teilen »Gehen« und »Was bleibt« habe ich ein kurzes Zwischenspiel eingefügt, »Die Kraft des Gesichtes«. In diesem Exkurs wird behauptet, dass ältere Gesichter durch den Charakter geprägt sind, dass ihre Schönheit den Charakter enthüllt und ihre bleibende Kraft als Bildnisse von Intelligenz, Autorität, Tragödie, Mut und Seelentiefe sich dem Charakter verdankt. Das Fehlen dieser Qualitäten in der zeitgenössischen Gesellschaft und seinen öffentlichen Gestalten, so wird in diesem Abschnitt behauptet, beruht auf der Verfälschung des alten Gesichts in der öffentlichen Sicht.

Teil III, »Was bleibt«, ringt mit dem uralten Diktum, »der Charakter ist Schicksal«. Denn »was bleibt« ist das Stück Schicksal, das der einzigartige Charakter jeder Person verkörpert. Einzigartig sein heißt sonderbar sein, anders, untypisch, nicht vergleichbar mit irgendetwas anderem irgendwo; die Eigenarten, die ein Mensch die meiste Zeit seines Lebens zur Konformität zurechtzustutzen versucht, treten im späteren Leben wieder hervor, um das Bild, das bleibt, zu gestalten.

Teil III betont die Unterschiede zwischen der Rätselhaftigkeit des Charakters und der abstrakten Idee des Selbst, die von den Psychologen bevorzugt wird, ebenso wie zwischen dem Charakter und der populäreren Idee der Persönlichkeit, welche dem Charme gefeierter Berühmtheiten und der Besorgnis der Jugend eher entspricht.

Eine weitere Unterscheidung durchzieht das ganze Buch: zwischen dem Charakter als moralischer Struktur, geprägt durch Gebote und aufrechterhalten durch die Macht des Willens und der Zwänge einerseits, und dem Charakter als ästhetischem Stil der bleibenden menschlichen Züge, die im individuellen Geschmack und Verhalten zum Ausdruck kommen, andererseits. Denn was bleibt, wenn Sie von der Bühne abgetreten sind, ist das für Sie charakteristische Bild, vor allem das, welches in späteren Jahren präsentiert wurde, und nicht die moralischen Gebote, an denen Sie unter dem falschen Namen »Charakter« festzuhalten versuchten. Unser bleibendes Bild, diese Einzigartigkeit des Seins und Tuns, die im Geist von anderen überlebt, fährt fort, auf diese einzuwirken – in Anekdoten, Erinnerungen, Träumen; als Beispiel, weise Stimme, Ahne –, eine mächtige Kraft, die in denen arbeitet, die ihr Leben noch zu leben haben.

Ein Vorwort sollte benennen, wovon ein Buch handelt, eine Übersicht über die Arbeit als Ganzes geben. Wenn das Buch psychologisch ist, wird es dieses Ziel verfehlen müssen. Warum? Die Psychologie handelt niemals von etwas Äußerlichem, einem Abriss, etwas Abstraktem. Ein Buch, das die Seele in seine Nachforschungen einlädt, zieht uns in deren Labyrinth. Ein Vorwort versucht, dieses Labyrinth auf einer flachen Karte auszubreiten; es kann jedoch den Wendungen und Windungen und dunklen Gängen sowie den Augenblicken, in denen das klare Licht durchbricht, nicht gerecht werden.

Das Beste, was dieses Vorwort tun kann, ist vielleicht, dem Buch *bon voyage* zu wünschen sowie Dankbarkeit dafür auszudrücken, dass es dieses Buch gibt und es in die Hände und vor die Augen eines Menschen geraten ist – und vielleicht sogar dessen Geist und Herz erreicht.

TEIL I

BLEIBEN

Gieß fort; ich will's erdulden.

SHAKESPEARE, König Lear

KAPITEL 1

EIN LANGES LEBEN

»Im Bewegen er selbst,
Langsam und unhinterfragt,
Und unmäßig da, oh Stoiker!«

D.H. LAWRENCE,
»Tortoise Family Connections«

In unseren Konkurrenzgesellschaften hat das Wort »bleiben« die Bedeutung von »länger bleiben als« angenommen. »Ich habe meinen Vater und beide Großväter überlebt.« »Wenn es nach meinem Arzt ginge, wäre ich schon drei Jahre tot.« »Meine Versicherung verliert Geld an mir. Ich bin schon viel länger Rentner, als sie berechnet haben, und habe mehr kassiert, als ich je eingezahlt habe.« Güte und Barmherzigkeit werden mich mit Sicherheit an allen Tagen meines Lebens begleiten, denn ich habe die Lebenserwartungskurve überlebt.

Ich habe nicht nur meinem genetischen Erbe, meinen Klassenkameraden aus der Kindheit und den Versicherungsstatistikern eine Niederlage erteilt, ich habe den Tod selbst abgewehrt. Das Leben: ein Wettkampf mit allen anderen und mit dem Tod, so dass länger leben zum Sieg wird, und ich jedes Jahr an meinem Geburtstag die berühmte Stelle aus dem Paulus-Evangelium wiederholen kann: »Der Tod wird siegreich verschlungen ... Oh Tod, wo ist dein Stachel?«

Die Erfahrung unseres Altwerdens ist so eingebettet in die durchschnittliche Anzahl der Jahre, die uns – laut Statistik – noch zu leben bleiben, dass wir kaum glauben können, dass man die späten Jahre Jahrhunderte lang nicht mit Sterben, sondern mit Vitalität und Charakter verband. Man sah in den Alten nicht hauptsächlich Gestalten, die auf das Tor des Todes zu humpelten, sondern zuverlässige Bewahrer von Sitten und Sagen, Hüter der örtlichen Werte, Experten in bestimmten Handwerken und Kunstfertigkeiten, geschätzte Stimmen im Rat der Gemeinde. Auf die Kraft des Charakters, durch die lange Anzahl von Jahren unter Beweis gestellt, kam es an. Sterblichkeit wurde der Jugend zugeschrieben: Totgeburt und Säuglingssterblichkeit; Kampfwunden, Duelle, Raubüberfälle, Hinrichtungen und Piraterie; die Gefahren bei der Arbeit in der Landwirtschaft, im Bergbau, beim Fischen und beim Gebären von Kindern; Familienfehden und das Rasen der Eifersucht, Epidemien und Seuchen, welche die Bevölkerung in der Blüte ihres Lebens dahinrafften. Die Friedhöfe waren übersät von kleinen Kindergräbern.

Die enge Kopplung von Langlebigkeit und Sterblichkeit, bei welcher der Archetyp des Alten mit der Idee des Todes eine monogame Ehe eingeht, setzte sich in unserem Denken erst im neunzehnten Jahrhundert mit der Weiterentwicklung der Demographie fest. In Frankreich förderte die positivistische Philosophie die statistische Untersuchung von Bevölkerungen, wodurch der Tod aus dem Reich des Privaten und Spirituellen in das der Soziologie, Politik und Medizin verlagert wurde. Die Statistiken über die durchschnittliche Lebenserwartung zeugten von einer sinkenden Todesrate, in der man den Beweis für den Fortschritt der Zivilisation sah. Die Gesellschaft als Ganzes konnte ihre Aufwärtsentwicklung durch die mit Zahlen belegte wachsende Langlebigkeit beweisen, und das Leben wiederum konnte durch neue medizinische Methoden (Impfung, Desinfizierung, Sterilisierung) und die verbesserte öffentliche Gesundheitsvorsorge (Trinkwasser, Abwasseraufbereitung, Ventilation) verlängert werden.

Der Zugriff der Demographen wurde noch fester, als Émile Durkheim, einer der Väter der Soziologie, die Selbstmordstatistiken untersuchte und aufzeigte, dass jeder Distrikt in Frankreich eine eigene Selbstmordrate aufwies, die sich im Laufe der Jahrzehnte kaum veränderte. Man konnte davon ausgehen, dass in jedem Distrikt eine bestimmte, voraussagbare Anzahl von Menschen im nächsten Jahr Selbstmord begehen würde. Wenn das Selbstmordvorkommen in die Soziologie der Klassen, Arbeit, Vererbung, Religion, Lebensalter und anderer eingeht, wird der Akt des Selbstmords zum soziologischen Faktum, losgelöst von der Psychologie des Individuums, das ihn begeht. Die statistische Tatsache wird zur gesellschaftlichen Macht, zur Drohung, dass ein definitiver Prozentsatz von Menschen in jedem Distrikt von eigener Hand sterben wird. Daten werden zum Schicksal.

Die Lebenserwartungskurve hat ihre eigene Macht. Wenn Sie sich auf dieser Kurve, sagen wir, als weiblicher Teenager ansiedeln, haben Sie vielleicht eine Lebenserwartung von mindestens 70 Jahren. Mit 60 stellen Sie fest, dass Ihre Lebenserwartung gestiegen ist; sie mag jetzt bei 78 oder noch höher liegen. Sind Sie dort angekommen, siedeln die statistischen Tabellen Ihr Lebensende vielleicht bei 86 Jahren an. Und immer so weiter. Wenn Sie das hundertste Lebensjahr erreichen, sprechen die Versicherungsstatistiker von der »bedingten Wahrscheinlichkeit«, dass Sie noch ein paar mehr Monate oder Jahre vor sich haben. Die Statistiken bestätigen: Je länger Ihr Leben dauert, desto länger wird es dauern, so dass Sie mit jedem Tag Ihres Lebens einen weiteren Tag auf der »mathematischen Kurve zur Unendlichkeit« erwarten können. Die

Kurve kann nicht voraussagen, wann Ihr langes Leben endet; stattdessen erweckt sie den Anschein, Sie ohne Ende weiterzubefördern. Statt Sie zum Tod zu bringen und die nackte Tatsache der Sterblichkeit zu enthüllen, wird die Kurve zur statistischen Verkündigung der Unsterblichkeit!

Wenn »bleiben« mehr bedeutet, als statistische Erwartungen zu überleben, was ist es dann, was bleibt? Was ist dieses »Es«, das ausharrt und dauert? Was könnte denn sämtliche Ereignisse eines langen Lebens überdauern und von Anfang bis Ende konstant bleiben? Weder unser Körper noch unser Geist bleiben gleich; sie können Veränderungen nicht entkommen. Was wirklich die ganze Zeit und bis zum Ende zu bleiben scheint, ist eine fortdauernde psychologische Komponente, die Sie als Wesen prägt, das sich von allen anderen Wesen unterscheidet: Ihr individueller Charakter. Dieses selbe Du.

Aber was bedeutet »selbe«? Ich habe mich so sehr verändert und bin so anders, doch trotz all der Veränderungen versichert etwas in mir, dass ich derselbe geblieben bin. Ich könnte meine soziale Identität verlieren, meine körperliche Gestalt und meine persönliche Geschichte, und trotzdem wird etwas dasselbe bleiben und diese radikalen Wechselfälle überdauern. Dieses Buch behauptet, dass die Idee des Charakters diesen bleibenden Kern liefert.

Wenn »das Selbe« der Begriff des Philosophen für das ist, was wir als unseren Charakter erfahren, werden wir mehr über dieses tief greifende Prinzip des »Identischen« herausfinden müssen – was es ist und wie es arbeitet. Keine geringe Aufgabe, da die Philosophen über das Identische nachgedacht haben, seit Platon »das Selbe und das Verschiedene« zu zwei der grundlegendsten Ideen für die Annäherung an die Existenz der Dinge machte, welche unser Denken über sie prägen und sie sogar möglich machen.[1]

Die Philosophen spielen mit dem Rätsel des Identischen. Nehmen wir zum Beispiel Ihr Paar Lieblingssocken. Sie haben ein Loch in der Ferse und stopfen es. Dann haben Sie ein Loch im großen Zeh und stopfen auch das. Schon bald besteht der Socken mehr aus gestopften Löchern als aus der Wolle, aus der er einmal gestrickt wurde. Und schließlich besteht der ganze gestopfte Socken aus anderer Wolle. Und trotzdem ist es derselbe Socken. Wenn wir von seinem Aussehen ausgehen und von seinem Verhältnis zu seinem Partner, den Sie an Ihrem anderen Fuß tragen, ist es immer noch derselbe Socken. Die beiden Socken gehen zusammen aus und liegen zusammen in der Schublade; und sogar in Bezug zu sich selbst, seiner Identität, ist es derselbe Socken, obwohl er anders ist.

Hier können die Philosophen Platons archetypische Ideen vom Selben und Verschiedenen zur Anwendung bringen. Der Socken unterscheidet sich völlig vom Original, was die Wolle betrifft, aber seine Form ist dieselbe geblieben. Er wird niemals zu einem anderen Socken, trotz des radikalen Materialwechsels. Sein *Material* ist ein anderes; seine *Form* ist dieselbe.

Mit »Form« meinen die Philosophen das Aussehen des Sockens, aufgrund dessen Sie ihn als Socken erkennen. (Stulpen werfen begriffliche Schwierigkeiten auf!) Wann kann ein Socken nicht aussehen wie ein Socken und trotzdem noch ein Socken sein? Die Philosophen meinen mit »Form« auch die Funktion des Sockens, insofern er zu seinem Partner und an Ihren Fuß passt (die Form folgt der Funktion). Doch eine dritte Bedeutung interessiert uns am meisten: Form als das aktive Prinzip, das bestimmt, wie sich die neue Wolle in den alten Socken einpasst. Somit ist Form sichtbare Gestalt und die gestaltende Kraft des Sichtbaren. Können Sie sehen, dass wir der Vorstellung vom Charakter allmählich näher kommen?

Ein menschlicher Körper ist wie dieser Socken; er streift seine Zellen ab, verändert seine Flüssigkeiten und setzt völlig frische Bakterienkulturen an, während andere absterben. Die Materie, der Stoff aus dem Sie sind, wird im Laufe der Zeit eine völlig andere, und trotzdem bleiben Sie dasselbe Du. Nicht ein Quadratzentimeter sichtbarer Haut, nicht eine greifbare Unze Ihrer Knochen sind dieselben, und doch sind Sie nicht jemand anderes. Es scheint ein angeborenes Bildnis zu geben, das Ihr grundlegendes Paradigma nicht vergisst und dafür sorgt, dass Sie bei Ihrem Charakter und damit sich selbst treu bleiben. Die Idee vom DNS scheint zu eng für die psychischen Dimensionen unseres einzigartigen Bildes. Um unsere Komplexität erfassen zu können, brauchen wir eine größere Idee.

Einige griechische Philosophen und Denker der mittelalterlichen Kirche schrieben diese Konsistenz inmitten des Wechsels der Idee der Form zu. Andere behaupteten darüber hinaus, die Form individualisiere. Die Ursache dafür, dass sich jede Person und jedes Ding von anderen Personen und anderen Dingen unterscheidet, ist die aktive Kraft der Form. Keine zwei Formen können gleich sein. Durch das Prinzip der Form bleiben wir alle in unserem individuellen Bild bewahrt. Um einen von William James' eindringlichen Begriffen zu benutzen: jeder von uns ist ein »Jeder«. Als all diese »Jeders« sind wir einzigartig, weil jeder von uns ein besonderer Charakter ist oder einen solchen hat, welcher derselbe bleibt.

An diesem Punkt ist es äußerst wichtig zu begreifen, dass wir *qualitativ* einzigartig sind. Sie haben Ihren Stil, Ihre Geschichte, eine Reihe von persönlichen Zügen und ein Schicksal. Weil unsere individuellen Charaktere kontinuierlich dieselben bleiben, unterscheiden Sie sich grundlegend von mir.

Wäre der Unterschied zwischen Ihnen und allen anderen Menschen physikalisch, logisch, politisch, ökonomisch und rechtlich begründet, wären wir alle ein numerischer »Einer«, ohne unbedingt bestimmte Charaktereigenschaften zu zeigen. Das Gesetz sagt: »Vor dem Gesetz sind alle gleich.«; die Politik sagt: »Ein Mensch, eine Wählerstimme«; die Physik sagt: »Keine zwei Körper können sich gleichzeitig am selben Ort befinden.«; die Ökonomie hält für den Einzelnen bestimmten Kategorien bereit – Konsumenten, Arbeiter, Eigentümer, Angestellte. Wenn jeder durch alle anderen ersetzt werden kann, erfordert Individualität nicht mehr als verschiedene Identitätsnummern. Da unsere Einzigartigkeit von den qualitativen Unterschieden abhängt, welche die beharrliche Gleichheit unserer jeweiligen Individualität ausmachen, brauchen wir die Idee vom Charakter, um uns weiterhin voneinander zu unterscheiden und als wir selbst dieselben zu bleiben.

Begeben wir uns noch einmal zu dem Socken zurück. Wenn die Form das ist, was die Wolle überdauert, dann geht die vorrangige Beschäftigung mit dem physischen Verfall – mit den Stellen, an denen der Socken verschlissen ist – an einem entscheidenden Punkt vorbei. Es stimmt, der Socken hat Löcher, und wenn wir seine Schwachstellen ausbessern, bleibt seine Funktion erhalten. Aber unser Denken profitiert wahrscheinlich mehr davon, wenn es sich dem Mysterium dieses formalen Prinzips zuwendet, welches das Austauschen der Materialien überdauert. Die bleibende Stärke des Charakters zählt mit Sicherheit ebenso viel wie die Haltbarkeit der Wolle.

Manchmal bringt alles Sticheln und Stopfen nichts. Die Medizin beobachtet nach einer Transfusion, Organ- oder Knochentransplantation sorgfältig, ob es zur Abstoßung kommt. Das formale Prinzip, das trotz des Eindringens fremder Materie das identische Sein garantiert, wird in der Medizin als Immunsystem bezeichnet. Dieses System akzeptiert Ersatz im Einklang mit seinem eigenen angeborenen Code oder stößt ihn ab. Das neue Material muss in die Integrität der Person integriert werden. Oder, wie man in den Kirchendebatten vor 900 Jahren gesagt haben mag, die Materie muss in der Form heimisch werden. Sie muss sich in mein angeborenes Bildnis fügen. Das neue Knie – oder Niere, Hüfte – muss zu *meinem* Knie werden. Die neue Wolle muss zu *mir* werden. – Was verwandelt dieses »Es« in »Mich«?

Die moderne Psychologie, ganz gleich welcher Schule, begreift die Assimilation von Ereignissen durch ein »Ich« als Funktion des Charakters. Die psychologischen Schulen benutzen noch weitere Begriffe für den Charakter wie »Persönlichkeit«, »Ich«, »Selbst«, »Verhaltensorganisation«, »integrative Struktur«, »Identität«, »Temperament«. Diese Ersatzbegriffe versäumen es, die unterschiedlichen Stile der Assimilation zu charakterisieren, die wiederum Merkmale der Individualität sind. Jeder von uns geht anders auf die Welt zu und lebt sein Leben in seinem ganz persönlichen Stil. Das Wort »Charakter« beinhaltet eine ganze Reihe von persönlichen Eigenschaften und Qualitäten, Gewohnheiten und Verhaltensmustern; es erfordert eine beschreibende Sprache, wie wir sie in Angaben zum Charakter, Empfehlungsschreiben, Grundschulzeugnissen, Drehbüchern und Romanen, Theaterkritiken und Nachrufen finden. »Ich«, »Selbst«, »Identität« sind bloße Abstraktionen, die uns nichts über das menschliche Wesen verraten, dem sie angeblich innewohnen und das sie steuern. Im besten Falle verweisen diese Begriffe auf das vereinheitlichende Gleiche von Menschen, während sie deren einzigartige Unterschiede vernachlässigen.

Es ist erfrischend zu entdecken, dass einige der ältesten und grundlegendsten Ideen der Philosophie – das Selbe und das Verschiedene, Form und Materie – in unserem täglichen Leben und sogar in unserem Körper ganz konkret wirksam sind. Ich kann mich daran freuen, dass diese altmodischen, wolligen Prinzipien eine unmittelbare praktische Bedeutung haben und als körperliche Tatsachen diskutiert werden können. Warum muss man uns mahnen, den Charakter zu entwickeln und zu festigen, wenn er bereits eine Gegebenheit ist, eine kontinuierliche Macht, die dafür sorgt, dass wir bleiben, wer wir sind, und die unseren Körper in Form hält? Stellen Sie sich den Körper einmal als Philosophen des Altertums vor, als Ort der Weisheit – ein Gedanke, den bereits die Titel der von zwei medizinischen Spezialisten verfassten Bücher, Walter Cannon und Sherwin Nuland, verkünden.

Cannon sagte in den dreißiger und Nuland in den neunziger Jahren, dass die Physiologie des Körpers weiß, was sie tut. Da ist Weisheit am Werke. Die Idee des Charakters macht uns diese lenkende Weisheit verständlicher. Ja mehr noch: Wenn wir im Charakter nicht nur eine Ansammlung von persönlichen Eigenschaften, Gewohnheiten, Tugenden und Lastern sehen, sondern ihn als aktive Kraft begreifen, dann kann es sein, dass der Charakter beim Altern des Körpers das gestaltende Prinzip darstellt. Dann enthüllt das Altwerden die Weisheit des Körpers.

Ich betone die Form bei der Organisation von Materie aus zwei Gründen. Erstens, um den Gaunern des Materialismus die Stirn zu bieten, die uns die Idee verkaufen wollen, wir seien komplexe Exemplare von Biotechnologie, am besten zu vergleichen mit den neuesten Computerchips. Welche Form auch immer wir annehmen, sie beruht auf biogenetischen Impulsen. Form kann auf Materie reduziert werden; sie gehorcht den Gesetzen der Materie und wird vom genetischen Material geprägt. Da die Materie die Formgebung übernimmt, besteht keine Notwendigkeit für eine eigenständige Idee von Form.

Ein prägnanter, gut geschriebener – und absurder – Absatz von einem der weltweit führenden kognitiven Wissenschaftler ist repräsentativ für eine ganze Reihe von ähnlichen Äußerungen in ähnlichen Büchern.

Der Geist ist ein System von Rechenorganen, das von der natürlichen Selektion so gestaltet wurde, daß es die Probleme unserer Vorfahren und ihres Jäger- und Sammlerlebens lösen kann ... Der Geist ist das, was das Gehirn tut; insbesondere verarbeitet das Gehirn Informationen, und Denken ist eine Art Rechenleistung ... Die verschiedenen Probleme unserer Vorfahren waren Unterprobleme eines großen Problems, vor dem ihre Gene standen: eine möglichst große Zahl von Kopien ihrer selbst herzustellen und dafür zu sorgen, daß sie in der nächsten Generation weiterleben.[2]

Warum nenne ich das absurd? Weil dieser Bericht über Vorfahren als Jäger und Sammler, über Gene, die vor Problemen stehen, und über natürliche Selektion als Deus ex machina die großen Fragen unbeantwortet lässt. Darüber hinaus wird die Behauptung axiomatisch in den Raum gestellt, nicht als Mythos oder reduzierende Vereinfachung, sondern als selbstverständliche Tatsache, und das erlaubt Pinker, unbekümmert zu sagen, Psychologie sei Technik.

Psychologie auf Technik reduzieren heißt die Bedeutung der Form verrohen lassen. Meine Gestalt ist mehr als die Art und Weise, wie ich zusammengesetzt bin. Wir alle wissen, dass der Weg zu einem langen Leben darin besteht, in Form zu bleiben, aber »in Form bleiben« bedeutet mehr als funktionieren. Befriedigen Ernährung, Bewegung und das Zubettgehen vor Mitternacht die Bedürfnisse Ihrer Gestalt? Die grundlegende Bedeutung von »Gestalt« ist »gestalten« im Sinne von »schöpfen«, was auf einer Kraft beruht, die unsichtbar ist und die doch zugleich jedes Geschöpf in seinem eigenen Stil sichtbar werden lässt. Der Begriff »Informationsverarbeitung« ist eine Verschleierung und verdeckt die Geschichte subtileren Denkens, die in der Idee der Form enthalten ist.

Und zweitens bestehe ich auf der Form, um mir bei der Auseinandersetzung mit psychologischen Fragen einen psychologischen Standpunkt zu bewahren. Schließlich ist der,

der das Leben lebt, mit zermürbenden psychologischen Verwicklungen konfrontiert, für die Biochemie und Gehirnforschung wenig Trost bieten. Warum leben und warum lange leben, wenn wir mit ziemlicher Wahrscheinlichkeit auf biologische Beeinträchtigungen unserer Gesundheit zusteuern? Solche Fragen sind für diese Wissenschaften unwichtig. Und selbst wenn sie Störungen aus dem Weg räumen und das Leben verlängern, die Fragen nach dem »Warum« bleiben bestehen und können durch keinerlei Antworten, die das »Wie« erklären, befriedigt werden.

Für die alten, schwierigen, grundlegenden Fragen wende ich mich gern an die alten, schwierigen, grundlegenden Denker wie Aristoteles – vor allem Aristoteles, da er die Idee der Form in Beziehung zu Körper und Seele entwickelt hat. Er sagt dazu Folgendes: Die Seele ist die Form der Körpers, »Ursprung seiner Bewegung«, und sie ist das letztendliche Ziel oder der Sinn des Körpers. Als »Substanz lebender Wesen« »beeinflusst« und »beherrscht« diese Form namens *psyche* den Körper und ist »tatsächlich mehr Teil des Animalischen, als der Körper es ist«, obwohl die Interessen von »Körper und Seele die gleichen sind.« Die Seele formt den Körper, und trotzdem ist sie selbst körperlos und kann ebenso wenig in einem Organ, einer Zelle oder einem Gen lokalisiert werden, wie die Form des Sockens in der Wolle. Aufgrund ihrer Körperlosigkeit ist »die Schönheit der Seele schwerer zu sehen als die Schönheit des Körpers.«[3]

Jahrtausende später beschreibt der Physiker und Nobelpreisträger Richard Feynman ebenfalls die Form, welche dieselbe bleibt:

Die Erkenntnis, daß mein sogenanntes Ich nur ein Muster ist, ein Tanz ... Die Atome gelangen in mein Gehirn, tanzen ihren Reigen und verschwinden wieder – da sind laufend neue Atome, doch sie

45

tanzen, des Reigens von gestern eingedenk, immer wieder den gleichen Tanz.[4]

Um Platons Form, Aristoteles' Seele oder Feynmans Tanz
präziser zu fassen, bedient die Tradition sich oft der Sprache,
mit der Charakterzüge beschrieben werden. Die Seele kreist
um Güte und Schönheit, Gerechtigkeit und Mut, Freundschaft und Treue. Charakteranalyse und Seelenbeschreibung
benutzen verbreitete Begriffe wie »klug«, »scharfsinnig«,
»wissend«, »freundlich«, »scheu«, »gewichtig«, »wankelmü-
tig«. Diese Eigenschaften zeigen die Seele in Aktion, wie sie
die Muster unserer Bewegungen prägt und ihre gestaltende
Macht offenbart, die unser Verhalten beeinflusst und sogar
initiiert. Doch so lange wir ihrem mutigen Willen zum Leben,
ihren klugen Entscheidungen oder ihrem Humor nicht begegnen, ist die Seele lediglich eine Abstraktion. Die Adjektive
verleihen unserem Verhalten Tiefe oder Herzenswärme, lassen es schüchtern, bescheiden, anmutig, grausam oder beson-
nen erscheinen. Sie gestalten den Tanz. Wir schaffen die Seele,
indem wir Adjektive verkörpern und in die Tat umsetzen, die
ihr reiches Potential differenziert zum Ausdruck bringen.
Durch diese charakteristischen Eigenschaften lernen wir die
Natur unserer Seele kennen und finden Zugang zu anderen
Seelen.

Qualitäten sind die grundlegende Infrastruktur, die dem,
was dem Körper widerfährt, Sinn und Form verleiht. Sie sind
die Kraft, die der Charakter birgt. Das bringt mich auf den Gedanken, dass ein langes Leben leben heißt, der Erschaffung
der Seele dienen, indem wir Leben in die erstaunliche Fülle
von Adjektiven bringen, welche die Psyche gesammelt hat.

Es ist hilfreich, die Seele als aktive Intelligenz zu betrachten, die das Schicksal einer jeden Person gestaltet und im Geheimen plant. Übersetzer benutzen für das altgriechische

Wort *mythos* den Begriff »geheimer Plan«. Die geheimen Pläne, in die unsere Seele sich verwickelt und die den Charakter
zum Vorschein bringen, sind die großen Mythen. Wir brauchen einen Sinn für den Mythos und müssen unterschiedliche
Mythen kennen, um Einsichten in unsere epischen Kämpfe,
unsere unglücklichen Verstrickungen und unsere Tragödien
zu gewinnen. Mythen zeigen uns die imaginativen Strukturen in unseren chaotischen Geschichten, und unser menschlicher Charakter kann vor dem Hintergrund der Charaktere in
den Mythen seinen eigenen Platz finden.

Die strukturierte, zweckgerichtete und intelligente Idee,
dass die Seele im Allgemeinen (und jede einzelne Seele im Besonderen) einen eindeutigen Charakter hat, steht im scharfen
Kontrast zu den üblichen heutigen Klischees. Was heute über
die Seele gesagt wird, ist samt und sonders fadenscheiniges
Zeug. Das Wort »Seele« ist zum Unterschlupf für Mysteriöses
und Vernebeltes geworden, ein Märchenland der Phantasien
und Gefühle, der Träume und Träumereien, der Launen,
Symbole und Vibrationen, eine passive Lieblichkeit, nicht
greifbar und so anfällig wie ein Schmetterlingsflügel. Die Idee
der Form verleiht der Seele Gestalt und Charakter und verlangt mehr Schärfe im Denken über sie.

Die Form ist auch ein Schlüssel für die erstaunliche Energie alter Menschen. Laut Aristoteles wird der Körper regiert
von seiner Form, der Psyche. Der Charakter der Psyche hat
keine andere Ursache als sich selbst, und er verschafft sich Erfüllung, indem er tut, was ihm auf natürliche Weise entspricht und ihm zugleich Vergnügen bereitet. Aristoteles bezeichnet diese natürliche Aktivität als *enérgeia*. Energie geht
der *kinesis* oder Bewegung und der *dynamis*, der Fähigkeit
oder potentiellen Macht, voraus und unterscheidet sich von
diesen. Das heißt: Ihre geistigen Fähigkeiten und Ihre körperliche Vitalität mögen im Alter abnehmen und auch Ihre Be-

weglichkeit kann eingeschränkt sein, doch Ihr Charakter zeigt in dem Maße mehr Energie, wie Ihre Form sich zunehmend verwirklicht.

Kehren wir zurück zu den Socken. Merkwürdig, dass Philosophen Socken für ihre dauerhaften Allegorien benutzen, denn die Bedeutung des englischen Wortes »last«, geht auf den altnorwegischen Begriff *leistr* zurück, was Fuß und Socken bedeutet und auch in dem Wort »Leisten« wieder auftaucht, jenem Metall- oder Holzbügel, der benutzt wird, um Schuhwerk herzustellen und zu reparieren. Ihrem Charakter treu bleiben heißt so viel, wie bei Ihren Leisten bleiben. Beim Herstellen von Schuhen kommen die Leisten zuerst.

Eine weitere Bedeutung des englischen Wortes »last«, verweist auf unser Thema – Langlebigkeit. Dieses »last«, (das sich mit dem deutschen Wort »Last« deckt, Anm.d.Ü.) bezieht sich auf den Tonnengehalt, den ein Schiff trägt, seine Kapazität für Frachtgewichte; eine Last ist eine Ladung, eine Bürde.

Diese verschiedenen Bedeutungen – bleiben trotz des Verstreichens der Zeit, bei derselben Form bleiben, bleiben als Lasten tragen – bereichern die Idee der Langlebigkeit und erweitern sie in Richtung Charakter. Wenn »bleiben« bedeutet, der Form treu bleiben, dann ist das, was bleibt, unser Charakter – und dieser kann uns lange überleben, denn sein Einfluss und seine schöpferische Form gehen dem Leben des Körpers voraus und sind aus diesem Grund in keiner Weise abhängig von diesem. Der Charakter bleibt, weil er die Struktur ist, welche die Lasten trägt, die wir nur allzu oft als Bürde empfinden. »Ich kann mich nicht ändern; ich bin nun einmal, wie ich bin.« Wenn Sie Ihren Charakter bilden, verlängern Sie Ihr Leben, indem Sie Ihr Bild unauslöschlicher gestalten.

Ein warnender Hinweis: Auch wenn wir dann am längsten bleiben, wenn wir der Form die Treue wahren, muss diese

Form nicht unbedingt stark, zuverlässig oder wahrhaftig sein. Ein strukturierter Charakter ist nicht zwangsläufig mit moralischen Tugenden gespickt; sein Muster kann oberflächlich, hinterlistig und sogar korrupt sein. Aber auch das gestaltet Schicksal. Integrität bedeutet nicht, dass unser Kinn wie aus Stein gemeißelt ist. Auch das Filigrane ist ein Muster; und das gleiche gilt für ein Kartenhaus. Die Idee der Integrität erfordert lediglich, dass wir die Person sind, die wir sind, nicht mehr und auch niemand anderes.

Die Schweizer erzählen sich einen Witz über Bankiers. Der Vater, Besitzer einer kleinen Privatbank, teilt seinen beiden Söhnen mit, eines Tages werde er Anzeichen von Senilität zeigen und sein klares Urteilsvermögen verlieren. Er erinnert sie an das russische Sprichwort: »Ein Fisch beginnt zuerst am Kopf zu stinken.« Er weist seine Söhne an, dann zu ihm zu kommen und ihm offen zu sagen, dass es Zeit ist, die Leitung der Bank abzugeben. Jahre vergehen. Und schließlich suchen die Söhne, die dem alten Mann immer voller Ehrfurcht begegneten, ihn auf und sagen ihm, was er ihnen aufgetragen hat. Der alte Mann, der versunken hinter einem Stapel Papiere hockt, blickt mit einem einfältigen Lächeln auf und sagt: »Zu spät!«

Wie es oft der Fall ist und wie Freud seine Freude hatte aufzuzeigen, lauert hinter dem Witz der Schatten einer zweiten Bedeutung. Nicht nur, dass Vater die Kontrolle behält, obwohl er nicht mehr klar im Kopf ist; die Frage, »Wer wird die Bank leiten?«, repräsentiert auch den archetypischen Kampf zwischen Vätern und Söhnen und veranschaulicht die Rolle der Langlebigkeit in diesem Kampf. In einigen Kulturen können die Söhne, so lange der Vater nicht tot ist, seine Macht nicht übernehmen. Die Tallensi in Ghana sagen: »Dein Sohn ist dein Rivale.« Die angeborene Lebenskraft in jedem der beiden will die Lebenskraft im anderen zerstören.[5] Unter den Hirten in Somalia gilt, »selbst wenn die Söhne genügend Land und Tiere von ihren Vätern bekommen und einem eigenen Haushalt vorstehen, sind sie tatsächlich so lange kein selbständiges Familienoberhaupt, wie der Vater am Leben ist.« Dabei geht es nicht nur um die Herrschaft über Güter und Wohlstand, sondern um den archetypischen Antagonismus zwischen Charakteren.

Auch ältere Frauen gewinnen Macht, wenn sie lange leben. »Ethnografische Berichterstatter aus zahlreichen verschiedenen Regionen stützen die Behauptung, dass Frauen im späteren Leben eine gewichtigere Rolle spielen.« Die älteren Frauen überwachen nicht nur die Dienste der jüngeren Frauen, sondern gewinnen in vielen Gesellschaften im ganzen Dorf an Einfluss. In Melanesien zum Beispiel werden ältere Frauen »teilweise eingeweiht in die Kultgeheimnisse der Männer, die den jüngeren Frauen rigoros verschlossen bleiben.«[6]

Dranbleiben oder loslassen – das ist die Frage für die Alten. Wenn wir auf medizinische Begriffe zurückgreifen, können wir diese Frage als eine nach der richtigen Dosis neu stellen. Wie viel Kontrolle sollten wir auf einmal abgeben? Sollten wir regelmäßig nach Plan loslassen, in kleinen, verdünnten Portionen? Oder sofort und gleich, alles auf einmal, wie bei einer Entschlackungskur? Die zeitliche Abstimmung ist von entscheidender Bedeutung. Lears Fehler mag darin bestanden haben, dass er seine Macht zu schnell abgetreten hat, bevor er wirklich bereit dafür war. Er wusste nichts von den königlichen Wurzeln seines Charakters; die archetypische Königswürde konnte nicht so schnell aufgegeben werden. Für den Schweizer Bankier war es zu spät.

Der Wille, lange zu leben, könnte reduziert werden auf Nietzsches Willen zur Macht oder den Missbrauch, den der Sozialdarwinismus mit Hobbes' Aussage, »Selbsterhaltung ist das oberste Gesetz der Natur«, betrieben hat, eine Verzerrung, die wiederum Spinozas philosophische Definition der Essenz als »Streben, im eigenen Sein zu verharren« zu garstiger Selbstsucht umformuliert. Die Alten geben nicht so schnell auf.

Ist das der Grund dafür, dass man alternden Menschen Tugenden wie Barmherzigkeit, Gerechtigkeit, Wohltätigkeit und Edelmut predigt? Wer würde jemals zu Jugendlichen sagen, »Seid barmherzig und wohltätig«? Der Jugend wird beigebracht, sich ihren Anteil zu sichern und ihn festzuhalten. »Mitleid«, sagt Thomas Wolfe, »ist ein angelerntes Gefühl, das einem Kind völlig fremd ist.« »Etwas erreichen«, »Gut aussehen«, »Erfolg haben«, »Sieger sein« – das sind Inbegriffe der Jugend. Nur wir Alten werden aufgefordert, wegzugeben, was wir haben, und man hält uns Jesu Warnung vor, dass die Reichen – wenn überhaupt – nur schwerlich ins Himmelreich kommen. (Diese Warnung besagt lediglich, dass die Reichen ein anderes Reiseziel haben.) All diese edelmütigen Vorhaltungen mögen keinerlei Einfluss auf die Gier eines alten Menschen haben, aber sie dienen dazu, uns an diese Gier, diese krampfhaft geschlossene Klaue, die in späteren Jahren bei vielen zu finden ist, zu erinnern.

Damit es nicht »zu spät« ist, um abzutreten, praktizieren manche Gesellschaften Altenmord. Von den 95 Gesellschaften, welche die Gerontologen Albert und Cattell untersuchten, brachten 20 ihre Alten um.[7] Von den 75, die das nicht taten, verübten nur 17 stattdessen legale Sanktionen. Manche Gesellschaften gehen brutal gegen Langlebigkeit vor, indem sie alte Menschen, die hinfällig geworden sind, erschlagen, vergraben, erwürgen oder erstechen.

Diese Morde schließen nicht aus, dass den Ältesten Respekt entgegengebracht wird; vielmehr laufen sie oft parallel zu Maßnahmen, mit denen alte Menschen unterstützt werden. »Sterbebeschleunigung«, wie die Soziologie diese Prozeduren zur Beendigung des Lebens getauft hat, hat nichts zu tun mit schlechter oder unregelmäßiger Ernährung oder der Übertragung von Autorität. Da die Trauerrituale manchmal schon beginnen, wenn die Person noch in der Gesellschaft lebt, ist das Töten Teil des gesellschaftlichen Zusammenhangs. Die Anthropologen haben beobachtet, dass Altenmord in Gesellschaften mit einer ausgeprägten Gruppenidentität weniger häufig ist. Er ist auch dort weniger verbreitet, wo direkte Erbfolge herrscht – das heißt, wo die Ältesten mit den Ahnen verschmelzen. Manche Gesellschaften benutzen für »Ahne« den gleichen Begriff wie für »Großvater« oder »Großmutter«. Und bei manchen ist die Bezeichnung für »tot« identisch mit der für gebrechlich, krank, altersschwach.

Was ist Altersschwäche? Im Allgemeinen werden alte Menschen als »altersschwach« bezeichnet, wenn sie ihre soziale Rolle nicht mehr erfüllen. Eingeborenengesellschaften definieren den Begriff eher sozial als physiologisch. Wenn eine alte Frau keine Ziegen mehr melken, kein Feuer mehr hüten oder keinen Korb mehr flechten kann, dann ist sie altersschwach. Blindheit, Verkrüppelung oder körperlicher Verschleiß können zu Altersschwäche beitragen, aber diese wird nicht nur durch die Physiologie definiert, da dieselbe Frau blind, verkrüppelt und schwach immer noch ihre Rolle als, sagen wir, Kräuterheilerin oder Geschichtenerzählerin erfüllen kann. Vielleicht verkörpert sie auch das Totem eines Ahnen und besitzt eine bestimmte »Macht«, so dass sie durch ihre bloße Präsenz eine Aufgabe erfüllt.

Der moderne Fortschritt schmälert den Wert alter Menschen, während er gleichzeitig die Anzahl unserer Jahre vermehrt. Je länger wir leben, desto weniger sind wir wert, und wir werden länger leben! Auch herrscht allgemein der Glaube vor, relativ traditionelle Gesellschaften (Bangladesch, Indien,

Nigeria) würden ihren Alten mehr Respekt bezeugen als relativ moderne (Chile, Argentinien, Israel). Die Wichtigkeit des Alters steht im umgekehrten Verhältnis zum Fortschritt. Aber dieses Klischee gilt nicht für einige sehr traditionelle, »archaische« Gesellschaften, in denen es Sitte ist, die Alten zu töten, und stimmt auch nicht für moderne Gesellschaften wie Irland und Russland, wo man ältere Menschen in hohen Ehren hält.

Die Wertschätzung der Alten ist weniger eine Folge der Modernisierung als der Lebendigkeit einer Tradition, die durch Religion, Sitte, Aberglaube, Volkstum oder einen allgemein verbreiteten poetischen Sprachgebrauch Verbindung hält zu einer anderen, unsichtbaren Welt. Sowohl in Irland als auch in Russland blüht und gedeiht die Poesie.

Die Geringschätzung von Werten, die allgemein mit den Alten verbunden werden – Tricks, Fähigkeiten und praktische Kenntnisse; Vertrautheit mit lokalem Wissen, Liedern, Sprüchen und Aberglauben; und schlichtweg Langsamkeit –, schmälert deren Wert. Auf dem Hintergrund dieser schwindenden Werte wird Altenmord von uns schneller gerechtfertigt. Wir sagen, wir würden »sie von ihrem Leiden befreien« und verschleiern die Tatsachen mit weiteren antiseptischen Begriffen wie »DNR« (»Do Not Resuscitate«; »Nicht wieder beleben«), Euthanasie, Sterbebeschleunigung und unterstütztem Selbstmord. Diese Praktiken kommen in Privatwohnungen, Altersheimen und Krankenhäusern weitaus häufiger vor, als die Öffentlichkeit erfährt. Selbst wenn die Alten in unserer Gesellschaft nicht erschlagen, erstochen und erwürgt werden, hegt so manches Herz den entsprechenden Wunsch. Der Missbrauch von alten Menschen ist beispielsweise in den Vereinigten Staaten zum weit verbreiteten Phänomen geworden. Nur allzu oft wird der Wunsch zur Tat. Im Allgemeinen hassen wir das Altwerden, und wir hassen die Alten dafür, dass sie es uns vor Augen führen.

Nicht das Alter als solches, sondern die Preisgabe des Charakters verurteilt die späteren Jahre zur Hässlichkeit. Wir können uns die Schönheit des Altwerdens nicht vorstellen, weil wir nur durch unsere körperlichen Augen sehen. Wie Aristoteles sagte, »Die Schönheit der Seele ist schwerer zu sehen als die Schönheit des Körpers.« Ohne die Idee des Charakters sind die Alten hauptsächlich Menschen, mit denen es immer weiter bergab geht und die der Gesellschaft zur Last fallen, wenn sie lange leben. (Die staatlichen Ausgaben für Menschen über 65 Jahre liegen fünfmal so hoch wie die für Achtzehnjährige und noch Jüngere, wobei für Letztere ein Großteil des Etats für Jugendhaftmaßnahmen, Verbrechensabwehr und Gefängnisse und nicht für Grundbedürfnisse wie Nahrungsmittel, Ausbildung und Wohnraum verwendet wird.) Die Vorstellung von behinderten Alten verstellt den Blick auf benachteiligte Jugendliche. Die Alten sind in unserem Denken und in der gesellschaftlichen Bedeutung des Wortes schon lange, bevor sie körperlich dem Tod geweiht sind, »altersschwach« geworden.

Machen wir die Alten »altersschwach«, weil wir nicht klären, welche traditionellen Rollen ihnen zustehen? Werden sie funktionsuntüchtig, weil wir keine Funktion für sie haben?

Produktivität ist ein zu enger Maßstab für Nützlichkeit, Erwerbsunfähigkeit eine zu begrenzte Vorstellung von Hilflosigkeit. Eine alte Frau kann allein deswegen hilfreich sein, weil man sie wegen ihres Charakters schätzt. Wie ein Stein auf dem Grunde eines Flusses tut sie vielleicht nichts weiter, als still zu sein und auf dem Boden zu bleiben, aber der Fluss muss sie berücksichtigen und anders fließen, weil sie da ist. Ein alter Mann spielt durch seine bloße Präsenz seine Rolle als Charakter im Stück der Familie und der Nachbarschaft. Man muss mit ihm rechnen und sich, weil er anwesend ist, entsprechend verhalten. Sein Charakter bringt in jede einzelne Szene besondere Qualitäten ein und trägt zu Verwicklungen und Tiefen bei, da er für Vergangenheit und Tod steht. Ließe man alle Alten in Altengemeinden wegschaffen, würde der Fluss zügiger nach Hause fließen. Keine störenden Steine. Und auch weniger Charakter.

Auch der Ruhestand trägt zu Altersschwäche bei, denn die Idee des Ruhestandes vertreibt alte Menschen aus nützlichen sozialen Funktionen. Der Ruhestand führt dazu, dass Rentnerinnen und Rentner sich in ihren eigenen Gemeinden versammeln, sich von der Gesamtgesellschaft isolieren und sich auf einseitige politische Positionen zurückziehen, die ihrem eigenen Schutz und Vorteil dienen sollen. Natürlich finden einzelne ältere Menschen Möglichkeiten, sich zu engagieren, aber die Idee des Ruhestands fördert generell eher eine Anspruchshaltung als ein Gefühl für das Dienen.

Man hat Beweismaterial dafür gesammelt, dass Altersschwäche bei sehr alten Menschen, die wirklich arbeitsunfähig sind, nur etwa drei Monate dauert. Und selbst in diesen drei Monaten sind zwei von dreien der »Altersschwachen« geistig völlig klar, mehr als die Hälfte ist selten allein (und bekommt in dieser Zeit mehr Besuch als zuvor), die Hälfte hat nur geringfügige Schmerzen und andere sind schmerzfrei.[8]

Die letzten Jahre, so wertvoll dafür, Lebensrückschau zu halten und Berichtigungen vorzunehmen, kosmologische Spekulationen anzustellen und Erinnerungen in Form von Geschichten auszuplaudern, die Bilder der Welt sinnlich zu genießen und Zusammenkünfte mit Geistern und Ahnen abzuhalten – Werte, die unsere Kultur hat verkommen lassen. Wenn Sie auf Altersschwäche stoßen würden und sie richtig stellen, dann sollten Sie sich die Kultur anschauen und sich als Erstes der rigorosen Leichenstarre ihrer skeptischen und analytischen Philosophien sowie der Einsamkeit und dem Schwachsinn ihrer Imagination zuwenden.

Wenn sich der Wert eines langen Lebens auf einen langen Lebenslauf beruft, wissen wir, dass der Großteil dieser vergangenen Geschichte in späteren Jahren verzerrt oder vergessen wird und nicht zur Verfügung steht, um Urteile zu fällen. Wir können keine Beispiele aufzählen, uns nicht an ähnliche Gelegenheiten erinnern. Nur wenn ihr Charakter seine Intelligenz verfeinert, sein Lernfeld erweitert und in Krisen geprüft worden ist, können die Alten der Gesellschaft dienen. Die Gesellschaft verlangt Qualitäten, die über bloße Lebenskraft, Erinnerungen und angehäufte »Erfahrung« hinausgehen. Aus diesem Grund wenden wir uns den Geschichten gealterter Rabbis, Mönche und Meister zu, in denen sich ihr Charakter offenbart, oder interviewen alte Maler, Schriftsteller und Dichterinnen. Als Zeugen des Charakters sind sie größer als das Leben.

Die Zeit des Ruhestands geht oft mit »Resignation« einher, die im Wörterbuch definiert wird als »klagloses Ertragen von Widrigkeiten« und ein früher Hinweis auf Altersschwäche sein kann. Bevor wir uns aus Kontrollpositionen zurückziehen, sollten wir uns fragen, was anschließend kommt. Der schiere Zusammenbruch, nach dem wir uns in ein klagloses (oder viel beklagtes) Ertragen fügen? Vielleicht sollte »Re-signation« – statt wortwörtlich Abstieg zu bedeuten – eher so viel heißen wie Re-evaluierung, eine Neueinschätzung der eigenen Position, eine Re-vision der Idee der Kontrolle, so dass diese Werten dient, die wir im Lauf der Zeit als wichtig erkannt haben.

Die begeisterten Verfechter eines langen Lebens vergessen zu erwähnen, dass auch schlechte Charaktere bleiben. Das gleiche gilt für die Hilflosen und Nutzlosen sowie für die Geizigen, die den Charakter, je länger sie leben, wie leidenschaftliche Sammler einstecken und wegpacken. Die Tyrannei sadistischer Grausamkeit mag sogar noch stärker werden, wenn mit den Jahren andere Wege zur Lust verbaut werden, und Ehrgeiz nimmt später im Leben nicht unbedingt ab. Simone de Beauvoir widmet dem Charakter von Marschall Pétain, dem Oberhaupt der französischen Regierung, der mit der Nazibesatzung kollaborierte, einige ätzende Worte. Sie zeigt auf, dass er gemein, kleinlich, egoistisch, eitel, gleichgültig, grob, gerissen, stur, anmaßend und lüstern war. Keiner dieser Züge war seinem hohen Alter vorbehalten; sie alle gehörten zu seinem Charakter und traten in späteren Jahren schärfer hervor wie ein Skelett unter der Uniform mit ihren Orden. Pétain ist ein Beispiel dafür, dass der Charakter das Alter bestimmt und nicht umgekehrt. Dieser Gedanke war den klassischen Beobachtern wohl bekannt.

Platons meist gelesener Text, *Der Staat*, beginnt mit einem Gespräch, bei dem es genau um unser Thema geht. Sokrates sagt: »Auch ich ..., o Kephalos, pflege sehr gern Gespräch mit Alten«, und fragt Kephalos, den alten Mann: »Und so hörte ich auch von dir gern, ... ob es (das Alter) schwer zu leben ist, oder was du darüber aussagst.« Kephalos schweift ein wenig ab, aber dann konzentriert er sich auf die Klagen der Alten; diese »stimmen ... vorzüglich ihre Klagelieder an, wie vieler Übel Ursache es (das Alter) ihnen ist.« Dann kommt er zu dem Schluss: »Aber die Klagen hierüber ... haben einerlei Ursache; nicht das Alter, o Sokrates, sondern die Sinnesart der Menschen.«[9] In Ciceros *De Senectute* stoßen wir auf die gleiche Unterscheidung: »› Aber das Alter ist mürrisch, ängstlich, jähzornig, ungefällig, und, wenn wir weiterforschen, habsüchtig‹ . Allein, dieß sind Fehler des Charakters, nicht des Greisenalters.«[10]

Wenn die Eigenschaften, die dem Alter zugeschrieben werden, gar nicht auf diesem beruhen, sondern im Charakter verwurzelt sind, dann können sie in jedem Lebensalter durchbrechen. Ein Student, eingeschlossen in seinem Zimmer, kann sich fühlen, wie Cicero es beschreibt: »ignoriert, verachtet und verspottet.« Und eine Frau über dreißig, belastet mit Kindern, Schulden und einem egoistischen Ehemann kann »mürrisch, ängstlich, jähzornig, ungefällig« werden. Die so genannte Alterspsychologie kann lange vor Eintreten des Alters über uns hereinbrechen. Jeden Tag können wir uns ins Bett legen und an Freunden herumnörgeln, Angst vor der Zukunft bekommen und uns bedrückt fühlen angesichts des drohenden Todes.

Die Eigengesetzlichkeit dieser Einbrüche zeigt, dass sie nicht zeitlich begründet sind, sondern in etwas Zeitlosem wurzeln, den archetypischen Kräften, die den Charakter beeinflussen und steuern. Die klassische Tradition, die bis in die jüngste Zeit fortdauerte, personifizierte diese Kräfte in den Mythen, so dass der Zustand, den zum Beispiel Cicero beschrieb, sofort als einer erkannt wurde, der sich Saturn verdankt, dem Gott der Geizhälse und des Elends.

Die klassische Tradition betrachtete das Alter nicht durch die Brille des New Age. Das Alter als letztes Stadium menschlichen Wachstums war keine fröhliche Zeit. Stattdessen verstärkte ein langes Leben aus der Sicht der Klassiker den Charakter, so dass wir im Alter mehr vom Immergleichen bekamen, viel mehr. Der Englische Arzt Sir Thomas Browne (1605-1682) verfasste eine dieser trübseligen Litaneien:

Allein das Alter begradigt nicht, sondern krümmt unsere Natur, verwandelt schlechte Anlagen in schlimmere Gewohnheiten und bringt Laster so unheilbar wie Gebrechen hervor; denn es nimmt Tag für Tag mit der Altersschwäche die Sündenstärke zu ... Jede Sünde nimmt, je öfter man sie tut, um so mehr die Qualität des Bösen an: wie sie in der Zeit vorrückt, so steigt sie in den Graden der Bosheit auf, denn indem sie vorrücken, vervielfältigen sich die Sünden und gleichen den arithmetischen Zahlenreihen darin, daß der letzte Eintrag mehr gilt als alle vorher.[11]

Ehrgeiz mag eines der »Laster so unheilbar wie Gebrechen« sein, die mit dem Alter selten abnehmen, sondern, wie Browne sagt, »zunehmen«. Gelehrte möchten das endgültige enzyklopädische Werk schaffen, Architekten ihr Denkmal, leitende Manager die große Fusion – alle treiben sich in den späteren Jahren zum Dienst für bleibende Leistungen an. Manchmal richtet der Ehrgeiz sich auf kein Projekt oder eine Aufgabe, sondern lediglich auf die eigene Person – »ein auf alles gerichteter seniler Ehrgeiz«, wie De Gaulle (der sich mit Ehrgeiz durchaus auskannte) über Pétain sagte.[12]

Viele erfolgreiche alte Männer (für fähige Frauen gilt das weniger) bedauern, dass ihre Wichtigkeit nicht genügend Anerkennung fand. In Zeiten des Ruhms wird Dankbarkeit mit einem Kopfnicken im Vorübergehen bedacht: Die Stars danken dem Team, der Oscar-Empfänger lobt überschwänglich die Namen auf der auswendig gelernten Liste. Aber wenn die Großartigkeit aus dem Rampenlicht abtritt, hinkt die Dankbarkeit hinterher, ohne sie jemals wirklich einzuholen. Trotz aller Ehrungen und Preise fährt der Ehrgeiz fort, sich zu beklagen: »Niemand hat jemals so viel Gutes für so viele getan und dafür so wenig Anerkennung bekommen.« Der Ehrgeiz strebt immer noch nach Höhenflügen. Selbst nach dem letzten Abschied will der Ehrgeiz das Geschehen auf der Bühne noch beeinflussen; will auf einen Nachfolger einwirken, über die Aufteilung des Familienvermögens entscheiden, einen letzten Rivalen besiegen (ganz gleich wen, und sei es der eigene Bruder). Wir können weder den Thron ganz aufgeben, noch den drängenden Antrieb, der ihn uns brachte.

T.S. Eliot schreibt über den Verzicht auf Ehrgeiz folgende Zeilen:

Weil ich nicht hoff auf Kehr und Dauer,
Nicht wünsch was dieser hat und der vermag,
Nicht länger ringen mag, dem nachzuringen,
(Wozu noch, alter Aar, reckst du die Schwingen?)[13]

Er weist die Sentimentalen auf den Raubvogel hin, der in den Alten wohnt, ein unstillbares Bedürfnis nach immer mehr. Robert Bly schreibt in seinem Gedicht »My Father at Eighty-Five«, (»Mein Vater mit 85 Jahren«):

Seine Augen, blau und wach,
enttäuscht ... voll Misstrauen ... ein Vogel,
wartend auf seine Fütterung –
fast nur Schnabel – ein Adler
oder ein Geier ... ein starker Motor des Begehrens
rotiert immer weiter im Körper.[14]

Wir befinden uns hier jenseits von Langlebigkeit auf dem Gebiet des Charakters. Der älteste Senator sein, den es jemals gegeben hat, der letzte Veteran der Truppe, die verwelkte Frau, die nicht einen Tag aufhört, ihre Kuchen zu backen, selbst wenn sie im Rollstuhl sitzt. Von Verzicht kann hier keine Rede sein, denn der Wille maskiert sich als Hingabe, um den Tagen Dauer und dauerhafte Bedeutung zu verleihen.

Da wir die immer ausgeprägteren Eigenarten in späteren Jahren nicht dem Alter, sondern dem Charakter zum Vorwurf machen müssen, sollten Bemühungen um die Verlängerung des Lebens sich auch auf diese Hauptursache, nämlich die Kraft des Charakters, konzentrieren, statt sich auf die »arithmetischen Zahlenreihen« der Langlebigkeit zu richten. Wenn wir unseren Geist und unseren Körper einfach nur über die Hindernisse und Härten der Lebensverlängerung peitschen, gehen wir am wesentlichen Punkt vorbei. Wir sollten uns fragen: Was bewahrt den Charakter? Was hilft ihm zu bleiben?

Wir können diese Fragen am Beispiel des Ehrgeizes beantworten. Er bleibt, weil er auf einem archetypischen Hintergrund beruht. Seine übermenschlichen Forderungen zeigen
einen Mythos in Aktion, der darauf hinwirkt, dass ein
menschliches Wesen über sich hinauswächst.

Mythen stellen sich in menschlichen Angelegenheiten
dar; sie veranschaulichen unsere Kämpfe und bringen unseren Charakter in Aufruhr. Wenn wir uns erst einmal für Mythen öffnen, können wir die Mythologie auch im Leben und
nicht nur in Büchern lesen. Wie Jung schrieb: »Die Götter sind
zu Krankheiten geworden.« Die Muster der Mythen und ihre
personifizierten Mächte stellen archetypische Lebensstile dar,
denen wir nicht entkommen und von denen wir nicht geheilt
werden können.

In Gesellschaften, die auf Mythen basieren, sind die Götter unmenschlich und ewig; *athanatoi*, »die Unsterblichen«,
nannten die Griechen ihre Götter meistens. Als Kräfte, die in
unserem Charakter wirken, lassen sie die persönlichen Eigenschaften, die wir weder ablegen noch unter unsere menschliche Kontrolle bringen können, unauslöschlich werden. Ein
Schlüssel für die mythische Gestalt in der »Krankheit« des
Ehrgeizes ist der Adler.

Der römische Jupiter wurde, ähnlich wie der griechische
Zeus, oft als Adler dargestellt, und die römischen Legionen
dehnten den Einflussbereich des Imperiums unter der Stan-
darte des Adlers fast auf die gesamte bekannte Welt aus. Einige der lateinischen Bezeichnungen für diesen größten aller
klassischen Götter waren *domitor, magnus* (großartig), *fecun-
dus, altus* (hoch) *domitor mundi* (Eroberer der Welt), *omnipo-
tens, summus, supremus rector* (Herrscher, Kontrolleur), *sator*
(Begründer), *rex* (König).

Wenn die Leiche eines römischen Kaisers verbrannt wurde, ließ man in der Nähe des Scheiterhaufens einen Adler frei,

der die kaiserliche Seele in die himmlischen Gefilde führen sollte. Nur der Adler, so hieß es, könne der Sonne unmittelbar ins Antlitz schauen und neu erstehen, indem er in die Sonne hineinflog. Das Temperament des Adlers war »überaus heiß und trocken«, sein Appetit unersättlich. Und er taucht in heiligen Zusammenhängen auf: Johannes, der vierte Verfasser der Evangelien und der »spirituellste« von allen, wird in der Tradition durch einen Adler dargestellt.

Er ist der Träger des höchsten Geistes, des Bestrebens, das am weitesten reicht. Ein Augenblick im strahlenden Licht, und er ist neu geboren, bereit, vorwärtszudrängen, alles liegt noch vor ihm. (In den ägyptischen Hieroglyphen bildet der Adler den Buchstaben »A«).

Laut der uralten Sagen aus dem Reich der Tiere stirbt der Adler, weil »sein Schnabel sich immer stärker biegt«, was ihn daran hindert, Nahrung zu sich zu nehmen und schließlich dazu führt, dass er sich selbst die Kehle durchbohrt. Bly erkennt diesen Schnabel bei seinem alternden Vater, und Browne sagt, dass das Alter unsere Natur »krümmt«. Nichts kann den Adler beugen, nur sein eigenes Altern. Die Lektion des Adlers lautet, dass das Altwerden die Methode ist, mit deren Hilfe die Sterblichkeit die unsterblichen Quellen des Charakters heilt, welche Menschen über ihre Grenzen hinauswachsen lassen – wünschend »was dieser hat und der vermag«. Ehrgeiz verschlingt sich schließlich selbst, indem er zur quälenden Selbstbestrafung wird; Prometheus, der zu viel wollte und zu weit ging, wurde Tag für Tag durch einen Adler bestraft, der an seinen Eingeweiden zerrte.

Eine griechische Vasenmalerei zeigt Herkules mit Geras, der Personifizierung des Alters, dessen Namen wir heute noch in der Geriatrie und der Gerontonolgie, der Altersmedizin und der Altersforschung finden. Herkules, gekleidet in sein Löwenfell, gegürtet und gespornt, steht erhoben vor Geras, dieser kahlköpfigen, gebeugten, dürren Gestalt mit schlaffen, verdrehten (perversen?) Genitalien. Dieser lehnt sich auf einen dünnen, gebogenen Stock, während Herkules eine große, mit Beschlagnägeln verzierte Keule hält. Wir sehen eine klassische Konfrontation des archetypischen Helden mit dem jammervollen Bildnis des Alterns. Das Bild gleicht vielen anderen, die Herkules im körperlichen Nahkampf mit dem Tod (Thanatos) und mit Hades, dem Gott der Unterwelt, zeigen.

Die Vorfahren unserer Kultur stellten diese Konfrontation in Klageliedern, Grabinschriften, in Tragödien und grafischen Bildern dar. In der heutigen Welt ist die Konfrontation mit heldenhaften, den Tod bekämpfenden Einstellungen zum »Problem« des Alterns verinnerlicht, abstrahiert und miniaturisiert worden. Die archetypische Allegorie ist zum Forschungsgegenstand geworden, und der heldenhafte Aufstand gegen das Altern findet in Laboratorien statt und wird verkapselt in Fläschchen mit Vitaminen und Ergänzungsnahrung.

Im Kern ist dieser Kampf jedoch unverändert geblieben, weil es ein mythischer Kampf ist, als würde zwischen dem muskulösen Geist der Fortschrittszivilisation, die Monster mordet, Sümpfe trocken legt und Mauern errichtet, und dem kleinen alten Mann am Ende der Straße eine archetypische Feindschaft bestehen. Selbst wenn die Waffen auf kleinste vorstellbare Proportionen geschrumpft sind, die Rhetorik und Strategie der Fehde besteht immer noch in Feldzügen, Kriegsführung und Kampf.

Heute sind die Molekularbiologie und die Nanotechnologie – die Manipulation lebender Materie auf einer infinitesimalen Ebene – die Anführer. Das erste Ziel in der Erforschung von Methoden zur Verlängerung des Lebens bestand darin, Krankheiten mit immer minuziöseren Mitteln zu begegnen. Obwohl Herkules' Feldzüge auf einer handfesteren Skala stattfanden als der Kampf gegen Bakterien und Viren – er überwältigte einen wilden Stier, erwürgte einen Löwen und schlug Hydra die Schlangenköpfe ab –, ist die Phantasie, die Räuber zu vernichten, unverändert bestehen geblieben.

Die Überwindung von Krankheiten ist lediglich das erste Ziel. Das nächste Projekt ist die Verjüngung, die Verlängerung des Lebens, indem der Alterungsprozess selbst rückgängig gemacht wird. »Was wir brauchen ist ein Weg, das Altern rückgängig zu machen und nicht, es einfach nur aufzuhalten«, sagt einer der Herausgeber der Zeitschrift *Life Extension* (Lebensverlängerung, Anm.d.Ü.) und verführt seine Leserinnen und Leser, indem er einen weit verbreiteten Wunsch zum Ausdruck bringt: »Sie brauchen einen Weg, um jünger, gesünder und tatkräftiger zu werden; einen Weg, die Uhr zurückzustellen, damit Sie nicht nur *Jahrzehnte*, sondern *Jahrhunderte* jugendlich und strahlend herumtanzen können.«[15]

Das Mittel für diesen alterslosen satyrischen Tanz (den die Theaterbesucher der alten Welt lächerlich gefunden hätten) ist die Nanotechnologie, ein Gebiet, das mit immer kleineren Zahlenwerten rechnet und die Anwendung von immer winzigeren Instrumenten für die minutiösesten Teilchen von Materie verfolgt. Die Nanotechnologie verbindet das Reich des Organischen und das Reich des Anorganischen, die Modelle von Biologie und Technik.

Über die Bekämpfung von Krankheiten wie Tuberkulose und Krebs und sogar über die Verlangsamung und das Rückgängigmachen des Alterns hinaus nähert sich das ultimative Herkules-Projekt frontal dem Tod. Wir müssen die Kategorien, welche die Ursache dafür sind, dass alles Leben Grenzen hat, erweitern oder eliminieren.

Bei einer jüngsten Versammlung der Seniorengesellschaft des Foresight Institute betrieb einer der Vorsitzenden »etwas Vorausschau«:

In unserer Gesellschaft herrscht Verwirrung, was Materie, Raum, Zeit und Geist betrifft. Materie: es heißt, dass unsere natürlichen Ressourcen zu Ende gehen, aber die Nanotechnologie ändert das. Raum: es heißt, Platz werde knapp, aber die Raumforschung überwindet dieses Hindernis. Zeit: man geht davon aus, dass wir alle sterben, aber mit Hilfe der Nanotechnologie werden wir imstande sein, uns unser jugendliches Äußeres zu erhalten. Das Erinnerungsvermögen ist lediglich eine Struktur, und die können wir erhalten. Geist: mit der Nanotechnologie können wir technische Intelligenzsysteme herstellen, die Millionen mal schneller sind als unser Gehirn.[16]

Auch der Direktor für Technologie der Firma Netscape macht sich Gedanken über die Zukunft:

Vieles von dem, was Menschen tun, wird unnötig werden, wenn die Materie beliebig neu angeordnet werden kann ... Das führt zu allen möglichen bizarren Überlegungen. Unsterblichkeit. Es gibt eigentlich keinen Grund dafür, dass der Zusammenbruch der Zellstrukturen unvermeidlich wäre. Es gibt keinen Grund für das Eintreten des Todes. Es gibt keinen Grund, warum der körperliche Verfall nicht rundherum reparabel sein soll, und es gibt auch keinen Grund dafür, warum Sie sich nicht genau den Körper entwerfen können sollten, den Sie sich wünschen.[17]

Nach welcher Vorlage würden Sie denn den Körper entwerfen, den Sie sich wünschen? Barbie? Rambo? Herkules? Und was ist mit dem beherzten, stupsnasigen Sokrates, der riesigen Amy Lowell, dem »vertikal geforderten« Toulouse Lautrec, John Keats, der sich, bevor er das 26. Lebensjahr erreichte, seine von Tuberkulose befallene Lunge aus dem Leib hustete, Emily Brontë, die mit dreißig starb, oder Sylvia Plath, deren Qualen mit 31 Jahren endeten; oder Franklin Roosevelt oder Stephen Hawking; oder der kranke Nietzsche, der kranke Schubert, der kranke Schumann, der kranke Chopin? So viele sind auf bewundernswerte Weise geblieben, obwohl ihr Körper sie eines langen Lebens beraubte.

Gibt es wirklich »keinen Grund für das Eintreten des Todes«? Ist Langlebigkeit lediglich ein gentechnisches Problem, das im Stil von Herkules angepackt werden kann? Wie rückständig ihre Technologie auch gewesen sein mag, die Alten Griechen wussten zumindest, wie töricht es war, sich Unsterblichkeit zu wünschen, und setzten sich gründlich mit der Vielschichtigkeit dieses Wunsches auseinander. Sie erzählten Sagen wie die von Tithonos, einem Menschen, dem die Erfüllung seines Wunsches nach ewigem Leben gewährt wurde, so dass er dazu verdammt war, für immer zu leben und älter zu werden.

Wichtiger noch als die warnenden Horrorgeschichten über menschliche Wesen, die in ihrer Dummheit die Götter um die falschen Dinge baten, ist für die Alte Welt die grundlegende Notwendigkeit menschlicher Sterblichkeit. Denn wenn wir Menschen die Unsterblichkeit erringen können, dann sind wir den Göttern gleich – »unsterblich« war, wie gesagt, der Begriff, der häufig auf sie angewandt wurde. Ihre Essenz ist unsterblich; unsere sterblich. So wie sie nicht sterben können, können wir nicht *nicht* sterben; die Ebenen müssen säuberlich getrennt werden. Gehen wir einmal davon aus, dass wir sterben müssen, auf dass sie unsterblich seien. Unsere Sterblichkeit garantiert ihnen ihre Unsterblichkeit; denn sonst gäbe es absolut keinen Unterschied zwischen Menschen und Göttern, und diese wären vielleicht nichts weiter als menschliche Phantasiegebilde, Figuren, die erfunden wurden, um die himmlischen Gefilde zu bevölkern.

Herkules lehrt uns noch eine weitere Griechischlektion. Er wird nicht alt. Nachdem er Geras / Hades / Thanatos überwunden hat, kann er nur verrückt werden und seine heldenhafte Stärke verlieren, genau die Tugend, die von der Wiege an die Eichel seines Charakters bildete. Die Antike überliefert keine Bilder von Herkules als älterem Bürger, als Ratgeber oder weisem Lehrer. Herkules weiß nichts vom Altwerden. Seine Ansichten über das Altern beruhen auf seiner Opposition gegen dieses. In seinen Augen ist das Alter kahlköpfig, gebeugt und dürr, »zerschlißnes Tuch an einem Stock, soweit« (während Herkules in Geras Augen aussehen muss wie einer der Beschlagnägel auf seiner Keule.)

Heutzutage müssen wir den herkulischen Wissenschaften, die Geras überwinden wollen, indem sie uns mit Eisen vollpumpen und uns die Tretmühle stupider Arbeiten treten lassen oder indem sie die genetische Quelle des Alterns minuziös manipulieren, die Frage stellen: Verstößt der heldenhafte Umgang mit dem Altern nicht gegen die sterbliche Essenz des Menschseins?

Je länger wir bleiben, desto länger möchten wir bleiben – jedenfalls meistens. Sie kennen bestimmt den Witz über den 99-jährigen Mann, der den Pfleger vom ambulanten Pflegedienst, welcher sein Zimmer sauber machen will, mit den Worten abwehrt: »Wie's hier aussieht, ist mir egal, ich will einfach mehr!« Indem ich noch einen Tag zulege, beweise ich meinen Wert aufs Neue. »Ihre Mutter ist 97? Wie wunderbar!« Die Leute lächeln, gratulieren. Niemand sagt: »Puh, das ist hart; die Ärmste.« Wenn ein langes Leben nur nach Jahren zählt und damit zum Selbstzweck wird, können andere Bedeutungen des Begriffs »Ende« wie »Vollendung« und »Abschluss« abgewehrt und in den Schatten verbannt werden. Und wenn die Idee des Bleibens auf die Anzahl von Jahren und Tagen reduziert werden kann, dann hat die Medizin eine Rechtfertigung für ihre radikalen Verfahren zur Verlängerung eines Lebens, das vielleicht gar nicht länger gewollt wird.

Natürlich hat ein langes Leben auch Vorzüge. Sie können zum Beispiel Ihren Nachkommen einen Gefallen damit tun. Sie senken die Prämie für deren Lebensversicherung und heben deren Lebenserwartung. Vielleicht lernen Sie noch Ihre Urenkel kennen und können erleben, wie sich die Äste am Familienbaum auf immer gleiche Weise verzweigen; oder Sie können sich noch mehr Weltmeisterschaftsspiele anschauen. Auch wenn Statistiken niemals lügen, sagen sie doch nicht die ganze Wahrheit. Sie sagen nichts darüber aus, *was* verlängert wird.

Wenn wir alt werden, kommt es zu einer seltsamen Erweiterung unseres Lebens, ohne dass wir sie aktiv erzwingen. Nach dem fünfzigsten Lebensjahr stellen wir fest, dass wir uns in unseren Gedanken, Gefühlen und Erinnerungen viel häufiger mit unseren Eltern verbünden als mit unseren Kindern. Mit siebzig scheinen wir dem schon längst verstorbenen Großvater viel ähnlicher zu sein als den quicklebendigen Enkelkindern, die wie Außerirdische ab und zu aus ihrem Raumschiff steigen, um kurz bei uns vorbeizuschauen. Unsere Ältesten scheinen die Seele auszuweiten, indem sie sie zu sich zurückholen. Wenn die Innerlichkeit sich ausdehnt, fällt es uns leichter, in die kleinen Hinterzimmer umzuziehen, denn wir nehmen in der Welt weniger Raum ein.

Zwischen der statistischen Verlängerung des Lebens und seiner psychologischen Fülle besteht ein klarer Unterschied. Erstere ignoriert völlig die Kümmernisse und Sorgen, die ein mögliches Weiterleben begleiten können – wachsende Skrupel beim Aussortieren und Saubermachen, zunehmende körperliche Zerbrechlichkeit und Angst, und die Bitternis, Scham und das Bedauern, die bereits zu lange anhalten. Dass sich ein Leben in die Länge streckt, sagt nichts über den Charakter dieser zusätzlichen Tage und Jahre aus. Während unsere Statistiken Verbesserungen verkünden, verfällt unsere Seele den Tabellen, Zeitplänen und Spritzen.

Ein langes Leben sollte also nicht verlängert werden, wenn das lediglich weitere Tage des Schmerzes, der Sorge und der Behinderung bedeutet. Wir müssen vielmehr die *Idee* der Verlängerung des Lebens ausbauen. Wir müssen unser Denken erweitern und vertiefen. Im Gegensatz zu Matthäus könnten wir unsere Statur vielleicht tatsächlich noch um eine Elle verlängern, indem wir uns mehr Gedanken darüber machen, wie die Idee der Langlebigkeit erweitert werden kann.

Erstens können wir nach hinten wachsen. Warum lesen ältere Menschen in unserer Gesellschaft Biographien und schalten im Fernsehen historische Sendungen ein? Warum reisen sie zu antiken Stätten toter Zivilisationen, besuchen Museen und spenden für den Erhalt historischer Gebäude? Was treibt sie dazu, verrostete Werkzeuge und altmodische Geräte hervorzukramen und zu reparieren, alte Wurzelstöcke zu kaufen, um sie jungen Bäumen aufzupropfen, sowie wieder mit Schablonen zu arbeiten und sich Stichen und Stepparbeiten zu widmen, die vor zweihundert Jahre gebräuchlich waren? Oder alte Münzen zu katalogisieren und ihr Geld für spezielle Steine auszugeben? Warum entwickeln sie eine Vorliebe für Rezepte, die als uralte Heilkuren verkauft werden, von Amaranth bis zu St. Johns Heilkräutern? Alte Soldaten führen den Bürgerkrieg auf; alte Frauen lesen am liebsten Romane, die in historisch kostümierten Umgebungen spielen.

Das sind andere Phantasien von einem langen Leben als die, welche die Statistiken uns bieten.

Je weiter Sie in der Imagination zurückgreifen können, desto umfassender wird Ihr Lebenskreis. Ihr Charakter und seine Eigenarten finden ein Echo bei ähnlichen Charakteren, welche die Wege der Imagination entlangspazieren und grundlegende Qualitäten an den Tag legen, die sich nicht verstecken unter den verwirrenden Verkleidungen, die reale Familienangehörige und Freunde sich zulegen. Die Seele wird genährt von der Üppigkeit der Bilder; ja, mehr noch, sie versenkt sich in eine andere Imagination, die Sie über die Grenzen Ihrer tatsächlichen Situation hinausträgt.

Der alte Mann im Wohnwagenpark legt seine Nickels mit Büffeln und seine Pennies mit Indianerköpfen aus und regt damit Phantasien an, die ihn weiter in die Ferne befördern, als sein künstliches Bein es jemals vermöchte. Sie können sich vorstellen, in einem eisigen schottischen Schloss im Kreise eines liebevollen Familienklans zu leben, auf Odysseus' Rückkehr nach Ithaka zu warten, Lincolns Beerdigungszug zu betrauern. Sie können das Land, die Zeit und die Landsleute entdecken, die Ihrem Charakter entsprechen und wo Ihre Seele sich zu Hause fühlt.

So wird ein langes Leben zu einer Art Osmose, einer Verschmelzung mit älteren Leben und älteren Dingen in älteren Zeiten. Sie überleben Ihr eigenes Leben. Nicht länger ein einsames Blatt an einem sterbenden Ast oder gar dessen Frucht, sinken Sie in das Splintholz ein und werden hunderte, tausende von Jahren alt, so alt wie der Baum selbst, der noch ein langes Leben vor sich hat – ein Leben voller Geschichten und Szenen, die unaufhörlich weitergehen, voller alter Tonscherben und Talismane, die immer neue Phantasien auslösen.

Wenn wir mit den Wurzeln der Tradition verwachsen, verlängert sich unser Leben nach hinten. Wir können uns aber auch nach unten ausdehnen – in unsere Nachfahren; unsere Lehrlinge, die unsere Charakterzüge ausfindig machen; – und nach außen, in die Familie der Bilder, die ins Fotoalbum geklebt und in die Schubladen voller Erinnerungsstücke gestopft wurden. Ich erweitere mich durch andere, deren Bilder mein einsames Nachsinnen mit Lebendigkeit erfüllen, und auch durch die täglichen Besucher, die hereinschauen, um zu sehen, wie es mir geht.

Wissbegierige Neugier auf das Leben anderer erweitert unser Leben. Hier geht es nicht darum, sich mitzuteilen, sondern um die Kunst des Zuhörens. Die andere Person ist ein Born von Lebensblut, die unsere Seele mit Lebendigkeit nährt, wenn Sie sie durch Ihr Zuhören aus der Reserve locken können. Das gründliche Aushorchen – zwielichtige Gestalten beschnüffeln und köstliche Skandalgeschichten, wohl mundende Häppchen obszönen Klatsches, die Appetit machen auf das wimmelnde Leben, das Sie umgibt – erweitert die engen Grenzen, die das besorgte Kreisen um die eigene Person zieht. Nach hinten, nach unten, nach außen – so wächst ein Leben über seine Grenzen hinaus und löst sich vom Klammern an der eigenen Identität, der Charakter befreit sich vom gierigen, tyrannischen Ich.

Je weiter Sie in der Geschichte nach hinten reichen, je weiter Sie nach unten greifen zu dem, was nach Ihnen kommt und was unter Ihnen liegt, und je weiter Sie nach außen vordringen zu dem, was Sie nicht sind, desto umfassender ist Ihr Leben. Dann ist ein langes Leben frei von der Zeitkapsel und wird damit zu einem wahren langen Leben, einem Überdauern, das ewig dauert, denn es gibt keine Haltestellen.

KAPITEL 2

DAS LETZTE MAL

Das letzte Mal, als ich Chaplin sah,
sagte er immer nur:
»Bleib menschlich. Bleib menschlich.«

GROUCHO MARX im Gespräch mit WOODY ALLEN

Letzte Chance, letzte Minute, letzte Runde, letzter Spielzug, letzter Abgang, letzte Grube. Letzte Riten, das Letzte Abendmahl, letzte Tage, das Jüngste (und letzte) Gericht. Letzte Worte, der letzte Atemzug. Das letzte Wort, das letzte Lachen, der letzte Tanz, die letzte Rose dieses Sommers, der letzte Abschied. Was für ein gewichtiges Wort! Warum verleiht es den Worten, die es genauer umschreibt, solche Wichtigkeit? Und wie nimmt es auf den Charakter Einfluss? Wir werden es herausfinden müssen.

So viel kann ich Ihnen bereits sagen: Das Ziel unserer Untersuchung liegt tiefer als die übliche Bedeutung von »das letzte Mal« im Sinne von »Ende« und damit Tod. Wenn das alles wäre, könnten wir hier aufhören, zufrieden mit dem banalen Ergebnis. Denken Sie daran: In diesem Buch entziehen wir uns fortwährend dem Tod und versuchen zu verhindern, dass er das Licht intelligenter Nachforschungen mit seiner undurchdringlichen Dunkelheit verschluckt. Der Tod ist einfach nur eine verdummende Verallgemeinerung, die unserem Nachdenken über das Leben ein Ende setzt. Die Vorstellung vom Tod raubt unserer Erkundigung ihre leidenschaftliche Lebendigkeit und nimmt unseren Bemühungen ihren Sinn, indem sie zu einer einzigen, bereits feststehenden Schlussfolgerung gelangt, und die heißt Tod. Warum noch forschen, wenn Sie die Antwort bereits kennen?

Wenn ein Paar Socken uns im letzten Kapitel geholfen hat, hilft uns in diesem vielleicht ein fiktives Paar weiter.

»Sie ist gerade in ihren Wagen gestiegen und weggefahren. Das war das letzte Mal, dass ich sie gesehen habe.« Wie zufällig der Augenblick dahingleitet und mit dem Alltag verschwimmt. Aber wenn wir eine simple Tat als die »letzte« bezeichnen, wird das Ereignis zum unauslöschlichen Bild. Durch das »letzte Mal« wird ein Ereignis erst zum Ereignis, erhebt sich über den Alltag und hinterlässt einen bleibenden Eindruck. Letzte Worte werden »berühmt«, letzte Augenblicke zu rätselhaften Sinnbildern, über die wir noch Jahre später nachgrübeln.

Warum? Weil das, was am Ende einer Reihe von Ereignissen geschieht, deren Abschluss besiegelt und ihnen Endlichkeit verleiht. Ein Widerhall des Schicksals. Die Ereignisse, die zu dieser Heirat, jener Liebesgeschichte, dem gemeinsamen Leben führten, verdichten sich in der letzten Szene zum Wesentlichen. Sie steigt in ihren Wagen und fährt davon. Um ihren Tod bei einem Unfall zu finden? In eine andere Stadt, um neu anzufangen? Zu einem anderen Geliebten? Nach Hause, zurück zur Mutter? Zurück zu ihrem Mann und den Kindern? Das Ziel ihrer Fahrt gehört eher zur nachfolgenden Geschichte als zur letzten Szene dieser Fiktion vom Versuch eines gemeinsamen Lebens.

Wäre sie wie an anderen Tagen zurückgekommen, dann hätte das Bild, wie sie in den Wagen steigt, keine Bedeutung und würde keinen bleibenden Eindruck machen. Aber jetzt sagt es etwas über den Charakter aus: die Beständigkeit der

Beziehung – ihre vereinbarte Unverbindlichkeit; ihre schein-
bare Offenheit, welche die Wahrheit verschleiert. Oder es offenbart die rebellische Unabhängigkeit der Frau; oder ihren
Mut zum Abenteuer; oder ihre schwachen Nerven; oder ihre
Kälte, die auf mangelndem Selbstvertrauen beruht ... Und
auch über seinen Charakter sagt das Bild etwas aus – über seine unausgesprochenen Gefühle; sein betäubtes Empfinden,
das weder wahrnehmen noch voraussehen kann. Ihrer beider
Charakter, seiner, ihrer – das alles verdichtet sich und kommt
schließlich zum Ausdruck, als sie davonfährt.

Das letzte Mal ist also mehr als eine Information für den
Bericht des Privatdetektivs. »Nur die Tatsachen, bitte.« Tatsächlich ist sie einfach in ihren Wagen gestiegen und weggefahren. Aber das letzte Mal wandelt die Tatsachen zum Bild.
Der Eindruck von ihr am Straßenrand, während der Motor
anspringt, ist ein bleibender, weil er sich zu einem bedeutungsvollen Bild verdichtet, einem poetischen Augenblick.
Dieses letzte Mal fängt andere Zeiten für immer ein und verleiht ihnen ewige Bedeutung.

Poesie ist auf diese Verdichtung angewiesen, wenn sie
Eindruck machen will. Das deutsche Wort für Poet ist *Dichter*,
(deutsch im Original, Anm.d.Ü.) einer, der die Dinge *dicht*
(dito) macht (dick, undurchdringlich, kompakt). Ein poeti-
sches Bild verdichtet einen bestimmten Augenblick, der charakteristisch für ein größeres Ganzes ist, zu einem Schnappschuss, fängt seine Tiefe, Komplexität und Wichtigkeit ein. Indem das letzte Mal eine Reihe von Ereignissen zum Abschluss bringt, die andernfalls endlos weitergehen könnten,
verlässt es die Zeitenfolge, wird transzendent.

Solche Augenblicke sind schwer zu ertragen und wir können uns nur schwer von ihnen frei machen. Sie nähren die
Nostalgie, kommen uns immer wieder in den Sinn – ein Re-
frain, der uns nicht loslässt. Das Alter schafft Raum für das,

was T.S. Eliot den »Abend, wenn man im alten Album blättert«, nennt, Schnappschüsse, die eine ganze Welt zurückbringen.[1] Die Gerontologie bezeichnet diese Abende als »Lebensrückschau« und behauptet, dass sie in späteren Jahren die wichtigste Berufung sind. Da nostalgische Träumereien Menschen jeden Alters ereilen können, muss »spätere Jahre« hier nicht so wörtlich genommen werden, sondern kann als poetischer Zustand der Seele gelten, der vor allem den Alten, aber nicht nur ihnen gefällt.

Wenn es das letzte Mal ist, werden Liebe, Schmerz, Verzweiflung und Gewohnheit zur Poesie. Der Schritt nach vorne erstarrt im Ansatz und das Leben wird sich selbst entrückt. Das ist Transzendenz. Wir fühlen uns bis ins Mark erschüttert, als seien die Götter mitten in unser Leben getreten.

Die Transzendenz des Alltäglichen tritt erst ein mit der göttlichen Erscheinung des letzten Mals. Die Frau aus unserer Geschichte ist jeden Tag in ihren Wagen gestiegen. Das letzte Mal wird dieser alltägliche Akt zu etwas völlig anderem. Wenn ein Ereignis sich ans andere reiht, stellen wir uns von keinem Augenblick vor, er sei der letzte. Wir können jederzeit zurückkommen, etwas noch einmal tun. »Das letzte Mal« besagt, es gibt kein »noch einmal«. Das letzte Mal steht für sich, einzigartig und schicksalhaft.

Die Pop-Lyrik spielt mit diesem poetischen Augenblick: »The days dwindel down to a precious few, September ...« – »Die Tage schrumpfen zusammen auf wenige kostbare, September ...« (Maxwell Anderson). »The last time we saw you ...« – »Als wir dich zum letzten Mal sahen ...« (Leonard Cohen). »The last time I saw Paris« – »Zum letzten Mal Paris« (Oscar Hammerstein). »Last time I saw him« – »Als ich ihn zum letzten Mal sah« (Pamela Sawyer). »This could be the last time ...« – »Das könnte das letzte Mal sein ...« (Jagger und Richards). »The last time I saw George alive ...« – »Als ich George zum letzte Mal lebend sah« (Rod Stewart). »Nie wieder, dies kann nie wieder geschehen ...« und so weiter. Jede Szene im Leben könnte ein letztes Mal sein, wie der Morgen, an dem sie in ihrem Wagen davonfuhr.

Wenn wir sagen, dass das letzte Mal für sich steht, einzigartig und schicksalhaft, klingt ihr Wegfahren unvermeidlich und notwendig, denn es wird von ihrem Charakter bestimmt. Wenn Charakter Schicksal ist, wie Heraklit sagte, dann war dies der Tag, an dem sie sterben musste. Oder sie musste ausbrechen, denn »so war sie nun einmal, völlig frei und ungebunden; das war eigentlich zu erwarten.« Und trotzdem kann es ein spontaner Impuls gewesen sein, dem ihr Charakter nachgab: »Es reicht jetzt; nichts wie weg hier.« Eine Marotte, die ihrem Charakter gar nicht zu entsprechen schien. Wir können es nicht wissen. Denn für uns endet die Geschichte dort, wo sich der Wagen in Bewegung setzt.

Und genau hier müssen wir aufpassen. Der Charakter könnte zum eisernen Gesetz werden, nur jene Handlungen zulassend, die mit ihm »konform« gehen. In diesem Fall erzeugt die Vorstellung vom Charakter kleine Wellen von Repression. »Es entspricht mir nicht, dies zu tun, das zu denken, jenes zu wollen, mich so zu verhalten.« Gibt es keinen Raum für das Spontane, für Augenblicke, in denen wir ziemlich »charakterlos« reden, denken und fühlen? Die Antwort hängt davon ab, wie wir über den Charakter denken.

Ich würde behaupten, dass nichts »Charakter – los« ist. Wir können unserem Charakter nicht entkommen; wenn etwas wirklich charakterlos wäre, wo läge dann sein Ursprung? Was steht hinter einem launischen Einfall? Was drängt uns, und was zündet einen Impuls? Von wo steigen zerstreute Gedanken auf? Unsere launischen Einfälle entspringen derselben Seele wie unsere Entscheidungen und gehören ebenso zu unserem Charakter wie unsere Gewohnheiten. Dieses letzte

Mal gehört ebenso zu jener Frau wie all die anderen Male. Gehört zu ihr? Welchem »ihr«?

Ihr Charakter muss aus *mehreren* Charakteren bestehen – »Persönlichkeitsanteilen«, wie die Psychologie diese Gestalten nennt, die unsere Impulse zünden und in unsere Träume wandern, Gestalten, die wagen, was wir nicht wagen würden, die uns drängen und locken, aus unseren Spurrillen auszusteigen, und deren Wahrheit sich nach einer Karaffe Wein in einer fremden Stadt Bahn bricht. Der Charakter ist Charaktere; unser Wesen eine pluralistische Komplexität, ein mehrschichtiges, vielfältig gewirktes Gewebe, ein Bündel, ein wirres Knäul, eine Rüstung. Deshalb brauchen wir ein langes, hohes Alter: um die Verwicklungen zu entwirren und die Dinge zurechtzurücken.

Ich stelle mir die Psyche einer Person gern als Pension vor, die viele Charaktere beherbergt. Die Gestalten, die man regelmäßig zu Gesicht bekommt und die die Hausordnung fraglos befolgen, sind den anderen Dauergästen, die hinter verschlossenen Türen leben oder nur nachts auftauchen, vielleicht noch nicht begegnet. Eine Theorie, die dem Charakter gerecht wird, muss Platz schaffen für Charakterdarsteller, für die Stuntmen und die Tierdresseure, für all die Gestalten, die kleinere Nebenrollen spielen und überraschende Handlungen einbringen. Sie machen die Aufführung oft schicksalsschwer und tragisch oder zur absurden Farce.

Das Zusammenfügen all dieser Charaktere bezeichnen jungsche Psychologen als Integration der Schattenpersönlichkeiten. Sie zusammenfügen heißt jedoch vor allem sie als passend empfinden, der Vorstellung entsprechend, die Sie von Ihrem Charakter haben. Das jungsche Ideal ruft nach einem besser integrierten Charakter, nach sämtlichen Pensionsbewohnern, ohne jemanden auszuschließen. Das kann bedeuten, dass die weniger Angesehenen und die Widerspenstigen zur Moral der Mehrheit bekehrt werden müssen, eine Integration, die zur Integrität des reifen Charakters führt.

Diese edlen Vorstellungen sind als Rezept besser als die fertige Mahlzeit auf dem Tisch, denn alte Menschen sind, wie Yeats schrieb und Pound demonstrierte, oft schlampig, unbeherrscht, launenhaft und dem Chaos näher als der sauberen, fein geschliffenen Weisheit, welche die Idee der Integration meint. Die Integrität des Charakters ist wahrscheinlich kein so einheitliches Phänomen; vielmehr steht am Ende der Oper die ganze Besetzung auf der Bühne, und der Chor, die Tänzer, die Hauptdarsteller und der Dirigent verneigen sich jeder, wie er lustig ist. Das Leben will das ganze Ensemble, in flagranti. Selbst die Ersatzdarsteller gehören zum Charakter.

Die Erforschung der Frage, wie jeder dieser Charaktere dazu gehört, ist eine Hauptaktivität der späteren Jahre, in denen die »Lebensrückschau« immer mehr Stunden in Anspruch nimmt. Ob wir nun Stapel von Papieren und Schränke voller Dinge durchgehen, unsere Enkelkinder mit Geschichten ergötzen oder uns an das Verfassen von Autobiographien, Nachrufen und geschichtlichen Werken wagen, wir versuchen die verschlungenen Wege und Zufälle des Lebens zu einer »Charakterstudie« zu verdichten. Aus diesem Grund brauchen wir so viele späte Jahre und sind, während die Tage kürzer werden, an den Abenden immer häufiger in das Fotoalbum vertieft. Ganz gleich, ob uns Zerknirschung, Nostalgie oder Rachsucht beherrschen, beim Umblättern der Seiten sind wir so vertieft in unser Studium, als bereiteten wir uns auf eine Abschlussprüfung vor.

Wir studieren unseren Charakter und den von anderen, um die Essenz zu enthüllen, und wir sehen in Handlungen wie dem Aufbruch der Frau aus unserer Geschichte den verdichteten Ausdruck dieser Essenz. Sie, die dort am Straßenrand die Wagentür öffnet, sich zum letzten Mal in den Wagen setzt und davonfährt, ist zum unauslöschlichen Bild geworden, einem objektiven Schnappschuss, der ihrem Charakter entspricht.

Wir untersuchen diese poetische Einzelheit auf beschreibende Aussagen hin, die zu genaueren Angaben über ihr Verhalten führen könnten. Andere Bilder kommen uns in den Sinn – andere Situationen, in denen ihre Augen wild aufblitzten, während sie am Steuer saß; gelegentliche neidische Bemerkungen über die Freiheit einer Freundin; ihre Sammlung von sportlichen Schuhen mit leichten Sohlen; eine Geschichte aus ihrer Mädchenzeit über eine gefährlich Tramptour. Diese Sammlung von Bildern zeigt Eigenschaften, die ihren Charakter ausmachen: Freiheit, Gefahr, Bewegung, Überraschung. Da all das zu ihrem Charakter gehört, ist es voraussehbar. Ihr Wegfahren dürfte eigentlich nicht überraschend kommen – vorausgesetzt, wir verdichten ihren Charakter ausschließlich zu diesen kompatiblen Bildern und arrangieren diese zu einer zusammenhängenden Geschichte, alles weglassend, was nicht dazu passt.

Was sich nicht einfügt, muss noch gründlicher untersucht werden und die Vorstellung vom Charakter erweitern. Dazu müssen wir lediglich bei dem Bild bleiben und zulassen, dass es uns in seiner Kompliziertheit verwirrt. Und wir müssen künstliche Ideen wie die, der Charakter bestehe aus Gewohnheiten, Tugenden, Lastern und Idealen, aufgeben. Wir gewinnen Zugang zum Charakter, indem wir Bilder studieren und nicht, indem wir moralische Vorstellungen überprüfen.

Im Alltagsleben fallen diese Art Studien notorisch dürftig aus. Der kleine Schuljungenmörder war so ein ruhiges, nettes Kind; der Serienkiller fiel kaum auf und schien ein Mensch wie jeder andere zu sein; die Babysitterin, die ihre Zöglinge missbrauchte, war immer pünktlich, ordentlich und höflich. Unsere enge Vorstellung vom Charakter beschränkt unsere

Wahrnehmung von Menschen. Wenn Menschen pünktlich und höflich sind, nett und ruhig, wenn sie keine merkwürdigen Eigenarten zu haben scheinen, erwarten wir, dass auch ihr Charakter in Ordnung ist.

Solange unser Blick nicht geübt ist im Wahrnehmen bedeutsamer Diskrepanzen, sind unsere Voraussagen unweigerlich falsch. Das Verbrechen kommt als überraschender Schock, als scheinbar völlig charakterloser Akt daher. Eine Kultur, die blind ist für die Vielschichtigkeiten des Charakters, lässt die mutwillige Zerstörung von Psychopathen aufblühen. Niemandem ist etwas »Komisches« aufgefallen, weil niemand ein Auge dafür hat. Also wird der Psychopath nach dem entsetzlichen Vorfall den Psychologen »vorgeführt«, die jetzt, nach vollendeten Tatsachen, wissen, wonach sie suchen müssen und es natürlich finden.

Wir sind, wie wir erscheinen, ja, aber nur, wenn wir bei der Wahrnehmung von Erscheinungen unsere Imagination gebrauchen, nur wenn das Auge das, was es sieht, als bleibendes Bild studiert. Dieses Auge schaut sich die Tatsachen an, um die bedeutungsvolle Geste, den charakteristischen Stil, Ausdruck und Rhythmus verbaler Formulierungen ausfindig zu machen. Dieses Auge wird geschult durch das Sichtbare der menschlichen Natur. Es lernt durch »Menschen beobachten«, Nahaufnahmen in Filmen, Tanzhaltungen und Festessen, Körpersprache und Straßenleben. Es sieht ein Bild, das Ezra Pound definiert als das, »was ein intellektuelles und emotionales Ganzes in einem Augenblick von Zeit darstellt«.[2] Vor allem, wie ich hinzufügen würde, das wir in diesem Augenblick als das »letzte Mal« sehen. Je älter wir werden, desto länger schauen wir hin und wollen wir hinschauen. Eine Frau aus Nevada, die 103 Jahre alt ist, beschreibt, was sie sich wünscht:

Ich möchte eine Hochzeitskapelle aufmachen ... Ich würde einfach in einem bequemen Stuhl sitzen und ... die anstrengenden Arbeiten von Menschen erledigen lassen, die ich dafür anstelle. Eine Hochzeitskapelle deswegen, weil ich dort Menschen beobachten könnte. Ich könnte sehen, was für einen Mann sie heiratet und was für eine Frau oder was für ein Mädchen sie ist. Ich wüsste es genau, ganz genau.

Al Hirschfeld, Künstler und Karikaturist, erklärt mit 95 Jahren:

Was soll der Mensch anfangen? Den ganzen Tag lang an einem sonnenüberfluteten Strand herumsitzen? Den Wellen zuschauen? Oder Golf spielen? ... Menschliche Wesen faszinieren mich. Leute. Ich habe immer gern auf der Fensterbank des »Howard Johnson's at Forty-sixth and Broadway« gesessen und die Parade von Leuten gezeichnet, die ständig vorbeikamen ... Ich zeichne eine Frackschleife oder bringe ein, zwei Worte zu Papier oder mache eine Skizze, die mir die gesamte Szene wieder in Erinnerung bringt.[3]

Wer einen Blick für Bilder hat, dringt zum Wesentlichen vor. In unserer überpsychologisierten Kultur werden psychologische Tests zum Ersatz für dieses erfahrene Auge und verhindern dessen Entwicklung. Statt hinzuschauen, testen wir; statt phantasievolle Einsichten zu entwickeln, lesen wir Presseberichte; statt Interviews gibt's Bestandslisten; statt Geschichten hören wir Spielergebnisse. Die Psychologie nimmt an, sie könne den Charakter zu fassen bekommen, indem sie Motivationen, Reaktionsweisen, Entscheidungen und Projektionen erforscht. Sie benutzt Begriffe und Zahlenwerte, um Zugang zur Seele zu gewinnen, statt sich auf das ungewöhnliche Auge des geübten Beobachters zu verlassen.

Das ungewöhnliche Auge ist das alte Auge. Die ältere Seele, zu ihrer eigenen Besonderheit gealtert, kann wirklich nicht »richtig« sehen; sie bevorzugt das Sonderbare. Die Liebe zum Sonderbaren kann sich schon früh im Leben zeigen und in liebevollen Spitznamen zum Ausdruck kommen, die Kinder sich gegenseitig geben und mit denen sie einen bestimmten Charakterzug oder eine bestimmte charakterliche Besonderheit hervorheben. Aber meistens verhält die Jugend sich lieber konform und versucht, anzupassen oder zu glätten, was sich nicht fügt.

Später im Leben, nachdem wir zu Studien in Einzigartigkeit geworden sind, halten wir Ausschau nach Weggefährten, die auf ihre Art ebenso eigenartig sind wie wir. Ähnliche tägliche Gewohnheiten, ähnliche frühere Erfahrungen, gleiche Symptome und ein gemeinsamer Hintergrund bieten nicht genug Trost. Der Spaß, die Liebe stellen sich ein bei Gefährten, die ihre Einzigartigkeit gemeinsam leben. Das eigenartige Paar: ein Paar kauziger Charaktere.

Der Begriff »Gerontologie« passt eigentlich besser für das Studium, dem wir mit unseren alten Augen nachgehen, als für die Altersforschung, die von jungen Psychologen betrieben wird. Unsere Studien wollen nicht aufdecken, warum sie in den Wagen stieg und davonfuhr. Die Ursache ist bereits gegeben: Es war notwendig, weil es in ihrem Charakter lag. Die Gründe darzulegen ist nutzlos – sie fühlte sich in der Falle; sie hatte ein Geheimnis; es war höchste Zeit für sie; sie wurde schizoid und floh vor der Liebe, war paranoid und flüchtete vor Dämonen oder war eine Soziopathin, die das Geld an sich riss und wegrannte. Wir haben wenig Interesse an rechtfertigenden Begründungen wie ihre Mutter, ihre Kindheit, ihr Horoskop, ihr erwachender Feminismus. Konventionelle Verallgemeinerungen erklären dem alten Beobachter gar nichts. Das ungewöhnliche Auge beobachtet einfach gern und versenkt sich immer tiefer und mit einer wachsenden Toleranz für menschliche Eigenarten in das Rätsel des menschlichen Charakters.

Statt mit Begründungen und Diagnosen zu kommen, studieren wir das Bild. Unsere Neugier konzentriert sich auf das

Bild des letzten Males, auf ihr Verhalten als Phänomen, auf das Bild als göttliche Erscheinung, denn das Bild ist es, das bleibt und in den unterschiedlichsten Geschichten, die den Charakter am Werk zeigen, immer wieder neu reflektiert werden kann. Sie führte ein Stück auf, in dem sich, wie Aristoteles sagte, der Charakter durch das Handeln offenbart.

Ihre letzte Szene hat auch etwas Traumähnliches, eine anschauliche Darstellung: der Straßenrand, der Wagen, der Schlüssel in der Zündung. Im Traum wissen wir niemals die Motive für die Handlung oder die Diagnose für die Probleme irgendwelcher Personen. Die Psychologie fängt morgens an. Wir kennen die Gründe nicht für das, was die Traumfiguren tun, wissen nicht, wie sie in der Kindheit behandelt wurden oder warum sie überhaupt auftauchen. Je mehr der Traum uns als Bild verblüfft – und jeder Traum ist ein einzigartiger Traum und damit ein »letztes Mal« –, desto weniger können wir ihn in Worte fassen, doch desto häufiger können wir zu ihm zurückkehren und ihm etwas entnehmen.

Alles, was wir uns anschauen, scheint eigenartig, als sähen wir es zum ersten oder zum letzten Mal. Etwas Erlösendes geschieht. »Und alles segnet uns / und alles, worauf unser Auge ruht, ist gesegnet«, schreibt Yeats – die letzten und bleibenden Zeilen in einem seiner nachdenklichen Gedichte über das Altwerden, veröffentlicht in seinem 68sten Lebensjahr.[4]

Segen ist die eine Gabe, die wir von den Alten haben wollen, und die eine große Gabe, die nur sie uns zuteil werden lassen können. Jeder kann überdurchschnittlichen Leistungen applaudieren und die ganz Großen auszeichnen. Die Alten jedoch sind imstande, die Schönheit zu erkennen, die sich dem üblichen Blick entzieht, nicht weil sie im Laufe der Jahre so viel gesehen haben, sondern weil die Jahre sie gezwungen haben, auf so sonderbare Weise zu sehen. Gesegnet werden müssen die Eigenarten des Charakters, die sich unserer einsamen Einzigartigkeit verdanken und die aus diesem Grund so schwer zu ertragen sind. Ich kann meine eigenen Tugenden segnen, aber ich brauche ein geübtes Auge, das lange gelitten hat, um die Tugenden zu segnen, die sich in meinen Lastern verbergen.

Eine Kultur wird bewahrt von den Alten. Dieses Klischee besagt meistens, dass die Alten die alten Wege schützen, das alte Wissen, die alten Geschichten; sie sind weise und erteilen besonnenen Rat. Ich denke, die Kultur wird vielmehr deswegen von den Alten erhalten, weil sie sich am Eigenartigen freuen, es an anderen studieren und die Essenz des Charakters im Absonderlichen der Phänomene ansiedeln. Eine Kultur, die den Charakter des Exzentrischen nicht als vorbildhaft schätzt, neigt zur Homogenisierung und Standardisierung seiner Definition vom guten Mitbürger. Die Alten bewahren die Kultur durch die hartnäckige Unveränderlichkeit ihrer unpassenden Eigentümlichkeiten.

Da Eigenartigkeit mit dem Älterwerden immer wichtiger wird, verlagert sich die Idee vom Charakter als gründende Mitte des Menschen bis an die Ränder. Der Charakter, der sich selbst am meisten die Treue hält, entwickelt sich eher zum exzentrischen als so fest zentriert zu sein, wie Emerson es für den edlen Charakter des Helden definiert. Am Rande gibt das sichere Wissen um die Grenzen den Weg frei. Wir sind anfälliger für Invasionen, weniger imstande, Abwehr zu mobilisieren, weniger sicher, wer wir wirklich sind, selbst wenn andere uns als einen Menschen mit Charakter wahrnehmen. Diese Verlagerung des Selbst vom Zentrum zum unbestimmten Rand lässt uns mehr mit der Welt verschmelzen, so dass wir das Gefühl haben können, »alles segnet uns«.

C. G. Jung lebte seine über achtzig Lebensjahre nach der delphischen Maxime: »Erkenne dich selbst.« Selbsterforschung und Erkundung des Selbst von anderen machten sein Lebenswerk aus und bildeten die Grundlage seiner Theorie. Und doch schreibt er erstaunlicherweise auf der allerletzten Seite seines autobiographischen Rückblicks:

Ich bin über mich erstaunt, enttäuscht, erfreut. Ich bin betrübt, niedergeschlagen, enthusiastisch. Ich bin das alles auch und kann die Summe nicht ziehen. Ich bin außerstande, einen definitiven Wert oder Unwert festzustellen, ich habe kein Urteil über mich und mein Leben. In nichts bin ich ganz sicher ...

Wenn Lao Tse sagt: »Alle sind klar, nur ich allein bin trübe«, so ist es das, was ich in meinem hohen Alter fühle ... Und doch gibt es so viel, was mich erfüllt. Die Pflanzen, die Tiere, die Wolken, Tag und Nacht und das Ewige in den Menschen. Je unsicherer ich über mich selbst wurde, desto mehr wuchs ein Gefühl der Verwandtschaft mit allen Dingen. Ja, es kommt mir vor, als ob jene Fremdheit, die mich von der Welt solange getrennt hatte, in meine Innenwelt übergesiedelt wäre und mir eine unerwartete Unbekanntheit mit mir selbst offenbart hätte.[5]

Lassen Sie uns noch ein letztes Mal zurückblicken auf die Abfahrt jener Frau. Dieses Bild bietet uns noch eine weitere Allegorie für die Vorstellung vom Charakter. Ihr Weggehen eröffnete eine Dimension, die er, der an der Tür stand, aufgrund seiner Annahmen über ihren Charakter nie wahrnehmen konnte. Was er zuvor nicht sehen konnte, sieht er jetzt in seiner Imagination um so klarer. Vielleicht hat auch sie, bevor sie den Wagen startete, die Tiefe dieses Potentials, diese Exzentrizität ignoriert. Auch hatte keiner der beiden eine Vorahnung von einem plötzlichen Tod – falls es das war, worauf sie zusteuerte.

Wir begreifen allmählich, dass der Charakter sich in Geschichten über den Charakter auflöst. Wir werden zu Charakteren in diesen fiktiven Geschichten; das bedeutet, auch die bloße Idee vom Charakter wird zu einer Fiktion – und damit äußerst wichtig, denn so, wie das Bild der wegfahrenden Frau in diesem Kapitel unsere Imagination bewegte, Geschichten über den Charakter und die Idee des Charakters zu erfinden, so erzeugt auch die Idee vom Charakter Imagination.

Der Grund dafür, dass eine Kultur die Idee vom Charakter so dringend braucht, lautet: sie nährt die Imagination. Ohne diese Idee fehlt uns ein verblüffender, verständlicher und dauerhafter Rahmen zum Nachsinnen; stattdessen haben wir eine bloße Sammlung von Leuten vor uns, deren Marotten keine Tiefe und deren Bilder keine Resonanz haben und die sich nur nach kollektiven Kategorien unterscheiden: Beschäftigung, Alter, Geschlecht, Religion, Nationalität, Einkommen, Intelligenzquotient, Diagnose. Die Summe dieser Kennzeichen addiert sich zu einem gesichtslosen Niemand, nicht zu einem Einzelnen mit bestimmten Qualitäten. Ohne die Idee des Charakters ist kein Einzelner von bleibendem Wert. Wenn jeder ersetzbar ist, ist auch jeder verfügbar. Die soziale Rangordnung wird zu einem Bataillon unter Feuerbeschuss; wir alle sind Ersatzfiguren und sollen die Lücken auffüllen.

Der Charakter selbst löst sich ebenso in Fiktion auf, wie die Frau, die wegfährt, sich in unseren Vorstellungen über ihren Charakter auflöst; aber die *Idee* vom Charakter sorgt dafür, dass die Fiktion bleibt. Diese Idee lässt uns weiter nachforschen, so dass wir uns die Schnappschüsse genauer anschauen. Ihr Bild spornt unsere Phantasie an. Wir möchten sie besser kennen lernen, sehen, wer sie wirklich ist. Und doch, »wer sie wirklich ist«, ihr eigentlicher Charakter, ist nur literarisch, nur eine Figur in den Geschichten, in denen sie der wichtigste Charakter ist – und das bleibt, selbst wenn sie gegangen ist.

Auch wir bleiben als fiktive Bilder, ob in den Erinnerungen der Familie, den Klatschgeschichten der Kritiker oder den Worten der Menschen, die unseren Nachruf verfassen. Unser

Charakter wird zur fruchtbaren Quelle von Fiktionen, die unserem Leben eine weitere Dimension hinzufügen, selbst wenn unsere tatsächliche Person verblasst. Jung erkannte diese Wahrheit in seinen allerletzten Jahren, in denen er feststellte, dass ihm der Charakter, der er geglaubt hatte zu sein, fremd geworden war. Seine Realität als dasselbe Selbst wurde porös, undeutlich, anfällig. Während er sich völlig auflöst in »die Pflanzen, die Tiere, die Wolken« und sich der natürlichen Welt anverwandelt, überlebt sein Charakter in der Imagination der menschlichen Welt und fährt fort, Geschichten hervorzubringen, die erzählen, wer dieser Mensch wirklich war.

KAPITEL 3

ALT

... oh was sind wir den Dingen für zehrende Lehrer,
weil ihnen ewige Kindheit glückt.

RAINER MARIA RILKE
Die Sonette an Orpheus, Zweiter Teil, XIV; 11

Ich möchte nun den Begriff »alt« als Idee an sich erforschen, unabhängig vom Altern. **Die Unterscheidung von Altern und alt** soll in Fettbuchstaben gedruckt sein – wie es auch in den alten und alterslosen Büchern anderer Jahrhunderte der Fall gewesen wäre –; denn dieser Unterschied ist so wichtig wie der zwischen Altern und Tod, der im ersten Vorwort zur Sprache kam. Wenn wir diese drei Begriffe durcheinander bringen, gehen wir an der Bedeutung jedes einzelnen vorbei. Denn »alt« ist eine Kategorie für sich, die weder den Prozess des Alterns noch das Nahen des Todes zwangsläufig impliziert.

Wenn wir beginnen, das Alte zu erforschen – losgelöst vom Abwärtssog des Alterns und der ebenso bedrohlichen wie verschwommenen Feindgestalt des Todes –, stellen wir sofort fest, dass wir an den Dingen, die als »alt« bezeichnet werden, meistens genau diesen ihren unsterblichen und alterslosen Charakter lieben. Beim Anblick von Gemälden alter Meister, alten Manuskripten, alten Gärten, alten Gemäuern kommt uns nicht das Sterben, sondern das ewige Bleiben in den Sinn. Paläontologie (Lehre von den Versteinerungen), Archäologie, Geologie – Studien des Alten.

Wir besuchen alte Städte, konservieren alte Stätten, sammeln altes Silber, Gläser, Autos, Instrumente, Spielsachen. Diese alten Dinge und Orte scheinen kraftvollere Garanten des Morgen zu sein als die jungen Körper von Marinesoldaten und heranwachsenden Mädchen, die trotz all ihrer Hoffnung und Blüte offensichtlich anfälliger für das schnelle Welken und den Tod sind als die gebückte alte Frau, die zu ihrer Bushaltestelle stapft, und die Kriegsveteranen, die in ihren Rollstühlen vor dem Krankenhaus auf- und abfahren.

»Alt sein« ist ein sichtbarer Zustand, unabhängig von den Jahren. Es gibt alte Kinder mit alten Augen, deren Altsein nicht etwa ihren nahenden Tod anzeigt, sondern ihren ausgeprägten Charakter offenbart; alte Seelen, die darauf zu warten scheinen, dass die Zeit sie einholt, damit sie schließlich sie selbst sein können. In der Kindheit ihrer Umgebung entfremdet, als Jugendliche voller Verzweiflung, sind sie von Anfang an alt gewesen. Tatsächlich können »alt« und »Seele« gar nicht ohne einander existieren. Es gibt alte Worte, die so vollgestopft sind mit Bedeutungen, dass sie, statt mit dem Älterwerden zu verkümmern, immer gehaltvoller werden. Es gibt alte Texte, wie die von Homer und Ovid, Heraklit und Sophokles, die in jeder Generation neu übersetzt werden müssen: Die Übersetzungen altern, niemals aber die Texte.

Was ist mit all den alten Dingen, mit denen Sie leben? Altern sie und sterben? Der alte Stuhl, auf dem die Katze gerne liegt; der alte Becher, aus dem Sie gerne Ihren abendlichen Whiskey trinken. »Ich liebe dieses Messer; ich könnte es gar nicht entbehren.« Wir benutzen das Wort »lieben« viel häufiger für Dinge – Werkzeuge, Schuhe, Hüte – als für Personen. Alt ist eine der größten Quellen der Freude, die Menschen kennen.

Ein Teil des Elends, das Katastrophen wie Fluten und Brände über uns hereinbringen, besteht in dem unwiderruflichen Verlust des Alten, so, wie auch eine der Ursachen für Depressionen in Vorstadtsiedlungen – und für Altern und Tod – in einem Verlust des Alten besteht, das gegen ein brandneues Haus und einen ebensolchen Garten ausgetauscht wird. Alte Dinge schenken uns eine wohltuende Lebendigkeit; ohne sie fänden wir das Leben sehr viel schwerer. Wenn sie aus der alten Wohnung in eine neue umziehen und ihre alten Dinge entbehren müssen, geben alte Menschen schneller auf. Was alt war, hat ihr Altern verlangsamt und ihren Tod aufgeschoben. Wir brauchen die alten Dinge, die uns Freude schenken, die mit ihrer Umgänglichkeit und ihrer genügsamen Verträglichkeit unsere Liebe vergelten.

»Alt« ist selbst ein sehr altes Wort, das wahrscheinlich von einer indo-europäischen Wurzel abstammt, welche »nähren« bedeutet. Wenn wir der Spur des Wortes ins Gotische, Altnorwegische und Altenglische folgen, finden wir heraus, dass etwas »Altes« voll genährt, erwachsen, gereift ist. Wenn wir uns heute nach dem Alter eines Menschen erkundigen, und sei es dem eines kleinen Kindes, fragen wir: »Wie alt ist er / sie?«, und bekommen die Antwort: »Vier Jahre alt.« Ganz gleich, wie alt wir sind – wir identifizieren uns mit einer bestimmten Quantität von Altsein, wir haben etwas »Altes« und sind »alt«.

Altenglische Manuskripte lieben das Wort *eald* (für »old«, alt Anm.d.Ü.); es gehört zu den fünfzig am häufigsten auftauchenden Worten in der Sammlung mittelalterlicher juristischer, medizinischer, religiöser und literarischer Werke und beiläufiger Anmerkungen. Und es wird meistens im positiven Sinne benutzt. Von 49 zusammengesetzten Wörtern, die *eald* beinhalten, sind nur acht eindeutig negativ wie »alter Teufel«. Ist *eald* Teil eines zusammengesetzten Wortes, bringt das meistens Vorteile: Vertrauenswürdigkeit, Ehrwürdigkeit, Sprichwörtlichkeit, Wert.

Ein stattlicher Teil der englischen Sprache geht zurück auf das epische Gedicht *Beowulf* aus dem 8. Jahrhundert, welches, wie einige Gelehrte behaupten, Altsein mit Tugenden wie Würde, Barmherzigkeit, Achtbarkeit und Macht gleichsetzt.[1] Mit dem gewagten Abenteuer und der revolutionären Denkweise der Renaissance jedoch beginnt der Abstieg von »alt«. Shakespeare benutzte »alt« als Instrument, um zu beleidigen und lächerlich zu machen und behandelte das Wort häufig geringschätzig, indem er es mit unerfreulichen Partnern verkuppelte: »alt und faul«, »alt und gerissen«, »alt und elend«, »alt und entstellt«.

»Wenn man liest, wie die moderne Idiomatik das Wort *alt* benutzt«, schreibt der Mittelalterspezialist Ashley Crandell Amos, »ist das eine bedrohliche Erfahrung und ein drastischer Kontrast zum alten englischen Wortgebrauch.«[2] »Worte leben nicht in Wörterbüchern; sie leben im Geist des Menschen«, sagt Virginia Woolf[3]; und da das so ist, wird der alte Geist durch die Entwürdigung des Wortes »alt« degradiert zu seinem heutigen unerwünschten Zustand: alte Jungfer, altmodisch, alter Aufpasser, alter Junge, alte Hexe, verknöcherter alter Kerl, altes Arschloch.

Diese Verachtung beruht zum Teil auf der oberflächlichen Denkgewohnheit, Bedeutungen nur mit Hilfe von Gegensätzen verstehen zu können. Das Wort »alt« leidet dann unter klischeehaften Vergleichen mit »neu«, »frisch«, »jung« und »zukunftsträchtig«; seine Bedeutung verengt sich zum Abgestandenen, Verbrauchten, Sterbenden, Vergangenen. Wenn »alt« seine Bedeutung nur durch Paarung gewinnt, verliert es seinen Wert. In einer Gesellschaft, die sich seit Kolumbus immer nur mit dem Neuen identifiziert, zieht »alt« immer den Kürzeren, und es wird immer schwieriger, sich Altsein als

Phänomen vorzustellen, das nichts mit den bequemen Vereinfachungen konventioneller Weisheit zu tun hat.

Stürzen Sie sich nicht auf das Neue, um der Negativität von »alt« zu entkommen, denn es verunglimpft das Alte als sein Gegenteil. Fallen Sie nicht auf das Denken in Gegensätzen herein. Dieser Fehler lastet immer noch wie ein Fluch auf der Neuen Welt mit ihrem grundlegenden Symptomkomplex: Sucht nach dem Neuem und Futurismus, wodurch alles »Alte« rückständig ist, passé – »ein Eimer Asche«, wie Amerikas amerikanischer Dichter, Carl Sandburg, schrieb. Um dem Bann zu entkommen, den das Neue über das Alte verhängt, sollten Sie sich in das Alte versenken, wo Sie nur können: alte Ideen, alte Bedeutungen, alte Gesichter, alte Dinge.

Altsein ist ein Abenteuer. Aus der Badewanne steigen und zum Telefon rennen oder einfach nur die Treppe hinuntergehen, birgt ebenso viele Risiken, wie auf dem Rücken von Kamelen durch die Wüste Gobi zu reisen. Früher einmal waren wir schneller, als unsere Füße laufen konnten, die Treppe hinunter und schon aus der Tür. Aber jetzt – wer weiß, wann das tückische Knie uns im Stich lässt oder der Fuß die Stufe verfehlt. Früher einmal lernten wir vom Fuchs und vom Falken; heute sind das Walross, die Schildkröte und der Elch im dunklen Morast unsere weisen Lehrerinnen und Lehrer. Das Abenteuer der Langsamkeit.

Die Wertschätzung eines Phänomens verlangt eine phänomenologische Methode. Um Ihre Mutter kennen zu lernen, sollten Sie *sie* erforschen und sie nicht mit Ihrem Vater, Ihrer Schwester oder der Mutter irgendeines anderen Menschen vergleichen. Mit unserer Herangehensweise versuchen wir, in das Phänomen selbst einzudringen. Wir spazieren von vielen Seiten um es herum (einkreisen), heben es hervor, indem wir die Lautstärke aufdrehen (verstärken), und unterscheiden zwischen seinen alltäglichen Erscheinungsformen (differenzieren). Wir möchten, dass sein Charakter klarer durchscheint; Epiphanien, Offenbarungen. Wenn wir uns dem Altsein nähern, indem wir zugleich über die Jugend, das Neue und die Zukunft nachdenken, biegen wir von unserem ursprünglichen Forschungsweg ab und wenden uns dem Studium der Gegensätze zu, statt uns in das Wesen des Altseins zu vertiefen – jene Qualität, die wir in alten Dingen und an alten Plätzen spüren, wenn wir alte Freunde treffen, uns einen alten Film anschauen oder ein Paar alter Hände bei der Arbeit beobachten.

Die Welt nährt uns, wenn wir ihr Altsein spüren. Die menschliche Seele kann der neuen Welt der Entdeckungen oder den futuristischen schönen neuen Welten nicht viel entnehmen, da diese nichts Bleibendes hervorbringen und ihre schnell veraltenden Generationen viel kurzlebiger sind als jene, an denen Menschen ihre Freude haben. Nicht jene Welten, sondern diese uralte Welt; das englische Wort für Welt, »world«, wurde früher einmal *wereald, weorold* geschrieben, dieser nährende Ort, so voll von *eald* (alt).

Es ist, als ob »alt« in »Welt« ebenso verborgen wäre, wie die Sophia der Gnostiker und die Shekhina der Kabbalisten die Seele waren, die sich in der Schöpfung der Welt verbarg. Sophia und Shekhinah sind Gestalten von altersloser Weisheit, die Intelligenz der Seele, die allen Dingen innewohnt. Da die Seele der Welt eine alte Seele ist, können wir Seele ohne ein Gefühl für das Alte oder das Alte ohne ein Gefühl für die Seele nicht verstehen.

Was außer dem Charakter alter Welten, Dinge und Orte bringt uns im täglichen Leben Trost? All das zeigt immer mehr Charakter. Jener Whiskey-Becher hat zum Teil deshalb Charakter, weil er bis an den Rand voll ist mit Verbindungen, die mir aus zahlreichen Erinnerungen zuströmen. Wie

Prousts Küchlein birgt das Glas eine Fülle anderer Gelegenheiten und wird damit zum Talisman der Erinnerung, der objektiven Entsprechung zu Emotionen und Gedanken. Es ist »derselbe alte« Becher – alt, weil er derselbe ist, und derselbe, weil er der alte ist. Ich habe ihn in meiner Hand gehalten und er hat mir Halt gegeben, mir geholfen, abzuschalten, klar zu kommen – und ich gebe gut auf ihn Acht: eine beidseitige Beziehung. Mit seiner Hilfe finde ich mich und komme zu mir. Ich lebe mit ihm und zwar ziemlich eng; er garantiert mir durch seine Gegenwart das Gefühl, dass etwas wirklich »mir« gehört. Er ist eine äußere Seele, wie jene beseelten Gegenstände der Eingeborenen, ohne die sie sich verloren fühlen, krank werden oder verrückt. In einem anderen Glas wäre der Whiskey nichts weiter als ein Drink.

Selbst wenn sie durch übermäßigen Gebrauch abgegriffen, stumpf und schäbig geworden sind, besitzen alte Dinge einen erworbenen Charakter – durch ihre Vertrautheit, ihre Nützlichkeit und manchmal auch durch die Schönheit ihres Glanzes, ihrer Patina oder ihrer Gestalt. Oder einfach, weil sie alt sind, das Wesen des Alten. Ohne dieses Gefühl für das Alte als Seinszustand jenseits von Schönheit und Nützlichkeit fällt uns der Übergang in die späteren Jahre nicht leicht. Statt der Dauer, von der das Altsein kündet, der Fülle des Erworbenen, gekoppelt an das Abwerfen unwesentlicher Dinge, sehen wir modernen Menschen in »alt« einfach nur eine Folge der destruktiven Zeit, ein letztes Stadium, das wir eher mit dem Tod als mit Dauerhaftigkeit verbinden.

Altsein bringt den Charakter zum Vorschein und verleiht Charakter. Oft empfinden wir es ganz allgemein als Ersatz für Charakter. Mit »jenes alte Haus« ist ein Haus gemeint, das einen starken Charakter hat, und »meine alte Hündin« bezeichnet die Charakterzüge des Tieres, die ganz greifbar und vertraut sind. Ich nenne das Haus nicht nur deshalb »alt«, weil es

1851 gebaut wurde, oder die Hündin, weil sie 16 Jahre alt ist. Zahlen sind unparteiisch, können gefühllos benutzt werden und sind demzufolge der Haltung, die sich nicht einlässt, so nützlich; doch das Adjektiv »alt« birgt Emotionen, und deswegen bezeichne ich Dinge als »alt«, die wir ebenso heftig lieben und wie verunglimpfen. Das Beste und das Schlimmste, was sich von einem Menschen sagen lässt, ist, dass er alt ist.

Meine Enkelin nimmt einen Teller in die Hand, und ich rufe: »Pass auf! Der gehörte meiner Großmutter, deiner Ur-Urgroßmutter!« Ich gebe ihr damit zu verstehen, dass dieser Teller mir lieb ist, eine seltene Kostbarkeit, zerbrechlich. Ich bitte sie, mit ihren jungen Händen auf sein Altsein Rücksicht zu nehmen. Sie muss sich auf sein Tempo einstimmen, ihn behutsam anfassen, langsam mit ihm durch den Raum gehen, seine Zerbrechlichkeit spüren. Ich sage ihr, dass er geblieben ist und dass er wertvoll ist, weil er geblieben ist, was sowohl seine unerschütterliche Verlässlichkeit als auch seine Gebrechlichkeit bezeugt. Im Verlauf der Jahre hat sich Geschichte in diesem Teller abgelagert, aber nicht die Zeit allein vermittelt das Gefühl; es ist das Altsein als Charakter, der Charakter als Ablagerung, eine Vielschichtigkeit, die dem Teller Einzigartigkeit verleiht und uns Respekt abverlangt.

Alt werden öffnet die Tür zum »Alten«, und das Alter öffnet sie noch weiter. Genau das könnte sein Kern sein. Können wir das Altsein der Welt erfahren oder zum Charakter von auch nur irgendetwas vordringen, bevor wir selbst alt sind? Die Alten tragen die Last der Weisheit, was bedeutet, sie kennen die Wege der Welt, da sie nun einmal alt sind. Sie teilen den gleichen Seinszustand.

Abgewetzt und abgetragen zwar, aber »alt« hält auch die Zeit liebevoll umfasst. Es liebt Jahre, Jahrzehnte, Jahrhunderte. Das Alte wehrt Veränderungen ab, bringt alle alten Dinge der Dauer näher.

Die Zeit ist nicht nur destruktiv; sie schwächt nicht nur, sondern stärkt uns auch. Die Zeit dauert; sie geht immer weiter und weiter und weiter und ist deshalb dem Alter oder den Alten nicht feindlich gesonnen. Aber mit der Jugend verfährt die Zeit tatsächlich destruktiv, da sie sie verschleißt und abrupt beendet. Wenn wir also vom Verderben reden hören, das die Zeit mit sich bringt, spricht die Jugend, nicht das Alter.

Die Wüstenmönche des frühen und frommen Christentums hielten die Jugend auf Abstand, warnten, sie sei für die Lebensausrichtung des älteren Menschen gefährlich. Die Jugend brachte das Dämonische mit sich. Die Warnungen der Mönche kreisten nicht vorrangig um das rebellische Verhalten, die sexuelle Anziehungskraft und den Mangel an studiertem Wissen der Jungen. Die Pädophobie der älteren Mönche beruhte vielmehr auf der Erkenntnis, dass die Sichtweise der Jugend Gift war für die Aufgabe der Charakterbildung, die Stille, Reue, Selbstkontrolle, Standhaftigkeit, Wachsamkeit, Geduld und Diskretion verlangte.[4]

Die Sprachgewohnheiten des Altenglischen führten Jugend und Alter selten in ein und demselben Satz zusammen. Heute machen wir den Alten Komplimente über ihre Jugendlichkeit, bringen die beiden archetypischen Arten von Existenz aufs Engste zusammen und lassen zu, dass das Imperium der Jungen die Alten kolonialisiert. Aber im Altenglischen finden wir das Alte und das Neue selten Seite an Seite. Zwischen beiden muss eine scharfe Grenze gewahrt werden: »Versuche nicht, die Alten und die Jungen, die Kranken und die Gesunden, die Reichen und die Armen oder die Gelehrten und die Lüsternen nach denselben Richtlinien zu beurteilen«, rät ein psychologischer Text aus jener Zeit.[5]

Studieren Sie einen alten Elefanten oder ein altes Pferd, Ihre Hauskatze oder Ihren Hund, um zu begreifen, dass »alt« eine Spezies für sich ist. Betrachten Sie das Alte für sich, als würden die Jungen der Spezies von einer anderen Rasse abstammen.

Was hat ein alter Mönch heute einem alten Menschen zu sagen? Um als ältere Menschen standfest bei unserem Charakter zu bleiben, müssen wir jugendliche Einstellungen um Armeslänge von uns weisen. Vielleicht auch junge Leute – nicht weil ihr blühender Körper und ihre Geistlosigkeit uns locken, sondern weil wir zu viel von unserer geistigen Substanz in ihr Leben einbringen. Wie hieß es noch gleich? »Alte Männer müßten stets Kundschafter sein«, sagte T.S. Eliot, denn »Hier und dort sind einerlei«; wenn das der Fall ist, dann dient dieses Kundschaften dem Altsein selbst; es sondiert jenes Gelände und betritt jenes Königreich.[6]

Wir müssen uns um ein großes Unternehmen kümmern, ohne viel Gewinn zu machen. Wenn wir auf unser Leben zurückschauen, um seinen Charakter ausfindig zu machen, kostet das mehr, als freigiebig Rat an junge Leute zu verteilen und deren vermeintliche weise Lehrer zu spielen. Mentoren und weise Alte werden um ihres Charakters willen anerkannt; sie haben Charakter, sie sind Charaktere. Sonst wären sie einfach »alte Burschen« und »alte Mädels«, Begriffe, die von »junge Burschen« und »junge Mädels« abstammen und die Alt und Jung zur einer sterilen Mischung fröhlichen Konsumententums verquirlen.

Die Misere der Jugend in unserer zeitgenössischen Gesellschaft weckt unser Mitgefühl. Die Not von Kindern und die Ausbeutung von Jugendlichen fordern uns auf, uns einzumischen und Partei zu ergreifen, denn wir sind keine uralten Wüstenmönche, sondern lebendige Mitbürger. Aber wie sieht unsere Rolle aus? Sie besteht darin, das Altsein einzubringen, statt mit einer heuchlerischen Kultur konform zu gehen, welche die Jugendlichkeit rühmt, während sie in Wirklichkeit junge Menschen vernachlässigt, abwertet, manipuliert und sogar ins Gefängnis sperrt. Wir spielen die Rolle, welche die Alten immer gespielt haben: Wissen bewahren und vermitteln und auf den Festungswällen des wirklichen Lebens die Kraft des Charakters vorführen.

Nur wenn es richtig ist, dass wir bei unseren Leisten bleiben, macht die spontane phobische Abwehr der Jungen einen Sinn, die zu meinem Erschrecken in mir hochkommt, wenn ich sie lärmen höre und ihren Vergnügungen, ihrem Schlaf und immer dem Allerneuesten nachjagen sehe; wenn ich die Mädchen kichern und atemlos schwätzen höre und ihr schmollendes Zögern erlebe; wenn ich die Ignoranz der Jugend beobachte, die sich als Unschuld verkleidet; ihre Kleidung, ihr Benehmen, ihre Musik. Ich kann in Windeseile zum verschrobenen, grausamen, gemeinen und hasserfüllten Mann werden und jede direkte Begegnung mit jungen Menschen verderben. Wenn es die Aufgabe der Alten ist, sich im Namen der Jungen in die Zivilisation einzumischen, warum hegt die alte Seele dann innerlich solch einen Haufen Groll? Muss sie nicht geläutert werden?

Ich glaube vielmehr, sie muss gesegnet werden. Wie bei jedem Symptom müssen wir auch hier seinen möglichen Sinn sehen. Pädophobie flammt auf wie eine instinktive Reaktion. Sie wirkt als Schutz, hält die Jugend fern. Die Mönche sagen, die Jugend locke uns Alten von unserer grundlegenden Aufgabe fort: dem Charakter und dem Schicksal unseres Alterns. Statt die Unterschiede zwischen Alt und Jung zu verwischen und ihre verschiedenen Aufgaben zu vermischen, sagt uns der plötzliche Hass, dass wir zur Gemeinschaft mit der Jugend, außer in seltenen Fällen, nicht berufen sind und die Gleichmacherei uns nicht entspricht; die Gemeinsamkeit ist eine große Illusion. Die Charakterentwicklung junger Menschen zu überwachen ist, so wichtig das auch sein mag, weniger unsere tägliche Aufgabe, als unsere eigene zu entdecken.

Wenn wir von ganzem Herzen alt sind, authentisch in unserem eigenen Sein und in unserer Präsenz mit ihrer *gravitas* und Exzentrizität, hat das indirekte Auswirkungen auf das öffentliche Wohl und damit auch auf das der Jugend. Das macht das Altsein zur Vollzeitbeschäftigung, die wir möglicherweise nicht niederlegen, um in den Ruhestand zu treten.

Dieses Wort oder diese Idee »alt«, die wir Alten verkörpern, ist mehr als ein Wort oder eine Idee. Es ist ein Bild von verdichteten Schichten. Das innere Auge kann sich »alt« vorstellen bei einem Elefanten, knorrigen Bäumen, Großtante Evelyn, in eine Decke gewickelt, der Allee in der Nachbarschaft, bevor die Straße saniert wurde. Bilder kommen uns plötzlich in den Sinn. Aus diesem Grund ist »alt« die richtige Bezeichnung für Menschen in ihrem späteren Leben. Wir nennen sie nicht nur deswegen »alt«, weil sie altern, sondern weil sie wertvolle Bilder des Altseins sind.

Auf der einen Seite ist die Lebensrückschau die Studie der eigenen Biographie und ihres Hauptcharakters, der sie lebte; sie erzählt diese als Geschichte und schaut sie sich jetzt als Kritiker, Fürsprecher, Richter, Inquisitor und Verteidiger noch einmal an. Mit der Lebensrückschau trennen wir die verwobenen Stränge von »alt« auseinander – die gealterte Empfindsamkeit, die alten Zeiten, der wackelige Körper, die gesammelte Fülle der Tage, das weiß gewordene Haar des gebieterischen weisen Alten, die vergesslich herumfummelnde Torheit, die in Phantasien entgleist. Diese Stränge der Vielschichtigkeit verleihen »alt« seine Substanz und präsentieren sich gemeinsam in einem »Augenblick der Zeit«, Pounds Definition des »Bildes« erfüllend. Alter bedeutet, beim Zustand eines Bildes angelangen, jenem einzigartigen Bild, das der Charakter ist.

Viel besser als »alt« mit äußeren Ideen wie »frisch« und »jung« zu vergleichen ist das Ideennetz zu zerreißen, das in diese kurze Silbe hineingestopft wurde. Die Bibel benötigt mindestens neun verschiedene hebräische Begriffe und noch viele weitere Variationen für dieses Wort, während unsere Sprache sie alle zu einem verdichtet.

Olam = uralte vergangene Zeiten. *Gedem* = die uralten Tage, wie vor Anbeginn der Zeit. *Rachoq* = alt als weit entfernt und lange her. Für alte Menschen wie Sarah und Hiob und für alte Berater gibt es den Begriff *zaqen*. *Ziqnah* = hohes Alter. »Laß nicht von mir ab in der Zeit meines Alters / wenn meine Kräfte schwinden« – ein Thema, das in unserer Zeit wieder aufgegriffen wurde und als Zeile im Song der Beatles, reduziert auf persönliche Liebe, auftaucht: »Will you still need me, will you still feed me, wenn I'm sixty-four.« – »Wirst du mich immer noch brauchen / wirst du mich immer noch versorgen / wenn ich 64 bin.«

Es gibt das Wort *sebah*, ein gutes hohes Alter, geprägt von grauen Haaren und der Fülle der Tage; *balah*, ein trauriges Alter, abgetragen wie alte Kleider. Dann gibt es noch *athaq*, entrückt sein (fortgeschritten an Jahren): »Wo leben die Verruchten / werden alt, ja, wachsen mächtig an Macht?« Und auch *y'shiysh*, uralt werden, und *yashan*, wie es von alten Dingen wie gelagerten Früchten, Pforten und Tümpeln heißt.[7]

Diese Arten von alt und noch weitere kreisen in uns. Dies sind die Stränge und Rhythmen menschlicher Vielschichtigkeit. Den einen Morgen fühlen wir uns wie ein Sack voll Knochen, zerschlissenes Zeug an einem Stock; am anderen Tag gehören wir einer Zeit an, die vor aller Zeit begann, ein Anachronismus so alt wie Methusalem. Und an manchen Tagen erleben wir uns als bloße Zahl: 76, 81, 91.

Ich bin ein vergessener Ausgestoßener, ein scharfsichtiger weiser Mann, der immer noch dasteht wie ein altes Tor, versunken in Erinnerungen an längst vergangene und weit entfernte Zeiten, mit Genuss an Hinterhältigkeit und Macht, Gottes altes Spielzeug, wie Sarah oder Hiob. Und an einem weiteren Morgen erwache ich in der Fülle meines Charakters und sämtlicher Tage meines Lebens, Tränen in den Augen, dankbar und zufrieden.

Meine Vielschichtigkeit kann auf keinen dieser Stränge reduziert werden. Lediglich ein gemeiner alter Mann zu sein, mit einer ständigen Liste von Beschwerden, ein über Hundertjähriger, alle Rekorde brechend mit seinen 105 Jahren, ein Kopf mit wallend weißen Haaren, der warnende Geschichten von sich gibt, die auf das eigene Erleben zurückgehen – das hieße, die Einzigartigkeit des Charakters auf die Einseitigkeit einer Karikatur reduzieren. Die Bibel lässt diesen monistischen Fehler nicht zu.

TEIL II

GEHEN

Der Nachmittag weiß,
was der Morgen niemals vermutete.

SCHWEDISCHES SPRICHWORT

KAPITEL 4

VOM »BLEIBEN«
ZUM »GEHEN«

Alle Mann an Bord!

Beim Übergang vom Bleiben zum Gehen verändert sich unsere Grundhaltung vom Festhalten zum Loslassen. Es ist ein wichtiger Paradigmenwechsel, eine Bewegung von Archetypen. Das Bleiben hat uns Kraft gegeben, weil es den Instinkt der Selbsterhaltung, der als »oberstes Gesetz der Natur« gilt, zum Ausdruck bringt. Es fühlt sich an, als wolle das Leben selbst bleiben und wolle von uns, dass wir immer weitermachen. Unter der Vorherrschaft des Bleibens empfinden wir das Gehen als Niederlage. Das Unausweichliche ist eingetreten; gehen kann nur eines heißen: sterben.

Aber was stirbt? Noch sind Sie hier, fühlen und denken, frühstücken inmitten ihrer Tage, von Sterben kann keine Rede sein und schon gar nicht vom Tod.

Was jedoch stirbt ist die Verpflichtung, an jenen Einstellungen festzuhalten, die mit dem Bleiben verbunden sind und die uns bis jetzt Schutz gewährt haben. Wenn das archetypische Fundament dieser Einstellungen zu schwinden beginnt, fühlen wir uns nicht mehr unterstützt, sondern dem Verfall preisgegeben, anfällig für alles Mögliche, was uns bedrängt und uns fremd ist. Alles, was in unserem Denken oder an unseren Gewohnheiten merkwürdig scheint, führen wir sofort darauf zurück, dass wir alt werden und sterben. Die Vorstellung «durchzuhalten», die uns früher Kraft gegeben hat, zielte darauf ab, den Tod auf die andere Seite der Mauer zu verbannen.

Wenn Bleiben also nicht mehr das archetypische Paradigma ist, haben wir dem Tod Tor und Tür geöffnet. Deshalb ist es so schwer, die Empfehlungen auszuschlagen, die uns täglich von unseren verinnerlichten Ratgebern, dem Direktor des Aerobic-Instituts und dem achtzigjährigen bulgarischen Ziegenhirten erteilt werden: Bleib aktiv, laufe bergauf, iss viel Joghurt, erledige den Haushalt selbst, trainiere deine motorischen Fähigkeiten, komme deinen Aufgaben nach, entwickele neue Interessen und schließe neue Freundschaften, sorge dich nicht, lache, denk positiv. Streng dich mehr an, mach mehr. Bleibe!

Ich halte dies alles für ein ebenso grobes wie weit verbreitetes Missverständnis dessen, was vor sich geht. Der Übergang vom Bleiben zum Gehen ist vor allem ein psychologischer, und für mich bedeutet er Folgendes: Nicht wir sind es, die gehen, sondern eine ganze Reihe von Einstellungen und Interpretationen, die den Körper und den Geist betreffen und deren Nützlichkeit – und Jugendlichkeit – sich überlebt haben. Wir sind gezwungen, sie hinter uns zu lassen. Nicht weil wir alt sind, können sie uns nicht mehr tragen, sondern weil *sie* veraltet sind.

Die Notwendigkeit des Durchhaltens wird zum regressiven Widerstand, der eher aus der Angst vor dem Sterben als aus der Begeisterung für das Leben erwächst. Weil unser Körper und unser Geist auf eine Art und Weise funktionieren, die wir mit unseren früheren Einstellungen nicht begreifen können, sehen wir nur Behinderung, Verfall und Tod. Deswegen die Angst; deswegen der Hass auf das, was in uns vorgeht, was uns widerfährt, und der Hass auf uns selbst, unser Herz, unseren Sex, unsere Haut, unsere Knochen und unsere sich wandelnde Seele. Deswegen möchten wir die Zeiger der Uhr zurückdrehen und auf dem Bleiben als herrschendem Prinzip beharren.

Je mehr wir uns abmühen zu bleiben, desto größer wird unsere Angst, denn wir verstoßen damit gegen die angeborene Intelligenz der menschlichen Natur. Wenn wir uns jedoch gegen die Regeln unserer eigenen Intelligenz stellen, verdummen wir und erfüllen die physiologische Erwartung, dass wir in unseren späteren Jahren langsamer werden. Ja, unsere Fähigkeiten verändern sich zwar, aber es ist die *Einstellung* zu diesen Veränderungen, die uns davon überzeugt, dass wir verdummen und langsamer werden. Der Versuch zu bleiben erzeugt genau die Umstände, die wir damit abwehren wollen – eine sinnlose Strategie, die eine sich selbst erfüllende Prophezeiung nach sich zieht: das Alter als allmählicher Verfall.

Wenn ich meine Physiologie als meine innerste »Natur« betrachte, bin ich tagtäglich auf der Hut vor meinem Abstieg. Was mich dann bleiben lässt, sind jene altbekannten verderblichen Phänomene: Hypochondrie, Besessenheit, Angst und Depression. Die Waage, die Diät, der Spiegel und die Toilettenschüssel begleiten mich als meine Fetische. Halte ich aber meinen Charakter für meine innerste »Natur«, wende ich mich deren Veränderungen vielleicht voller Neugier zu, grabe nach Entdeckungen. Statt sie an Vorbildern aus der Vergangenheit zu messen, kann ich diese Veränderungen studieren, um Einsichten in meinen Charakter zu gewinnen.

Physiologische Modelle, die Veränderungen begreiflich machen, sind wahrscheinlich am besten für die früheren Jahre geeignet, in denen es primär darum geht zu wachsen. Damals wurden wir stärker vom egoistischen Gen – der geläufigen Bezeichnung für den alten Instinkt der Selbsterhaltung – angetrieben, das uns drängt zu bleiben und immer auf der Höhe zu sein. Mit der Zeit jedoch verlieren physiologische Vorbilder an Wichtigkeit. Dass die Physiologie – das Gehirn, die Durchblutung, die Gelenke – wichtig bleibt, steht außer Frage, aber als Erklärungsmodell für das Verständnis der späteren Lebensjahre verliert sie an Gewichtigkeit. Ihre Erklärungen hinken; ihre Einsichten verblassen. Sie kann uns nicht genug sagen. »Das Rätsel des Altwerdens besteht darin, dass es sich in jedem von uns ausdrückt, seine grundlegende Natur jedoch ein Geheimnis bleibt«, schreibt der hervorragende Physiologe und Fortpflanzungsbiologe Roger Gosden.[1] Um dieses Mysterium zu ergründen, sind mehr als dreihundert Theorien des Alterns aufgelistet und kategorisiert worden.[2]

Wenn sich das Paradigma verlagert, verwandelt sich die Frage »Was ist für meine Konstitution gesund?« in »Was ist wichtig für meinen Charakter?« Da sich der Charakter immer deutlicher abzeichnet, scheint die Theorie vom »egoistischen Gen« weniger angemessen zu sein, denn sie geht davon aus, dass alles Leben nur einen einzigen Zweck verfolgt: die Verewigung der Gene. In späteren Jahren spielen Gefühle wie Altruismus und Freundlichkeit gegenüber Fremden eine größere Rolle, als ob psychologische und kulturelle Faktoren das genetische Erbe und sein Ziel, die Fortpflanzung, neu ausrichten oder sogar umstoßen. Der Charakter beginnt die Lebensentscheidungen immer angemessener und dauerhafter zu lenken. Werte werden einer gründlicheren Untersuchung unterzogen, und Qualitäten wie Anständigkeit und Dankbarkeit werden kostbarer als Präzision und Effizienz.

Wenn wir die Bedeutung des Begriffes »innerste Natur« von physiologischen Strukturen auf die Strukturen des Charakters verlagern, verleihen wir den späteren Jahren mehr lebenswerten Sinn. Und trotzdem konzentriert die Gerontologie sich weiter auf die Biologie des Alterns und kann aus diesem Grund den Charakter der Älteren nicht wirklich akzeptieren. Eine Wissenschaft des Alterns, die bei physiologischen Veränderungen anfängt, statt sich primär deren Bedeutung für das Individuum zuzuwenden, geht am alternden Menschen vorbei.

Gehen wir einmal davon aus, wir stimmten zu, dass die verschiedenen Formen wissenschaftlicher Reduktion (Molekularbiologie, Informationstheorie, Entwicklungspsychologie) Erklärungen für das menschliche Altern lieferten und somit Fragen nach dessen Bedeutung und Sinn bloßer Schall und Rauch sind und lediglich den Versuch darstellen, wissenschaftlichen Fakten zu entkommen. Aber der menschliche Geist, und vor allem der alternde, stellt sich nun einmal spekulative und philosophische Fragen, und diese verdienen Respekt auf der Ebene, auf der sie gestellt werden. Sie müssen angemessen beantwortet werden, selbst wenn die Denkmodelle, die den wissenschaftlichen Reduktionismus beherrschen, nicht zugeben können, dass diese Fragen legitim sind.

Wenn Avram Goldstein, ein Pionier auf dem Gebiet der Gehirnforschung, sagt: »Es ist nicht eine Frage von Psychologie *versus* Biologie; im Gegenteil, in der letztendlichen Analyse (aber unser gegenwärtiges Wissen fällt weit dahinter zurück) *ist* die Psychologie Biologie«, reduziert er das, was in späteren Lebensjahren von größter Wichtigkeit ist, auf eine Denkweise, die eher den jüngeren Jahren entspricht.[3] In jüngeren Jahren müssen wir uns darauf konzentrieren, dass die Dinge getan werden, während wir in den späteren Jahren darüber nachdenken müssen, was getan wurde und wie es getan wurde.

Es heißt, die Wissenschaft vom Altern sei eine junge Wissenschaft; »Gerontologie« ist ein Begriff des zwanzigsten Jahrhunderts. Die Gerontologie ist neu, was ihre Methoden betrifft, und jugendlich in ihren Fortschrittshoffnungen; auch ihre Forscher sind eher jung. Wenn die Altersforschung vom Archetypus der Jugend beeinflusst wird, zielt sie dann nicht zwangsläufig darauf ab, den Prozess des Altwerdens zu verzögern oder rückgängig zu machen, statt mehr über seine Bedeutung herauszufinden? Lehnt sie sich dann nicht auf gegen ihren Forschungsgegenstand?

Der Fortschritt, den Individuen im Alter erleben, indem sie von der Physiologie zum Charakter übergehen, verlangt ein entsprechendes Umdenken, ja eine Revolution in den Untersuchungen der Altersforschung. So, wie ältere Menschen die praktischen Pläne voll jugendlicher Bestrebungen zugunsten von beratenden Überlegungen aufgeben, die oft metaphorisch und meditativ gefärbt sind, so muss auch die Erforschung der späteren Lebensjahre, um ihrem Thema gerecht zu werden, über die Modelle und Einstellungen der Wissenschaft hinausgehen. Diese Art Untersuchungen wurden von zeitgenössischen humanistischen Autorinnen und Autoren wie Robert Butler, Simone de Beauvoir, Anne Wyatt-Brown und Kathleen Woodward durchgeführt. Sie setzen das gründliche Denken der Tradition fort, sich zurückbesinnend auf das Altertum, auf die Einsicht in die enorme Wichtigkeit des Alters, die in den Werken der Romanciers, Essayisten, Philosophen, Künstler und auch der Ärzte zum Ausdruck kommt.

Diese Umorientierung zu einer humanistischen Erforschung des Altwerdens erfordert, dass wir die Sicht der Welt, welche die Mittel für die Altersforschung verwaltet, aufgeben. Stattdessen sollten die finanziellen Mittel in das fließen, was den älteren Jahren wahrscheinlich mehr zugute kommt: Gemeinschaft, Freiheit, sämtliche Künste, Natur, Stille, Dienst, Einfachheit und Sicherheit.

Bleiben wollen heißt das Leben verlängern wollen. Genauso wichtig ist aber, dass wir das Leben gründlicher verstehen: das Leben, wie es ist, nicht wie es war; das Leben, das intelligent strukturiert ist; das Leben als Instruktion.

Im Alter verschiebt sich das Interesse von Information zu Intelligenz. Damit meine ich, dass Information Neuigkeiten bringt, während Intelligenz Einsichten sucht. Die Daten besagen, dass Ihr Gehör, Ihre Sicht, Ihre Gelenke nicht mehr sind, was sie einmal waren. Sie sind nichts Bleibendes. Welches Verständnis könnte uns dieses Wissen vermitteln? Welche Einsichten könnten die späteren Jahre sinnvoller machen? Der Satz »Ich sterbe«, kann in jedem Lebensalter gesagt werden, und auch wenn diese Binsenweisheit von bedrückender Schwere und mit Sicherheit wahr ist, zeugt sie nicht von besonderer Intelligenz. Und wenn das Bleiben weiterhin als oberstes Gesetz gilt, sammeln sich Informationen lediglich an und müssen abgeheftet, sortiert, katalogisiert und überprüft werden. Einsichten bleiben.

Dem praktischen Verstand mangelt es meist an dieser Einsicht. Er ergießt die Bewusstseinsströme direkt in die greifbare Form. Er macht eine Idee schnell zur konkreten, damit sie auf direktem Wege zur Anwendung gelangen kann. Diese praktische Einstellung, auch Instrumentalismus genannt, ist bei den Jungen und denen, die immer noch aufsteigen, vorherrschend; und sie scheint auch die physiologische Gerontologie zu beherrschen. Die körperliche Tatsache, dass ich nicht mehr wie früher den zwanzig Kilo schweren Futtersack heben, den Koffer nicht mehr auf den Gepäckträger oder den Übertopf nicht mehr auf die Veranda-Brüstung wuchten kann, verweist auf einen konkreten, messbaren Abbau meiner Leistungsfähigkeit, dem vielleicht mit entsprechenden Körperübungen und einer ärztlichen Behandlung meiner Arthritis entgegengewirkt werden kann. Sie stellt ein konkretes Problem dar, das mit konkreten Mitteln gelöst werden muss.

Nehmen wir aber einmal an, ich würde über meine abnehmende Fähigkeit, Schweres zu tragen, als körperlichen *Ausdruck* nachdenken, statt nach körperlichen Erklärungen zu suchen. »Hebe ich mehr, als ich eigentlich sollte? Was trage ich eigentlich mit mir herum – große Verantwortung, bleischwere Gefühle, überflüssiges Gepäck? Vielleicht habe ich so viel angesammelt, dass ich nur dadurch, dass ich mir auf einer bestimmten Ebene nicht mehr so viel aufladen kann, gezwungen werde, mir anzuschauen, was ich mir bereits auflaste, oder herauszufinden, wie ich anders tragen kann. Muss ich denn überall meine Hände im Spiel haben? Oder kann ich jetzt mit einer Festigkeit zugreifen, die eher auf der Autorität eines zunehmend gefestigten Charakters beruht? Können die konkret anstehenden Aufgaben nicht anders erledigt werden? Indem ich zum Beispiel zugebe, dass ich Hilfe brauche oder mit anderen zusammenarbeite, mein Tempo, meine Zeiteinteilung verändere, die Dinge mit mehr Leichtigkeit angehe, mir mehr Ruhepausen gönne oder mich neuen Anstrengungen verweigere und mich stattdessen an früheren Leistungen freue?«

In späteren Jahren setzt der Körper seine Weisheit auf subtilen Wegen um. Seine Methode scheint keinesfalls weise zu sein; tatsächlich fühlen wir uns dumm, vergesslich und ungeduldig, geplagt von beschämenden Symptomen. Unsere Erwartungen, wie Weisheit auszusehen hat und wie der Prozess des Alterns in diese Weisheit münden sollte, verzerrt den Blick auf das, was wir erleben. Mundtot gemacht von unserem Ideal des alten, weisen Menschen, verpassen wir die Entwicklung des Charakters, die in diesen «Symptomen« des Altwerdens tatsächlich vonstatten geht. Denn genau hier liegt die Weisheit.

Runzeln und Falten sind nicht nur Anzeichen für das alternde Fleisch und das Austrocknen der Haut; sie heben die Linien des Charakters deutlicher hervor. Ein steifer Nacken verweist auf mehr als auf verschlissene Knorpel und Wirbel; dieser Nacken kann eine gewisse Rigidität und den halsstarrigen Eigensinn eines Charakters zum Ausdruck bringen. Die Steifheit will befragt werden: Was hat sie zu tun mit unbeugsamer Dreistigkeit, mit Beständigkeit der Ansichten; mit der Unfähigkeit, zustimmend zu nicken oder den Kopf zu beugen; mit abwenden oder sich gegen etwas wenden?

Wenn Sie Treppen steigen, machen Sie Pausen und schnappen nach Luft. Die Stimme, die bleiben will, flüstert: »Deine Lunge; das Herz verkraftet die plötzlich Anstrengung nicht; du wirst täglich schwächer.« Die Stimme, die bereit ist zu gehen, sagt: »Warum kletterst du hier noch herum und zwingst dich Stufe für Stufe nach oben? Gibt es keine andere Möglichkeit, eine andere Ebene zu erreichen?«

Es wäre ein Fehler, sich den Übergang vom Bleiben zum Gehen lediglich als zeitlichen Ablauf vorzustellen. Natürlich befördert uns die Zeit von der Jugend zum Alter, auch wenn sie unser Denken oft nicht entsprechend schnell oder vollständig folgen lässt. Wir halten an alten Denkgewohnheiten fest, und so werden sie zum Teil dessen, was uns das Gefühl gibt, alt zu sein. Die Stimmen, die zu uns sprechen, wenn wir die Tasche heben oder die Treppe hinaufsteigen, melden sich gleichzeitig. Sie repräsentieren zwei Wege, über unser Verhalten zu verhandeln, zwei alternative Konstruktionen des Geschehens. Die eine zeigt zurück auf das, was wir waren. Sie vergleicht jetzt mit damals – und dieser Vergleich ist uns verhasst, denn er wertet ein neues Ereignis ab, indem er es in einen alten Rahmen zwängt. Die zweite Alternative sucht in den Symptomen deren verborgene Intelligenz.

Ich nehme an, der Körper hat nicht nur über sein Versagen zu bleiben, sondern auch über das Gehen etwas zu sagen. Wenn wir auf diese Weise an das Altwerden herangehen, bewahren wir das Phänomen des körperlichen Alterns davor, rein negativ zu sein. Ich halte mich für ein Körper-Wesen, dessen größter Durchblick und dessen stärkendstes Wissen, oft als Instinkt bezeichnet, diesem Körper entstammen. Körper-Wesen heißt jedoch mehr als ein rein biologisches Wesen, denn ein Körper ist eine Form, ein psychisches Feld, ein Gebäude der Seele, die sich in all seinen Räumen häuslich einrichtet. Als psychisches Feld ist der physische Körper eine Zuflucht von Methaphern, die sowohl auf ihre psychologische Intelligenz als auch auf ihre Bio-Informationen hin gelesen werden können.

Ein Psychologe untersucht vorhandene Störungen auf ihre Intentionen hin. Das Innenleben des Klienten mag völlig ziellos und destruktiv erscheinen, und trotzdem sucht er nach dem verborgenen Sinn. Was bedeuten dessen Wunden und Irrtümer? Wir Psychologen gehen davon aus, dass das Leben grundsätzlich nicht planlos und absurd, sondern intelligent und daher verständlich ist. Wir machen uns keine Gedanken darüber, ob unsere Annahme nachprüfbar ist, denn wir unterliegen nicht den Einschränkungen experimenteller Methoden. Doch wie die Naturwissenschaftler wenden auch wir uns den Phänomenen zu, um von ihnen etwas zu erfahren. Auch wenn wir uns vielleicht mehr als die meisten anderen der Grenzen des Bewusstseins und der rationalen Forschung bewusst sind, geben wir unsere Idee nicht auf, dass das Leben eine Absicht verfolgt.

Wir drücken uns dabei nicht vor der Forschungsarbeit, jener Suche nach der Intelligenz eines Symptoms. Doch wir lehnen es ab, an den Rätselhaftigkeiten im Charakter eines Menschen herumzudeichseln, indem wir sie in allgemeinen Formeln, wie zum Beispiel »Das Leben ist ein unerklärliches Mysterium«, in einer großen geheimnisvollen Dunkelheit des Geistes verschwinden lassen. Noch schließen wir uns den Dogmatikern einer einzelnen Theorie, wie der Evolutionsbiologie an. Wir versuchen einen Kurs zwischen felsenfester

Überzeugung und dem versteinerten Gelände der reduktiven Wissenschaft zu verfolgen, ohne uns dabei von der einen oder dem anderen ablenken zu lassen.

Wenn es also ans Altwerden geht, gelange ich zu der Annahme, dass es im Leben eine Intelligenz gibt, die das Altern ebenso beabsichtigt wie das Wachstum der Jugend. So wie wir uns *ent*-falten und sprechen, sehen, laufen, unterscheiden und Dinge beherrschen lernen, so mögen wir uns auch wieder *ein*-falten und erleben, was einst als Involution des Alterns bezeichnet wurde. So wie wir uns entfalten oder entwickeln müssen, um Zugang zur Welt zu finden, so ist das Einfalten oder Altwerden wesentlich für unser Gehen. Der Punkt ist nicht, dass wir das Leben verlassen; wir verlassen das Leben immer erst, wenn es uns verlässt – Selbstmord ist die Ausnahme. Wir sind so lange lebendig, bis wir für tot erklärt werden. Wenn das Sterben vom ersten Atemzug an als Möglichkeit existiert, dann dauert das Leben bis zum allerletzten Atemzug. Es ist ein großer Fehler, in den Phänomenen des späteren Lebens Indikatoren für den Tod statt Initiationen in einen anderen Lebensweg zu sehen.

Entfaltung, Evolution, Entwicklung, Steigerung. »Und so von Stund' zu Stunde reifen wir«, sagt Shakespeares witziger alternden Philosoph Jaques in *Wie es Euch gefällt*, »Und so von Stund' zu Stunde faulen wir ...« Wenn das Reifen nicht bis in die späteren Jahre anhält, sollte das auch für seine Form des Denkens gelten. Das Faulen hat zwar seine eigene Phänomenologie: Verfall, Stillstand, Austrocknung, Verrottung, Zersetzung. Doch das alles sind *lebendige* Prozesse, deren besonderen Reichtum wir ignorieren, wenn wir sie auf einen gemeinsamen Nenner namens Tod reduzieren.

Alles, was wir an den Tod binden, töten wir damit. Der Tod ist ein Schreckgespenst; er beschwört so heftige Visionen und Ängste herauf, dass diese die Forschungsarbeit behindern. Manche Psychologen behaupten, die »Verleugnung des Todes« würde das zeitgenössische menschliche Handeln zu großen Teilen motivieren, aber in späteren Jahren stimmt wahrscheinlich eher das Gegenteil. Wir benutzen die Idee des Todes, um einer gründlicheren Erforschung der Symptome des Alters auszuweichen, denn wir behaupten, ihren Sinn und Zweck bereits zu wissen. All die merkwürdigen neuen Phänomene, so nehmen wir an, verweisen direkt auf den Tod.

Dieser große Unbekannte verschlingt das Neue, Fremde, Unheimliche, Plötzliche und damit alles, was zusammen mit dem archetypischen Wechsel in unbekanntes Gelände gehört. »Sterben« verweist mehr auf das, was wir hinter uns lassen, als darauf, wo und wie wir jetzt lebendig sind. Gestrandet an unbekannten Gestaden, mit einem überwiegend physiologisch geprägten Verständnis des Alterungsprozesses, den wir erleben, machen unsere Ängste uns eng und lassen uns zurückfallen in das konkrete, praktische Denken, das wir gewohnt sind. Wir versuchen nicht nur, unsere verlorene Jugend zurückzugewinnen, sondern auch die jugendlichen Erklärungen für das Leben.

Wir vergessen, dass wir »unbekannt« nicht gleichsetzen können mit Tod. »Unbekannt« heißt alles und jedes, was wir schlichtweg nicht kennen, einschließlich dessen, was noch nicht bekannt ist, ein anderer Weg, lebendig zu sein und im Leben zu stehen, ein anderer Weg, Mensch zu sein, bei dem es weniger darum geht, ein »ganzer« Mann oder eine »ganze« Frau zu *werden*, als ein einzigartiger Charakter zu *sein*. Was wir Fäulnis nennen, wäre die Art und Weise, wie dieser Charakter sich abzuzeichnen beginnt, und damit genau die Intention, die der Charakter verfolgt.

Shakespeares Philosoph verwechselt Lebensbühnen und Lebensalter. Wenn er auf die klassischen Lebensphasen von wimmernder Kleinkindzeit bis zu zahnloser Senilität zurückschaut, scheint er genau die Bühne zu vergessen, auf der er sich gerade befindet und die nichts mit dem Fortschreiten der Zeit zu tun hat. »Die ganze Welt ist eine Bühne«, sagt er. In jedem Alter befinden wir uns auf dieser Bühne, die wir als Charakter betreten und verlassen.

Diese Transformation des Denkens vom Physiologischen ins Psychologische erfordert eine neue Sprache. Wir werden all die Begriffe benötigen, die wir mit dem Charakter verbinden wie »Ehre«, »Würde«, »Autorität«, »Besonnenheit«, »Anmut«, »Tiefe«, »Barmherzigkeit«, »Mut«, »Beständigkeit«, »Loyalität«. Wir werden wieder in Begriffen wie Form, Stil, Qualität und Zustand denken. (»Er ist gut in Form.« »Sie hat ihren ganz eigenen Stil gefunden.« »Sie hat sehr viele Qualitäten.« »Ich befinde mich in einem schlechtem Zustand.«) Wir werden Worte wie »Ahne«, »Matriarchin«, »Patron«, »Mentor« und »weise Alte« wieder aufleben lassen. Die Worte, die unsere Herangehensweise beschreiben, werden sich ändern: statt »Erklärung« »Verständnis«; statt »neue Untersuchungen« »alte Texte«; statt »Verbesserung« »Notwendigkeit«; statt »Gesundheit« »Seele«; statt »Experiment« und »statisch« »Philosophie«; statt »Information« »Intelligenz«, »Einsicht« und »Vision«; statt »im Vollbesitz der Kräfte« »Eigenart«, »Leidenschaft« und »Torheit«.

Aber niemals würden wir den alternden Körper als Quelle von Einsicht preisgeben. In eben jenen Wandlungen des alternden Körpers liegt Weisheit. Der Körper bleibt der Lehrer. »Hinter deinen Gedanken und Gefühlen, mein Bruder, steht ein mächtiger Gebieter, ein unbekannter Weiser ... In deinem Leibe wohnt er; dein Leib ist er«, sagt Nietzsche.[4]

Goldsteins arrogante Verkündigung – »Psychologie *ist* Biologie« – mag jetzt akzeptiert werden. Wir müssen lediglich die Bedeutung ändern. Seine Äußerung würde dann nicht länger besagen: Ihre Seele lässt sich reduzieren auf Ihre Physiologie und durch diese erklären, deshalb können all Ihre psychologischen Schwierigkeiten als biologische Probleme angegangen werden. Jetzt heißt sie für uns: Die Physiologie ist identisch mit der Seele; die Physiologie ist immer psychologisch. Biologische Systeme sind psychologische Felder, die auf ihre Intelligenz hin untersucht werden wollen.

Und genau das wird im zweiten Teil dieses Buches in einer Reihe von kurzen Aufsätzen geschehen. Wir werden die Aufregungen und Leiden des Altwerdens auf ihre psychologischen Intentionen hin erforschen sowie auf ihren Beitrag zum und ihre Einsichten in den Charakter. Und wir werden die Fäulnis nicht vernachlässigen, denn was am greifbarsten ist und sich hässlich und inakzeptabel anfühlt, das bietet uns die überraschendsten Einsichten.

KAPITEL 5

WIEDERHOLUNG

»Spiel's noch einmal, Sam.«

Wiederholung ist eine Hauptspezialität des Alters. Die konventionelle Geriatrie führt diese Gewohnheit auf das Versagen des Kurzzeitgedächtnisses zurück: Ihnen fällt nicht auf, dass Sie schon wieder die gleiche Geschichte erzählen, weil Sie sich nicht daran erinnern, dass Sie sie bereits erzählt haben, und zwar ziemlich oft. Wiederholung, heißt es, sei ein Zeichen dafür, dass das Gehirn schrumpft.

Alte Leute wiederholen sich, und sie wiederholen sich fast wortwörtlich. Wenn das ein Symptom ist, ist es auch ihr Stil. Ich unterbrach einmal einen weitschweifigen Onkel, der über achtzig war, mitten in einem seiner altbekannten langweiligen Reiseberichte. »Das hast du mir bereits erzählt«, sagte ich. Schnell wie der Blitz und ebenso gereizt wie ich schoss er zurück: »Ich erzähle das gerne.« (Im Flüsterton hat er wahrscheinlich auch gesagt: »Und was zum Teufel ist verkehrt daran, dass ich das noch einmal erzähle? Was weißt du denn schon, welchen Spaß es macht, immer wieder die gleichen Geschichten zu erzählen?«) Er verweigerte Auge und Ohr der Jugend die Erlaubnis, eine typische Gewohnheit der späteren Jahre zu kritisieren. Er kannte die Freude, sich in ausgefahrenen Gleisen zu bewegen.

Wiederholung bringt die ganz Alten und die ganz Jungen zusammen. Beide haben Freude daran. Warum Wiederholung als Versagen betrachten statt als notwendige Komponente der Imagination? Warum nicht vielmehr im Bedürfnis nach Neuem eine Sucht sehen? Schließlich ist die Wiederholung grundlegend für die mündliche Tradition, für das Weitergeben der Geschichten von Generation zu Generation. Offensichtlich ist sie das Mittel, um das überlieferte Wissen der Ahnen lebendig zu halten und als richtig zu bewahren. Warum beharren Kinder darauf, dass eine Geschichte immer wieder genauso erzählt wird wie beim ersten Mal, und warum wollen sie die gleiche Geschichte wieder und wieder hören? Vielleicht kam das Schreiben in die Welt, um dafür zu sorgen, dass Geschichten ohne mündliche Ausschmückungen, Neuerungen und Abwandlungen in einer festen Form wiederholt werden. Wiederholung befriedigt die Sehnsucht nach dem Identischen.

Wenn Großmutter wieder einmal die Geschichte vom Brand im Schornstein erzählt, der auf das Dach übergriff und fast das ganze Haus zerstört hätte, und wenn sie dabei das Verhalten jedes einzelnen Familienmitglieds genau beschreibt, ist die Geschichte nur langweilig, wenn wir mit einem Ohr zuhören, das auf Fakten aus ist. Aber die Geschichte ist auch eine Lektion über verborgene Gefahren, über das Schützen des »Zuhauses«, über familiären Zusammenhalt und über den Charakter jeder dieser »Charaktere«, deren Eigenarten beim Eintreten eines Notfalls zutage treten.

Warum müssen diese Geschichten immer wieder erzählt werden? Welche Geschichte versucht diese Geschichte über Großmutters Erzählen hinaus zu erzählen, und warum sind Großmütter zu allen Zeiten Fundgruben für Geschichten gewesen und sind es auch heute noch? In diesen Geschichten, die immer und immer noch einmal wiederholt werden, äußert sich die Wissen schöpfende, mythologisierende Funktion der Psyche, welche die Katastrophen und Feste der Familie und der Stadt in Grundsteine verwandelt, die dem ungeordneten Fluss täglicher Ereignisse einen Hintergrund und einen Untergrund verleihen. Durch das Mittel der Wiederholung formt die Psyche aus dem Gewöhnlichen Bedeutung. Es ist, als würde die Seele um immer die gleichen Geschichten betteln, um zu erleben, dass etwas bleibt.

Es soll nicht nur etwas bleiben, sondern als Einzigartigkeit bleiben, um mit den Worten des französischen Philosophen Gilles Deleuze zu sprechen, der empfangene Ideen auflädt, indem er sie auf schockierende Weise auseinander nimmt. Deleuze behauptet, je häufiger die Wiederholung, desto einzigartiger das Phänomen, das wiederholt wird, denn nur das Einzigartige feiert sich selbst, indem es sich immer noch einmal wiederholt. Indem sie »das erste Mal zur n-ten Potenz erheb(t)«, glorifiziert sich die Wiederholung auf kunstvolle Weise.[1] Wiederholung beseelt ein Ereignis, indem es seines Ursprungs ehrend gedenkt; darin unterscheidet sich die Wiederholung völlig von der Reproduktion, die nichts weiter vermag, als jede Wiederholung zum schwächeren Echo werden zu lassen, einem blasseren Druck, dessen Intensität im Vergleich zum Original ständig abnimmt.

Laut Deleuze begründet die Wiederholung paradoxerweise die einzigartige Originalität dessen, was wiederholt wird, so dass alte Leute mit ihren alten Geschichten und ihren langweiligen, wiederholten Äußerungen die unzerstörbare Einzigartigkeit ihres Charakters feiern. Eine archetypische Kraft durchströmt sie – die ergreifende Intensität des uralten Seemanns, der zwanghaft getrieben wird, seine Geschichte zu erzählen –, die den Ereignissen ewige Wichtigkeit verleiht. So sehr uns der altbekannte Inhalt langweilen und das Zwanghafte ärgern mag, sind wir doch durch die archetypische Iteration getröstet. Wir hoffen nicht auf eine neue Geschichte und erinnern uns nicht an eine andere, sondern sind immer wieder gefesselt von der ewigen Gleichheit. Kierkegaard schreibt in seinem überraschenden Aufsatz »Die Wiederholung«:

Die Hoffnung ist eine liebliche Maid, die den Händen entschlüpft; die Erinnerung ist eine schöne alte Frau, mit der man jedoch im Augenblick nichts anzufangen weiß; die Wiederholung ist ein geliebtes Eheweib, dessen man niemals leid wird; denn allein des Neuen wird man leid. Des Alten wird man niemals leid; und wenn man es vor sich hat, wird man glücklich ... das Leben (ist) eine Wiederholung, und ... dies (ist) des Lebens Schönheit ...[2]

Und so verleiht die Geschichte, die immer wieder erzählt wird und die auf einer bestimmten Ebene so ärgerlich langweilig ist, der kosmischen Zeit bleibende Stabilität. Kierkegaard fährt fort: »die Welt ... hat dadurch Bestand, daß sie eine Wiederholung ist.« Der vergessliche alte Onkel und die ermüdende Großmutter schenken uns einen Vorgeschmack des Ewigen. Sie übernehmen die Aufgabe des Ahnen und erinnern uns daran, dass die Rekapitulation uns zeigt, wie die Welt in Wirklichkeit beschaffen ist – eine Idee, die von dem stark vernachlässigten italienischen Philosophen Giambattista Vico (1668-1744) ausgeführt und von ihm *ricorso* genannt wurde.

Freud verband Wiederholung mit dem Tod. Für ihn war der Wunsch nach Wiederholung ein Instinkt, der in der Biologie wurzelt. Oberstes Ziel dieses Instinktes ist, einen früheren Zustand wieder herzustellen, so dass die wiederholte Geschichte (wenn auch verkleidet) ein Stück Vergangenheit darstellt, den Druck der Vergangenheit mildert und Angst und Spannung abbauen hilft.

Was nun, fragt Freuds Theorie, ist der früheste Zustand, zu dem der Instinkt durch Wiederholung zurückzukehren verlangt? Antwort: ein prävitaler, anorganischer Zustand reiner Entropie, ein Zustand des Nichtseins, in dem keinerlei Spannung existiert – mit anderen Worten: der Tod. Freud nannte diesen statischen Zustand »Nirwana« und den instinktiven Trieb danach »Thanatos«. In den späteren Lebensjahren, würde Freud sagen, ist der Wiederholungszwang ein Hinweis darauf, dass der Tod in der Seele wirkt, ähnlich wie die geriatrische Psychologie behauptet, dass die Wiederholung ein Anzeichen für den versagenden Organismus auf seinem Weg zum endgültigen Stillstand ist.

Das gereizte Beharren meines Onkels darauf, Geschichten zu wiederholen, war damit also Ausdruck oder sogar Beweis seines Todestriebes, linderte Spannung und Angst und half ihm, in Frieden zu ruhen – wenn wir mit der freudschen Erklärung übereinstimmen. Darüber hinaus würde er sich mit dem Erzählen der immer gleichen alten Geschichten versichert haben, dass er noch ziemlich lebendig ist; denn die Wiederholung, so einige freudsche Theoretiker, leugnet das Vergehen der Zeit. Die Erzählung verändert sich ebenso wenig wie der Erzähler. Deshalb das zwanghafte Bedürfnis meines Onkels nach genauer Wiederholung. – Die Freude am alten Trott war beides, sowohl ein Weg, lebendig zu bleiben, als auch den Todestrieb zu befriedigen.

Angenommen, wir verlagern die Wiederholung vom Erzähler auf die Erzählung, vom Instinkt der Person zu einer eigenständigen Macht der Geschichte, von der modernen Psychologie zur archaischen Tradition.

Dann müssten wir zugeben, dass sich bestimmte Geschichten einem Erzähler aufdrängen, vor allem dem alten Erzähler, der in der Tradition gesellschaftlich die Funktion der Ahnen vertritt. Die Geschichte selbst verkörpert eine Lebenskraft, die mit einem möglichen Todestrieb des Erzählers in keinerlei Zusammenhang steht. Wird dieser energetische Inhalt erst einmal poetisch zu einer Geschichte verdichtet, dann erzählt er etwas, das ganz unabhängig von der Person des Erzählers erzählt werden muss, etwas, das das Verstreichen der Zeit tatsächlich leugnet und die Seele leben lässt. Vielleicht ist das die Kernbotschaft der Scheherazade. Die Lebendigkeit ihrer Geschichte hielt sie einfach durch ein immer wieder neues, niemals endendes Kapitel am Leben.

Barry Lopez formuliert das wie folgt:

Die Geschichten, die Menschen sich erzählen, haben eine bestimmte Art, die Menschen in ihre Obhut zu nehmen. Wenn Geschichten zu euch kommen, hütet sie. Und lernt, sie weiterzugeben, wo sie gebraucht werden. Manchmal braucht ein Mensch eine Geschichte nötiger als etwas zu essen, um zu überleben. Darum prägen wir uns Geschichten ein und verlieren sie nicht mehr aus dem Gedächtnis. So nehmen wir uns selbst in Obhut.[3]

Weil Wiederholung so weitschweifig ist, sind wir einen weiten Weg gegangen, um uns von den Philosophen inspirieren zu lassen und die Wiederholung über Banalität erheben zu können. Nicht weitschweifiger allerdings, als wenn Sie Ihre Zahlenreihen addieren oder murmelnd Ihren Rosenkranz beten. Und doch beruhen die Errungenschaften der Kunst, die Wirksamkeit des Gebets, die Schönheit des Rituals und die Kraft des Charakters auf belanglosen Wiederholungen, von denen jeder Augenblick, für sich genommen, völlig nutzlos zu sein scheint.

KAPITEL 6

DAS SINKEN DER SCHWERKRAFT

London Bridge kracht zusammen,
kracht zusammen, kracht zusammen.
London Bridge kracht zusammen,
meine Liebe.

Der Gegensatz zwischen Jugend und Alter zeigt sich deutlich im Wechsel zwischen Aufstieg und Abstieg. Die Biologie jüngerer Jahre ist im ganz konkreten Sinne eine des »Aufwachsens«. Die Wirbelsäule verlängert sich mit elastischem Knorpelgewebe zwischen den Wirbeln; die Knochen wachsen in die Länge. In späteren Jahren jedoch übernimmt der Sog der Schwerkraft die Regie. Der wendige und ehrgeizige soziale Aufstieg, Karriere und Klasse verlieren ihren Glanz. Wir müssen nicht länger zu den schönen Menschen gehören oder auf dem Oberdeck stehen und Befehle brüllen. Stattdessen das große Erschlaffen: Tränensäcke, Doppelkinn, Hängebacken, Hängebrüste, welke Haut an den Oberarmen, der Bauch ebenso schlaff wie Gesäß, Hodensäcke oder Schamlippen; selbst die Ohrläppchen wachsen Richtung Boden. Der Blick ist nach unten gerichtet; wir senken unseren Kopf, um unsere Schritte zu überwachen. »Ich werde alt ... Ich werde alt ... / Hochgekrempelt trag ich meine

Hosen bald«, sagt der sich innerlich zurückziehende, das Leben verweigernde J. Alfred Prufrock in T.S. Eliots berühmtem Gedicht.[1]

In Japan ist das Beugen des Oberkörpers nicht nur eine höfliche Körperhaltung zur Begrüßung, eine Geste der Unterwürfigkeit, sondert wird auch praktiziert, um den Ahnen in das eigene Bezugssystem einzubauen. Man erwartet von alten Menschen, dass sie sich wie Ähren mit reifem Reis vorbeugen. In unserer Gesellschaft kennen wir nur Osteoporose. Wir sehen den Körper, aber nicht seine Anweisung. Oder wir nehmen immer nur die gleiche dürftige Botschaft auf: Wir steuern auf das Grab zu.

Im englischen Wort »grave« (Grab) verbergen sich noch drei weitere Bedeutungen: »gravity«, Gravitation, die Schwerkraft, jene mysteriöse physische Kraft, die sämtliche Dinge nach unten zum Erdmittelpunkt zieht; »gravitas«, das römische Wort für gewichtigen Ernst; und »gravid« für schwanger (früher sagte man auch »trächtig«.)

Da Worte uns auf ihre Weise erreichen, vermischen sich diese Bedeutungen meistens in unserem Denken und stellen eine Bedrohung für den geistigen Puritanismus dar, der danach strebt, Begriffe durch klare Definitionen getrennt zu halten, damit sie nicht von zweideutigen Implikationen infiziert werden. Da diese vier Bedeutungen sich vermischen können, denken wir im Alter möglicherweise auch besorgt an das Totengrab, an den gewichtigen Ernst und den unnachgiebigen Abwärtsbefehl des Erdmittelpunktes. Der Sog nach unten macht uns Angst. Die Ausrichtung auf den Friedhof und das Warten auf das Grab tritt wahrscheinlich an die Stelle von ernsthafteren Themen: der Tiefe von *gravitas* und der unsichtbaren Schwangerschaft, die gealterte Menschen auszutragen haben. Wir Alten sind die Gewichteträger, und die Natur lässt uns nach unten wachsen.

In späteren Lebensjahren hat die Welt, der wir uns zuwenden, einen engen Horizont. Global denken, ja – aber nur *denken*. Trotz all der Kreuzfahrten und Zelterei findet die Aktion vor Ort statt. Die Nachbarn haben uns wieder, als Hausverwalter. In unseren späteren Jahren ordern wir die Außenposten zurück. Mit zehn liefert unsere Phantasie uns den Treibstoff für eine Forschungskapsel zum Mond; mit zwanzig ist es die Transsibirische Eisenbahn, oder wir schlagen uns durch, um den Eingeborenen in Mindanao zu helfen; mit dreißig ein freies Jahr in der Toskana oder Tahiti. Wir stationieren ein paar Kundschafter im äußersten Grenzgebiet unseres Reiches – geographisch und auch intellektuell. Wir werden Musikunterricht nehmen, Flamenco tanzen lernen, auf einem Hausboot malen, Proust, Gibbon und Cervantes lesen, ein Restaurant eröffnen, ein Drehbuch oder einen Kriminalroman schreiben, Chinesisch studieren, uns auf dem Warenmarkt erproben. Schließlich schicken wir noch weitere Truppen zu den Außenposten, besuchen sie, lassen uns dort nieder. Wir sammeln Zeitungsausschnitte und Adressen, machen uns Notizen, tragen zukünftige Daten im Kalender ein.

Und dann, während die Jahre dahingehen, beginnen wir die Truppen nach Hause abzurufen, eine nach der anderen. Während Nostalgie im Hinterhalt lauert, entlassen wir sie in Sand und Wind, Phantasien ohne bleibende Spuren. Manche verschwinden ohne jede Sehnsucht, wahrscheinlich eher erstaunt darüber, dass sie einmal eine so lebenswichtige Rolle in unserem Reich zu spielen schienen. Die Außenposten einziehen heißt einfach die Möglichkeiten nach Hause zurückrufen und sich dort niederlassen, wo Sie sich befinden, an Ihrem Platz.

Ich verbinde mit dem Sog nach unten, dem Hängen und Erschlaffen von Körperteilen, einen Heimkehrinstinkt. Das Heim, das angestrebt wird, befindet sich nicht nur hier, wo

Sie sind, sondern tiefer noch als selbst das Grab: In der Unterwelt unter dem Grab, die wir lange, bevor wir uns in das tatsächliche Grab auf dem tatsächlichen Friedhof begeben, betreten können. Viele der großen mythischen Figuren – Odysseus, Äneas, Inanna, Herkules, Psyche, Orpheus, Persephone, Dionysos – stiegen hinab und erlangten ein Wissen, das ihrem Charakter mehr Tiefe verlieh. Psyche begriff in der Unterwelt eine Art von Schönheit, die unsichtbar ist; Herkules' Charakter musste wachsen, um sich für Realitäten zu öffnen, die nicht physischer Natur sind. Inanna »lieh« Dingen »ihr Ohr«, die in der Oberwelt unbekannt waren. Äneas begegnete, wie Dante, körperlosen Gestalten ohne Substanz, die jedoch eine erschreckende Macht besaßen und nach den Schmerzen und Übeln der Seele benannt waren.

Anders als Jesu Abstieg, der die Unterwelten auslöschen sollte und von einem unternommen wurde, der keine späten Jahre, kein hohes Alter erlebte, ist der Abstieg dieser Gestalten grundlegend für die bleibende Macht ihrer Geschichten und ihrer Charaktere. Dionysos hat eine düstere Seite, dargestellt durch seinen schwarzen Bart und erkennbar in seinen Mysterien; Odysseus kehrt als müder Krieger nach Hause zu Frau und Sohn zurück; Psyches Schwangerschaft geht dem Ende zu; Persephone verbringt die meiste Zeit des Jahres da unten, verheiratet mit dem Unsichtbaren. Die Fähigkeit dieser mythologisierten Personen, hinabzusteigen, trägt bei zu ihrer dauerhaften *gravitas* und versetzt sie in die Lage, als Vorfahren unserer Kultur Gewichtiges durch die Zeitalter zu tragen.

Wenn wir nach unten in die Welt wachsen wollen, indem wir nützlich für sie werden und ihr helfen, Gestalt anzunehmen, müssen wir uns abwärts unter die Welt begeben. Um ein Ältester, Wohltäter, Hüter und Mentor sein zu können, müssen wir etwas über die Schatten erfahren und Anweisung von den »Toten« erhalten (das heißt, von dem, was vor uns gegangen, unsichtbar geworden ist und was unser Leben mit seinem Einfluss doch weiterhin belebt.) Die »Toten« kehren als Ahnen zurück, vor allem in Krisenzeiten, wenn wir uns verloren fühlen. Dann »erwachen« die Toten und bringen uns ein tieferes Wissen und Unterstützung. Sie sind bereits gefallen; sie kennen die Gruben, und deshalb ihre enormen Kräfte. Sie müssen nicht als reale Stimmen und Visionen zurückkehren, denn sie sind bereits spürbar – in all dem, was uns nach unten zieht, und überall dort, wo wir uns nicht aufrecht halten können. Sie sind die Kraft in der Schwere der Psyche.

Wie Herkules sagte: »Die Seelen in der Unterwelt nehmen durch ihren Geruchssinn wahr.« 25 Jahrhunderte später sagen wir, dass ein Mensch, der nach unten auf den Boden kommen kann, eine schnelle Auffassungsgabe (»Straßenschläue«) besitzt und wittert, was sich unter der Oberfläche tatsächlich verbirgt. In uralten Beschreibungen der Unterwelt wird behauptet, dass in diesem Reich nichts Greifbares existiert, nur Bilder, Phantome, Geister, Rauch, Nebel, Schatten, Träume. Wir können es nicht sehen; wir können es nur mit Verdächtigungen, Ahnungen, Intuitionen, Empfindungen durchschauen. Dieses zweidimensionale Reich hat nicht mehr – und nicht weniger – Substanz als Worte, Gefühle, Gedanken, Überlegungen.

Die Alten haben *gravitas*, wenn ihre Einsicht an den unsichtbaren Kern der Dinge heranreicht, an das, was verborgen und vergraben ist. Diese gewichtigeren, schwangeren Bedeutungen werden nicht tagtäglich verkündet. Die Alten lauschen in die Lücken, riechen, was nicht koscher ist, halten Ausschau nach dem angedeuteten Lächeln, das die Wahrheit maskiert – all den notwendigen Unterdrückungen, die den Alltag möglich machen und freundlich gestalten. Wenn der Körper zu erschlaffen beginnt, gibt er Scham und Heuchelei auf. Der Körper führt Sie auf dem Weg nach unten, schenkt Ihrem Charakter Tiefe. Er weiß nicht, wie man lügt.

Das mag der Grund dafür sein, dass manche alten Leute so garstig sind, aufblühen, wenn sie gemeine Geschichten und verschrobenen Klatsch erzählen über chirurgische Fehler und schlechte Ärzte, verlogene Verwandte, Skandale, Unfälle und finanzielle Pleiten. Sie sind eingestellt auf die Unterwelt, deshalb lesen sie vor dem Einschlafen Krimis oder schauen sie sich im Fernsehen an. Sie genießen die boshafte Psychopathie der Helden und Heldinnen in den nachmittäglichen Kitschfilmen und die bizarren seelischen Verrenkungen, die in Talkshows vorgeführt werden. Sie sind in der Unterwelt der Eigenarten mehr zu Hause als in den Konventionen der Konformität.

Wir idealisieren die Ältesten gern. Wir erwarten *gravitas* von ihnen, wohltätige Weisheit. Aber diese Erwartungen sind Illusionen, solange wir nicht erkennen, dass diese Weisheit sich in den Deformierungen ihres Körpers zeigt, sobald diese eher von der imaginativen Psychologie als von der geriatrischen Physiologie gelesen werden. Altern lässt Biologie zur Metapher werden. Die organischen Veränderungen sind eine Art poetische Sprache, die dem Charakter wieder Persönlichkeit zuschreibt.

KAPITEL 7

WACHEN IN DER NACHT

... hasse es, die Abendsonne untergeh'n zu seh'n,
denk' dann immer, ich würde meine letzte Runde dreh'n.

W.C. HANDY,
»St. Louis Blues«

Warum schlafen alte Leute nachts weniger und dösen am helllichten Tag, halten Nickerchen mitten in Gesellschaft? Warum diese Verdrehung üblicher Schlafgewohnheiten? Anders als die Jungen, die sich bis zum Mittagessen ausblenden und wie im Koma schlafen, liegen wir im Dunkeln wach und dösen bei Tageslicht. Mit den Jahren schrumpft der normale Schlaf allmählich von den verordneten acht Stunden auf sechs oder sogar fünf. Die Nacht wird mehr und mehr zu unserer Zeit. Gegen unseren Willen zwingt uns die uralte Göttin Nyx (Nacht), zu ihren Anhängern zu werden.

So vieles passiert in der Nacht; nicht nur Träume, Erinnerungen und Gebete; nicht nur Ängste, jene Dämonen auf Besuch, die auf Ihrer Bettkante sitzen und Ihnen aufzählen, was Sie verpatzt haben und was Sie sorgt, und dann wegfliegen (wie Vampire es zu tun pflegen), wenn der Morgen endlich kommt. Noch beharrlicher sind die dringenden Rufe zur Toilette.

In den frühen Jahren stört der unwillkürliche Drang zu urinieren den Schlaf nicht. Kleine Kinder können ihr Bett nässen, ohne aufzuwachen, so stark ist das Bedürfnis des Kindes, weiterzuschlafen und diesen Schlaf gegen das Aufwachen in der Nacht mit ihren oft beängstigenden Eindringlingen zu schützen. In späteren Jahren jedoch unterbricht der Drang zu urinieren den Schlaf, als ob die Weisheit des älteren Körpers Sie ruft, aufzuwachen.

Die nächtlichen Rufe der Blase beeinflussen auch das Tagesleben. Sie müssen darauf achten, wie viel Sie abends trinken, müssen harntreibende Getränke meiden und auf Reisen Zwischenaufenthalte einplanen. Immer mehr nächtliche Zeit schleicht sich in den Tag. Ganz unverblümt ausgedrückt: wir fühlen uns gefangen in einem Körper, über den wir die Kontrolle verlieren und dessen nächtliche Botschaft Verfall lautet.

Nehmen wir jedoch einmal an, dass die Unterbrechung Ihres Schlafes Sie nicht nur *in* der Nacht sondern auch *für* diese wach werden lässt. In früheren Zeiten wurden die Nachtwachen in Mönchs- und Nonnenklöstern »Vigilien« genannt, und die Schlafenszeit wurde bewusst verkürzt, damit man, wenn der Herr der Versuchungen kam, seinen Ruf verkündete und seine Günstlinge nachts versuchten, in das Denken einzudringen, diese abwehren konnte.

Die ersten christlichen Mönche, die in der Wüste in Höhlen lebten, versuchten sogar, den Schlaf ganz zu verbannen, da man glaubte, dass heidnische Mächte sich frommen Seelen über Träume näherten. Und weil es darüber hinaus in der visionären Offenbarung des Johannes hieß, im kommenden Königreich »solle die Nacht für immer weichen«, suchten einige religiöse Orden jenen ewigen Tag, indem sie den Schlaf tatsächlich verbannten. Also war der eifrige Fromme, der die Absicht hatte, einen starken Charakter zu entwickeln, weniger erpicht darauf zu schlafen, als vielmehr nachts Wache zu halten. Der Charakter beruhte auf der Abwehr von Phantasien und Stimmen, die drohten, den Gläubigen vom christlichen Pfad abzubringen. Und damit er diese abzuwehren vermochte, musste der Gläubige seine Augen öffnen für die Nacht, um die Geister voneinander unterscheiden zu können.

Wenn Sie wach werden für die Nacht, öffnet sich ein dunkles Auge für die unsichtbare Welt. Auch öffnet sich ein genaues Ohr für Warnungen, Einsichten und Eingebungen, die uns nur des Nachts aufzusuchen scheinen und unseren Schlaf stören, um gehört zu werden. Im Tageslicht leiden wir kaum unter dem gleichen Pulk von Ängsten und neu auflebenden nostalgischen Sehnsüchten.

Das Volk von Geistern, das wir Sorge, Selbstkasteiung, Furcht, Reue, Todesschrecken und erotische Sehnsucht nennen, trug in der alten Welt der Mittelmeerländer ähnliche Namen. Für uns sind das psychologische Abstraktionen; für die Alten dort waren es personifizierte Gestalten, Kinder der Nyx. Wir finden diese »unsichtbaren« Personen, Nyxes Nachwuchs, auf Vasen gemalt und modelliert in Reliefs: fatalistische Vorahnung (*moros*), Krittelei (*momos*), Strafende (*keres*) und Rächer (*nemesis*), wütende Verfolger (*erinyes*), elend Verzweifelnde (*oizys*) und lustvolle Sehnsüchte (*kupris*). Die Bibel gibt Nyx einen anderen Namen, Lilith, das Nachtungeheuer, die »mit ihrem Gefolge in den dunkelsten Stunden der Nacht umherschweifte.«

Natürlich hat Nyx noch eine andere Seite, eine erfreulichere Aufgabe. Sie brachte den Erschöpften Ruhe und breitete ihre weiten dunklen Schwingen schützend über die schlafende Welt. In späteren Jahren interessiert uns jedoch der Schutz, den sie bietet, weniger als jene Versammlung ihres lästigen Nachwuchses, der uns auffordert, mitten in der tiefsten Nacht aufzuwachen.

Das Wachwerden für diese Gestalten der nächtlichen Welt vertieft und erweitert den Charakter. Wir lernen kennen, was sich am Tag nicht hereinwagt und was Freud als das Unterdrückte bezeichnete. Träume (nach den alten Mythen ebenfalls Kinder von Nyx) reichen nicht, um das Unterdrückte wieder ins Bewusstsein zu bringen, denn laut Freud besteht ihre Funktion darin, den Schlaf zu schützen. Und Träume lassen uns meistens friedlich schlafen, indem sie unsere Sorgen und Schrecken maskieren und sie als Bilder verkleidet präsentieren, die wir nicht verstehen und die uns ruhig weiterträumen lassen.

Aber weiterzuträumen ohne aufzuwachen scheint nicht das zu sein, was die alternde Physiologie will. Nicht nur die Blase, der Schließmuskel und die vergrößerte Prostata spielen mit, wenn es darum geht, den Menschen nachts aus dem Bett zu holen, sondern auch ein merkwürdiger, erst jüngst untersuchter Wechsel des zirkadianen Rhythmus. Untersuchungen mit Männern in Dänemark und Japan zeigen, dass sich das übliche Muster der Urinproduktion, wie es bei den Jüngeren verbreitet ist, verändert. »Gesunde junge Erwachsene produzieren tagsüber dreimal schneller Urin als nachts.« Auch wenn die älteren Männer in diesen Untersuchungen während eines Zeitraums von 24 Stunden die gleiche Gesamtmenge an Urin produzierten wie die jüngeren, hielten sie Salz und Wasser nachts nicht mehr zurück; stattdessen schieden sie nachts mehr Natrium aus und entleerten sich entsprechend häufiger. Der Bericht schließt mit den Worten: »Manche Menschen, die an nächtlichem Wasserlassen leiden, haben einen gestörten zirkadianen Rhythmus«, und »Sie können nicht viel tun, um die Uhr Ihres Körpers zu regulieren.«[1]

Wir können aber etwas tun, um die Uhr unseres Körpers zu *verstehen*. Männer sind gezwungen, sich auf einen anderen Rhythmus umzustellen. (Frauen nahmen an diesen Untersuchungen, die durchgeführt wurden, um Prostatastörungen und deren Behandlung zu erforschen, nicht teil.) Die biologische Uhr »beabsichtigt«, uns Älteste aus dem Schlaf zu holen und wach zu machen für die Dunkelheit, die uns umgibt. Platon forderte in seinem berühmten Gleichnis von der Höhle zu diesem Erwachen aus der Dunkelheit auf.

In den beiden abschließenden Strophen eines seiner wunderbaren Gedichte über den Verschleiß des Charakters aufgrund fahrlässiger Unachtsamkeit formuliert William Stafford diesen Ruf wie folgt:

Und so berufe ich mich auf eine Stimme, etwas Schattenhaftes, /
ein fernes, wichtiges Reich in all jenen, die laut reden:
obwohl wir uns gegenseitig zum Narren halten könnten,
sollten wir uns besinnen –/
denn die Parade unseres gemeinsamen Lebens könnte
in der Dunkelheit verloren gehen. /

Und es ist wichtig, dass wache Menschen wach sind,
sonst könnte eine Unterbrechung sie entmutigen, so dass sie
wieder schlafen gehen; /
unsere Signale – Ja oder Nein oder Vielleicht –
sollten eindeutig sein: die Dunkelheit, die uns umgibt, ist tief. / [2]

Offensichtlich schlafen wir in späteren Jahren weniger, weil wir andere Aufgaben haben. Wo einst die Nacht selbst uns Unterschlupf gewährte, müssen wir jetzt von ihrem Nachwuchs lernen. Schicksal, Tod, Verzweiflung, Anklage, Rache und Begehren erscheinen und lassen Sie nicht ruhen. Sie müssen unterscheiden lernen zwischen den unsichtbaren Gestalten, die Ihr Heim und sogar Ihr Bett mit Ihnen teilen. Zulassen, von ihnen geweckt zu werden, sich ihren beißenden Angriffen stellen und die Berechtigung ihrer Behauptungen überprüfen – das ist harte Arbeit. Das ein-, zweistündige Zusammensein mit den Kindern der Nyx in einem dunklen Raum, die Augen weit aufgerissen, kann an unseren Kräften zehren.

Es ist nicht weiter erstaunlich, dass man etwa 80 verschiedene Schlafstörungen kategorisiert hat und dass es allein in den Vereinigten Staaten 337 Kliniken für Schlafstörungen gibt. Zehn Prozent der Bevölkerung berichten von mindestens einem Alptraum pro Monat. Kein Wunder also, dass so viele von uns Schlaftabletten nehmen und wegen ihrer Blasenschwäche Binden tragen, so dass wir morgens aufstehen können, ohne dass wir uns mit der uns verfolgenden Brut der Nyx auf einen Kampf einlassen (und von ihr lernen) mussten.

Ich glaube, sie möchte, dass wir sie besser kennen lernen. Vielleicht empfindet sie unsere Methoden, das Wissen der Nacht zu meiden, als Beleidigung. Sie mag die Lichtvergiftung unserer Kultur und deren Lärmpegel nach Einbruch der Dunkelheit als Angriff gegen sie empfinden, wer weiß? Welcher Ort draußen und in der Nähe ist frei von künstlichem Licht und den Geräuschen der Zivilisation? Wie weit müssen wir reisen, um einen ganzen Himmel voller Sterne zu sehen? Wissen Sie oder ich denn, wie wir die Nacht, außer sie in TV-Haupteinschaltzeit, spät nachts und Schlafenszeit einzuteilen, noch anders unterscheiden können? Kennen wir die Geräusche und Gerüche der Nacht, die Sternbilder, die Mondphasen, das Rauschen des Windes bei Tagesanbruch, und wissen wir, wie das Haus ächzt und sich wieder beruhigt?

Außer den Tiergeschöpfen, die in der dunklen Luft der Nacht unterwegs sind; außer den Dieben, den Nachtarbeitern der dritten Schicht, den Jazzmusikern, Strichmädchen und anderen Nachtfaltern, die tagsüber unsichtbar bleiben – außer all diesen Gestalten werden auch leblose Dinge in der Nacht lebendig, wie es den Kindern in vielen Märchen und Gespenstergeschichten erzählt wird. Der ruhelose Geist wird von Einsichten bestürmt; während wir schlaflos daliegen, entwickeln wir eine eigenartige Intelligenz. Teilen die Bilder der Toten sich uns auf diese Weise mit? Erteilen uns die Ahnen auf diesem Wege ihre Unterweisungen? Viele Eingeborene warten bis zum Einbruch der Nacht, um den Geistern der Ahnen Opfer zu bringen und mit ihrem Fasten und Tanzen deren bedrohliche Mächte zu besänftigen.

Wache halten, um die Nacht zu erfahren, galt von jeher als ein Weg, aus der unsichtbaren Welt Stärke zu beziehen. Als hätte die Nacht viele verschiedene Gesichter, gab es für ihre unterschiedlichen Phasen spezielle Rituale. Im mittelalterlichen Japan beispielsweise existierten Uhren, welche die Zeit anzeigten, indem sie Gerüche verströmten: alle zwei Stunden schwebte ein anderer Duft durch die Luft, so dass man beim Wachen in der Nacht tatsächlich riechen konnte, wie spät es war. Für uns jedoch ist die Nacht immer gleich: In unseren Räumen mit den heruntergelassenen Jalousien wissen wir nicht, ob wir in mitternächtlicher Dunkelheit, um drei Uhr morgens oder unmittelbar vor Tagesanbruch wach werden, und vielleicht ist uns das auch egal. Kein Wächter, der seine Runden dreht, ruft die Stunden aus, keine Glocken erschallen von Türmen und Kirchen. Und doch hat der Körper seinen Zeitmesser; Nachtschwestern zum Beispiel wissen genau, wann sie bei den verschiedenen Patientinnen und Patienten mit kritischen Phasen rechnen müssen.

Wir unterscheiden nicht zwischen den verschiedenen Phasen der Nacht, weil wir Nyx für die Pflichten des Tages eingespannt haben. Wir gehen zu Bett, um zu vergessen, und nicht, um uns Sorgen zu machen. Die Nacht ist dazu da, sich Schlaf zu holen, sich für den manischen Start in den morgigen Tag neu aufzuladen: Wir bringen unseren Schädel mit einer kurzen heißen Dusche auf Vordermann, dann ein Schuss Saft, ein paar muntere Hits und Kräcker, eine Tasse gezuckertes Koffein – Rituale, um die letzten Spuren von Nyx und ihrer Brut sowie der Schlaftabletten zu verbannen, die wir genommen haben, um sie in Schach zu halten.

Wenn der Charakter Schicksal ist, und wenn die Schicksalsgöttinnen als Rächerinnen und Verfolgerinnen Töchter der Nacht sind, dann braucht der Charakter, um zu reifen, vielleicht die physiologischen Veränderungen, welche die Alten für die Nacht wach machen. Was sonst könnte uns so drängen, aufzuwachen? Es scheint, als habe der Charakter Grundmauern, die sich in eine dunkle Intelligenz senken, eine Intelligenz, mit deren Hilfe wir uns in der Dunkelheit einrichten und unsere Vorstellung vom menschlichen Leben, seinen obskuren Besessenheiten und irrationalen Paniken, vertiefen können.

Spätnachts erkennen wir, dass die Szenen unseres Lebens nicht schattenlos waren, dass Flüche und Sünden ihre Schatten auf uns werfen – nicht, weil wir von Natur aus verfluchte Sünder wären, sondern weil mit dem eigentlichen Ursprung der Welt, dessen eine Hälfte der Nacht schlechthin angehört, beängstigende Gestalten auftauchen, die verlangen, dass wir sie kennen lernen. Alles, was wir von der Tageswelt wissen, ist nur ein Halbwissen. Der Charakter verlangt nach einer umfassenderen Wahrheit, einem reicheren Verständnis, und diese beginnende Weisheit wird uns durch diese Furcht erregenden Besuche vermittelt.

Wie prägt diese Weisheit den Charakter? Erstens lernen Sie, dass Ihre Emotionen nicht wirklich Ihnen gehören; es geht weniger darum, sie zu kontrollieren, als mit ihnen zu rechnen. Fatalistische Ängste, Gegenbeschuldigungen und nachträgliche Rachegedanken, die uns *in* der Nacht erreichen, kommen *von* der Nacht. Sie entstammen weder Ihrem Gehirn und seinen Abläufen noch Ihrer Persönlichkeit und deren Verhaltensweisen. Vielmehr gehören sie der dunklen, unpersönlichen Unterseite der Welt an, zu der Sie durch die Zerreißprobe nächtlichen Aufwachens persönlich Zugang gewinnen.

Und weil Ihr Herz so kalt wird und so wild schlägt, müssen Sie sich zweitens die alten Lehren zu Herzen nehmen, die einst lediglich Sonntagspredigten und philosophische Theorien zu sein schienen, so wie Kierkegaards und Heideggers Primat der Angst, so wie das Beharren des biblischen Gottes darauf, dass Furcht der Beginn von Weisheit ist, und so wie der erschreckende Rachefeldzug dieses Gottes gegen Menschen, Städte, Nationen und seine drangsalierenden Machenschaften selbst gegen seinen treuen Diener Hiob.

Drittens begreifen Sie etwas von der höllischen Wirklichkeit des Schattenreiches, einer Unterwelt, die für so viele Mythologien, Religionen, Initiationsrituale und für das künstlerische Schaffen von grundlegender Bedeutung ist. Die schauerlichen Masken der Geister von Ahnen und Stammesgeistern, die in exotischen anthropologischen Ausstellungen zu finden sind, werden zu ganz realen dunklen Engeln, die Ihr eigenes Zimmer bevölkern. Es erfordert Charakter, ihren Angriffen standzuhalten.

KAPITEL 8

VERWORRENE ERREGUNG

*Alles menschliche Übel
läßt sich auf folgendes zurückführen:
die Unfähigkeit des Menschen,
still in einem Raum zu sitzen.*

PASCAL

Wir sagen, »vor zwei Tagen«, und meinen zwei Monate. Die Schwester, die tagsüber Dienst hat, wird zur Nachtschwester. Wo Sie waren, wo Sie hinwollen oder wo Sie niemals gewesen sind, kann in Ihren Sätzen gleichbedeutend sein, denn die Zeiten halten sich nicht mehr an Grammatikregeln. Sie befinden sich in einer hypothetischen Gegenwart, in der zwischen dem, was sein könnte, und dem, was wirklich war und sein sollte, kein Unterschied mehr besteht. Sie haben eine zeitfreie Zone betreten, einen Seinszustand, den der französische Anthropologe Lucien Lévy-Brühl als »primitive Mentalität« und »prälogisches« Bewusstsein bezeichnete. Ihr Lebensbuch weist keine Seitenzahlen auf, noch nicht einmal mehr Punkte. Das Leben ist ein einziger ununterbrochener Satz mit Auslassungen, Lücken und Wiederholungen, die ebenso gut vorwärts wie rückwärts gelesen werden können. Sätze brechen ab. Sie stampfen mit dem Fuß auf, um den Gedanken zurückzuholen. Was habe ich gerade zu dir gesagt? Der Faden, der Faden ...

Um ihn aufzunehmen, rappeln Sie sich selbst auf. Sie gehen etwas holen. Was Sie holen und wohin Sie gehen ist unklar, aber der auf- und abwandernde Körper folgt der Rastlosigkeit des auf- und abwandernden Geistes und gerät in Schwierigkeiten. Hier beginnen das Hinfallen, die Unfälle. Die anderen sagen: »Warum kann er/sie nicht einfach ruhig sitzen bleiben!« Sie verstehen nicht, dass Sie sich, wenn Sie sitzen bleiben, einfach nur noch tiefer in diese Erregung der Verworrenheit verstricken.

Die Namen der einzelnen Familienangehörigen geraten durcheinander und verschmelzen. Diese vertrauten Menschen kommen zu Besuch und Sie können sie »ums Verrecken nicht« auseinander halten. Sie sehen alle so anders aus als das Bild, das Sie von ihnen haben – und diese Bilder müssen der Wahrheit entsprechen, denn sie haben den Zeittest bestanden. Sie sind vor Ihrem inneren Auge in all diesen Jahren die gleichen geblieben. Also nennen Sie Ihre Tochter beim Namen Ihrer Schwester und zählen vier weitere Namen auf, bevor Sie auf den Ihrer Schwester kommen. »Das macht doch nichts«, sagen die anderen. »Reg' dich nicht auf.«

In gewisser Weise macht das *wirklich* nichts, denn die Verwirrung spiegelt das Verschmelzen der Generationen zu einer Bildmontage wider. Die Konfusion ist Folge einer Fusion. Irgendwie haben Sie sich im Familienstammbaum aufgelöst und betrachten seine zahlreichen verschiedenen Äste und Zweige aus dem Blickwinkel des Hauptstammes. Alle durchströmt eine ähnliche Kraft; sämtliche Mitglieder haben einen gemeinsamen genetischen Nenner. Die Unterschiede sind verblasst. Das Alles-Zugleich steht stärker im Vordergrund als die Zersplitterung in einzelne Generationen. Sie sind herausgeglitten aus dem zeitgebundenen »wer zeugte wen«, Ältere und Jüngere, damals und heute.

Auch das ist eine Form von Weisheit. Sir Francis Galton, ein Cousin Darwins und ein Pionier auf dem Gebiet der experimentellen Psychologie und dem Studium der Vererbungslehre, sammelte hunderte von sorgfältig aufgenommenen Fotos der Gesichter ein und derselben Familien. In einem frühen Versuch der Fotomontage blendete er die Portraits übereinander. Durch dieses Verfahren wurden grundlegende Züge stärker hervorgehoben, während die individuellen Unterschiede zurücktraten. Allgemeine Charakteristiken wurden deutlicher als die individuellen Verschiedenheiten. Indem wir die Unterschiede zwischen den Individuen der Familie verschwimmen lassen, nähern wir uns vielleicht dem, was wir grundsätzlich mit ihnen gemeinsam haben. Der Apfel fällt nicht weit vom Stamm, aber zuerst einmal müssen Sie den Stamm sehen.

Wir verbringen als Erwachsene viel Zeit damit, die Dinge auseinander zu halten. Der heilige Paulus betrachtete die Gabe der Unterscheidung als wertvolle Tugend. Jung definierte die Individuation als Prozess der Differenzierung: der Differenzierung des Bewusstseins, der Differenzierung des Selbst vom Kollektiv. Als Mutters kleine Helfer im Supermarkt bringt man uns schon früh bei, zwischen den einzelnen Marken zu unterscheiden. Wenn wir Autos oder Rockbands nicht auseinander halten können, ist das Zeichen einer langsamen Entwicklung. Von Anfang an müssen wir zwischen einer Drei und einer Acht, einer Sechs und einer Neun, Rosa und Orange, Orangen und Äpfeln unterscheiden können.

Die Befreiung von dieser Mühe ist vielleicht eine der segensreichsten Begleiterscheinungen des Alterns und schenkt den Alten eine Art Weisheit, wie sie nur Außenseitern zukommt. Aber dieser Segen und diese Weisheit fliegen uns nicht ohne einige Aufregung einfach zu. Sie mühen sich umsonst ab, Gesichter wieder ihren richtigen Namen zuzuordnen, durch die richtige Tür zu gehen, zwei Socken zu finden, die zusammenpassen. Und wenn die Verwirrung beginnt, folgt die Erregung. Sie fühlen sich wie ein Kind, das nichts richtig machen kann, wie ein Erwachsener, der sich vertut. Aber Sie sind kein unbeholfenes Kind oder ein gestörter Erwachsener. Wie ein Ahne beginnen Sie, die Welt weniger persönlich zu nehmen und reagieren auf unpersönliche, zeitlose Grundsätzlichkeiten. Als Erwachsener redete ich wie ein Erwachsener, fühlte mich wie ein Erwachsener, dachte wie ein Erwachsener; jetzt, wo ich zum Ahnen werde, habe ich alle erwachsenen Bedenken abgestreift. Ich rege mich auf, wenn die Zeitung zu spät kommt, aber dass man mir die Ausgabe von gestern bringt, ist mir egal oder fällt mir gar nicht auf.

KAPITEL 9

AUSTROCKNEN

Trockene Seelen sind die weisesten und besten.

HERAKLIT

Mit fortschreitendem Alter mag Ihre Nase tropfen und vielleicht tränen Ihre Augen bei Kälte, obwohl die Membrane eigentlich austrocknen. Das gleiche gilt für Ihre Kopfhaut und die Haut insgesamt. Die Körperbehaarung und die Nagelhaut werden spröder, und Sie kommen nur selten ins Schwitzen. Während die Jugend gegen fettige Aknehaut und feuchte Hände ankämpft, cremen die alten Damen nachts ihr Gesicht ein und reichen zur Begrüßung eine trockene Hand.

In der Medizin der Alten Griechen heißt es, die Jugend sei feucht, während das Altwerden den Menschen zum anderen Pol der grundlegenden Temperamente befördere: von heiß zu kalt, von feucht zu trocken. Wir werden steif, spröde und rigide statt süßlich, saftig und grün zu sein. In der Sprache der Volksmedizin blieb dieses uralte medizinische Gedankengut jahrhundertelang erhalten. Es hieß, alte Leute bräuchten vor allem Dampfbäder und zartes Fleisch von saftigen Tieren wie Hasen und Kälbern sowie Gedünstetes, Breie und Suppen. Damit würde man der Austrocknung entgegenwirken. Dieses Austrocknen im Alter ist so eng mit der Vorstellung vom Altwerden verbunden, dass das Wort für »alt« in manchen

Sprachen »trocken« lautet – »trocken« und »alt« haben die gleiche Bedeutung.

Wie klein sie in ihren Betten sind! Die Alten scheinen wegzuschrumpfen. Dieser kleine Körper der ganz Alten mit seiner Last an körperlichen Beschwerden und Störungen ist weniger paradox als vielmehr ein Paradigma. Er zeugt von der schrumpfenden Rolle des Körpers. In Anbetracht der Dinge, die bleiben, verliert er an Wert. Die ganz Alten tun Zustände, die wir allein schon in der Vorstellung unerträglich fänden, oft als lästige Nebensächlichkeit ab.

Warum sollte der Körper austrocknen, und warum ist die trockene Seele »die weiseste und beste«? Verwandeln wir uns einfach nur in saftlose Mumien mit pergamentener Haut? Oder können wir diesem natürlichen Prozess ein eher metaphorisches Verständnis entgegenbringen, so dass das Austrocknen mehr bedeutet als Sprödigkeit der Alten, ein weiterer Schaden, den wir auf dem Weg zum Tod erleiden? Nehmen wir an, das Austrocknen wird uns nicht nur von der Natur der Natur, sondern auch von der Natur des Charakters auferlegt. Könnte es sein, dass die Weisheit des Körpers dieses Austrocknen erfordert?

Für Heraklit war die Seele keine vernebelte und verschwommene Vorstellung oder ein Gefühlserguss. Für ihn war sie feurig und wollte auch aufsteigen wie das Feuer. Was der Seele am besten tat – sein Wort für »am besten« war *aristos*, die Wurzel für unseren Begriff »Aristokrat« –, war geläuterter, subtiler, leichter und trockener. Ursprünglich war der Gegensatz zwischen *aristos* und *hoi polloi* (griech. die »breite Masse«, Anm.d.Ü.) ein kosmologischer. Das Wort *polloi*, das im Lauf der Zeit mit »die Massen« assoziiert wurde, ist verwandt mit englischen Begriffen wie »flow« (Fluss), »pollution« (Verschmutzung), »swamp« (Sumpf), das heißt, dem feuchten Ende des Spektrums. Am weisesten und am besten ist, sich an das trockene Ende zu halten, und deswegen konnte Heraklit auch sagen: »Für die Seele ist es der Tod, wenn sie feucht wird.«

Natürlich können wir diese archetypische Skala heute nicht lesen, ohne in Begriffen wie »Kaste« und »Klasse« zu denken. Wir haben keinen archetypischen Sinn mehr für die Seele und für die Welt, um Zuständen, die uns nichts weiter als Symptome, Vorurteile und Probleme zu sein scheinen, kosmologische Bedeutung zu verleihen.

Wie auch immer, eine feuchte Seele mit ihren rührseligen Gedanken und überströmenden Gefühlen zieht uns in den Sumpf, nimmt uns die klare Sicht und unseren Entscheidungen ihre Eindeutigkeit. Die trockene Seele greift nach oben, sucht Erleuchtung. Sie brilliert mit Erkenntnisblitzen und fängt schnell Feuer. Und sie bringt Licht, als Ältester, als Mentor. Aber diese Weisheit erfordert offensichtlich, dass wir schrumpfen.

Wenn die Alten einer Zivilisation zu deren Lehrern werden sollen, dann kommen sie als Wächter des Lichts, die Erleuchtung bringen und deren Weisheit die Dunkelheit durchdringen kann. Ihr Charakter muss ein Feuer tragen. Und aus diesem Grund müssen sie trocken sein.

Die alchemistische Psychologie, die in der gleichen Tradition des metaphorischen Verstehens wurzelt, folgte diesem Weg des Denkens. Chemische Stoffe waren zugleich Stoffe der Psyche und hatten eine psychologische Bedeutung. Wie gute Psychoanalytiker, Dichter und Maler arbeiteten auch die Alchemisten mit Metaphern.

Bei einem der wichtigsten alchemistischen Verfahren ließ man überschüssige Feuchtigkeit in einer flachen Pfanne verdampfen, um die trockene Restsubstanz für das Brauen weiterer Tränke benutzen zu können. Zu viel Flüssigkeit, und die Seelensubstanz kann verfaulen. Wir fühlen uns wie versumpft, überflutet; kommen nicht aus dieser Stimmung heraus; stagnieren. Aufgelöst in Kummer, Sehnsüchten, festgefahren in chaotischen, klebrigen Situationen. Durch das Verdunsten führen wir Dampf ab, verkochen die Feuchtigkeit, die bewirkte, dass wir das Gefühl hatten, stecken geblieben zu sein. Alter Klebstoff vertrocknet zu Staub; wir lösen uns von früheren Verbindungen. Wurde die Emotion erst einmal von der Erinnerung extrahiert, kann diese in der Rückschau als interessante Merkwürdigkeit vorbeiziehen. All der Aufruhr ist verdampft, hat blanke Knochen, eine getrocknete Essenz hinterlassen, ähnlich wie ein chemischer Rückstand, der von äußeren Substanzen gereinigt wurde.

Die Reduzierung der Vergangenheit auf trockene Tatsachen bringt das Salz der Weisheit hervor, von dem es heißt, dass die Alten es spenden. Zu diesen salzigen und bitterwahren Einsichten gelangen sie erst, wenn die eigene emotionale Betroffenheit trockener Ernüchterung gewichen ist. Die Dinge treiben kommentarlos, ja, sogar unbeachtet vorbei; es ist, als sei der Druck, sich zu engagieren, verpufft. Die Alten schauen eher aus der Ferne zu; und auch wenn die Netzhaut sich nicht abgelöst haben mag, die Sicht ist losgelöst. Wir müssen die Dinge immer weiter von uns weg halten, um sie klar sehen zu können. Die Trockenheit der Weitsicht. Der Körper entwickelt seine eigene Form von buddhistischer Nichtanhaftung.

Diese merkwürdigen alten Alchemisten mit ihren komischen Hüten und Bärten und verschlüsselten Geheimschriften scheinen mir der Seele eine notwendige Disziplin beizubringen: Sie muss die Fluten des naiven Enthusiasmus und die Überschwemmungen der Sentimentalität trocken legen. Die trocken gelegte Seele hat einen trockenen Humor, einen trockenen Witz und eine trockene Sicht, so dass sie die Welt mit weniger subjektiven Gemütsbewegungen wahrnimmt. Wir werden trocken – wie ein guter Wein.

KAPITEL 10

GEDÄCHTNIS: KURZFRISTIGER VERLUST, LANGFRISTIGER GEWINN

Ich weiß nicht,
ob ich das gesagt habe oder nicht,
ich weiß es wirklich nicht.

RONALD REAGAN

Wie dumm, nicht zu wissen, ob Sie Ihre Tabletten schon genommen haben oder nicht. Und was Namen, Daten, Worte betrifft ... einmal vergessen, zweimal vergessen, für immer vergessen. Einerseits blättern die Gehirnzellen ab wie Herbstlaub in einem Mischwald; andererseits wird gerodet, mehr Raum geschaffen für Vögel, die sich gelegentlich niederlassen.

Das Gehirn wird sowohl aus konventionellen als auch aus Gründen der Bequemlichkeit für den Erinnerungsverlust verantwortlich gemacht:

Nach dem fünfzigsten Lebensjahr verliert das Gehirn alle zehn Jahre 2 Prozent seines Gewichts ... Die im Stirnlappen gelegenen motorischen Zentren verlieren zwischen 20 und 50 Prozent ihrer Neuronen; das Sehzentrum im Hinterhauptslappen verliert rund 50 Prozent; die an der Grenze zwischen Stirn- und Scheitellappen gelegene Körperfühlsphäre verliert ebenfalls 50 Prozent.

Doch parallel zu diesem raschen Abbau der Gehirngrundlagen passiert noch etwas anderes:

Glücklicherweise haben die Zentren für höhere intellektuelle Leistungen einen erheblich geringeren Zellverlust zu verschmerzen ... Möglicherweise erhöhen die verbliebenen Neuronen auch ihre Leistung ... Die Ergebnisse der jüngsten Forschung legen sogar den Schluß nahe, daß bestimmte Neuronen der Großhirnrinde in reiferen Jahren zahlenmäßig zunehmen ... daß die faserartigen Dendriten vieler Neuronen auch bei alten Menschen noch wachsen, sofern diese nicht an der Alzheimerschen Krankheit leiden ... Neurologen könnten eine wissenschaftliche Erklärung für die sogenannte Altersweisheit gefunden haben, die wir uns alle für unseren Lebensabend wünschen.[1]

Eine der bemerkenswertesten Leistungen des älteren Geistes besteht mit Sicherheit darin, Erinnerungen in zwei Arten einzuteilen: langfristige und kurzfristige. Während Erstere prägnanter werden, verblassen die Zweiten. So können Sie sich wohl an die Kleider ihrer Kindheitsfreundinnen vor siebzig Jahren erinnern, nicht aber Ihre Brille finden, die Sie doch »gerade eben noch irgendwo« hingelegt haben.

Könnte diese Einteilung eine bestimmte Weisheit bergen? Könnte es sein, dass der Geist sich weigert, Neues aufzunehmen, so dass uns die Bilder aus früheren und weit entfernten Zeiten frisch und deutlich vor Augen stehen? Vielleicht macht es Sie ärgerlich und andere wütend, dass Sie das Wasser im Kessel verdampfen lassen, Ihre Schlüssel verlegen und den Namen Ihres Großneffen vergessen, aber besteht der Charakter aus Kesseln und Schlüsseln und den Namen kleiner Jungen?

Vielmehr besteht der Charakter aus Ablagerungen, hauptsächlich jenen Ablagerungen, die Fehler und Unglück in der Erinnerung hinterlassen haben und die wir in späteren Jahren noch einmal durchgehen. Ein Leben ist ein enormes

Lagerverzeichnis, und wer auch immer der Ladeninhaber sein mag, er verfährt nach dem System, »was zuletzt reinkam, geht zuerst raus« und räumt das Lager rasch von neuer Ware, um genug emotionalen Platz für die Einschätzung dessen zu haben, was schon lange da ist. Wenn wir uns nicht an das Gespräch von heute Morgen, geschweige denn an die Besucher von letzter Woche erinnern können, bleibt in den Regalen Platz für die Aufzeichnungen, die wir schon viel länger lagern.

Die Alterspsychologie stellt fest, dass alte Menschen immer mehr Zeit mit der Bestandsaufnahme verbringen und »Lebensrückschau« halten. Bei dieser Arbeit geht es nicht darum, *von* der Vergangenheit zu heilen, sondern *diese selbst* zu heilen – eine Forschungsarbeit, eine »recherche du temps perdu« (eine Suche nach der verlorenen Zeit, Anm.d.Ü.), wie Proust seine umfangreiche, außergewöhnliche literarische Abhandlung über das Erinnern nannte. Wenn frühere Zeiten keine verlorenen Zeiten sein sollen, dann müssen wir zulassen, dass sie präsent werden.

Deswegen erreichen uns neue Ereignisse nur, wenn sie mit den alten in Zusammenhang stehen. Sie reisen in eine fremde Stadt und stellen fest, dass Sie über einen anderen Ort reden, der Sie an diese Stadt erinnert; Sie treffen eine jüngere Verwandte und Ihnen fällt nur auf, wie sehr sie deren Mutter und deren Tanten ähnelt, die auf Ihrer Hochzeit waren; Sie bekommen ein bestimmtes Gericht serviert, und Ihnen fällt dazu lediglich ein, wie Sie es immer zubereitet haben. Wichtig ist nicht der Geschmack des neuen Gerichtes oder das Gesicht der neuen Verwandten, sondern, dass all dies alte Erinnerungen auslöst.

Heißt das, dass alte Leute egozentrisch sind? Ich glaube nicht, jedenfalls nicht egozentrischer als die Jungen es sind oder sie selbst es in ihrer Jugend waren. Alte Bilder unter Ausschluss jüngster Ereignisse einzusammeln scheint gealterten Menschen auferlegt, so als würde die Seele auf dieser Rückschau beharren. Wenn wir älter werden, möchte etwas von uns zu weit entfernten Gefilden und verstaubten Spiegeln zurückkehren. Ich glaube, der Charakter möchte sich selbst verstehen, an Einsicht und Intelligenz gewinnen.

Wir kehren auch zurück, um zu ehren. Wir legen vor Ereignissen, die Spuren hinterlassen haben, Kränze und Blumen nieder. Die Vergangenheit liegt unter Grabhügeln verschüttet, aber die Erinnerung an diese Augenblicke in unserer Seelengeschichte hält ihren Wert lebendig. Der Charakter festigt sich, indem er Erinnerungen ehrt, denen wir innerlich einen Wert beimessen. Wenn wir schöne, mutige, ehrenwerte Ereignisse nicht erinnern und uns niemals die Klarheit einer Entscheidung oder die Kosten eines Opfers ins Gedächtnis zurückrufen, können wir dann glauben, dass all das in unserem Unbewussten weiterwirkt? Das Alter schenkt uns Zeit zu würdigen, was wir geleistet haben und was uns die, die uns lehrten oder die sich einfach an uns freuten, hinterlassen haben. Dieses würdigende Aufsuchen wertvoller Erlebnisse bedeutet, dass wir weniger vom Lob und der Anerkennung anderer abhängig sind. Sie können Ihre eigenen Siegerehrungen abhalten und sich selbst Ehrenmedaillen verleihen.

Wenn wir weniger brauchen und weniger abhängig sind, nimmt auch unsere Einsamkeit ab und wir besitzen mehr Würde. Im hohen Alter Würde haben und mit Würde gehen – das sind Eigenschaften eines Charakters, der eine edlere Beschreibung erfordert, als die der zeitgenössischen Psychologie mit ihrem »im Vollbesitz ihrer / seiner Kräfte«. Was sollen die Menschen über Sie sagen, wenn Sie gegangen sind? Dass Sie mit großem Mut gekämpft und Charme, Wohlwollen und Humor bewiesen haben, oder dass Sie große »Selbstachtung« besaßen und sich als Mensch »ganz verwirklicht« haben?

In den späteren Lebensjahren genügen jüngste Ereignisse den Anforderungen des Charakters genau aus dem Grunde nicht, weil sie neu sind. Das Neue an sich wird immer weniger reizvoll. Bei der Lebensrückschau versuchen wir, die Ereignisse in Erfahrungen zu wandeln, die Emotionen abzufragen, die damit verbunden waren, und sie zu bedeutungsvollen Mustern zusammenzustellen. »Wenn man älter wird, könnte man meinen / Die Vergangenheit hätte ein anderes Gefüge, höre auf, nur ein Ablauf zu sein ...«, schrieb T.S. Eliot. In *Vier Quartette*, in denen er über Zeit, Alter und Erinnerung sinniert, heißt es weiter: »Wir haben das Erlebnis, doch erfaßt den Sinn nicht. / Aber wenn man den Sinn erkundet, kehrt das Erlebnis wieder. / In veränderter Form, jenseits von jedwelchem Sinn.«[2]

Ich würde diesen Konflikt zwischen kurzfristigen, aktuellen Ereignissen und langfristiger Lebensrückschau gerne veranschaulichen. Eine Frau von 66 Jahren, die als Klientin zu mir kam, kümmerte sich um die Versorgung ihrer Mutter, die über 90 war. Laut Aussage meiner Klienten zankten sich die beiden Frauen über fast alles in der Situation, manchmal verbittert und hilflos festgefahren. Neben den üblichen Mutter-Tochter-Konflikten und den Spannungen, die sich schon vor Jahren aufgebaut hatten, gab es die aktuellen Themen ihrer augenblicklichen Auseinandersetzungen. Und worum ging es? Um Tatsachen. Die ältere Frau konnte sich, obwohl sie immer noch sehr lebendig war, einfach nicht an Fakten erinnern, während ihre Tochter sie bei Daten, Terminen, Namen, Preisen, Zeiten, Mengenangaben, Orten, den täglichen Nachrichten und damit der kurzfristigen Welt par excellence gnadenlos verbesserte. Sie bestand auch darauf, es ihrer Mutter »leichter« zu machen, indem sie ihr Anweisungen für die Benutzung elektrischer Geräte gab – den Anrufbeantworter, die elektrische Schaltuhr im Küchenherd, den Videorecorder, den Fernseher mit dem Multibildschirm, das schnurlose Telefon, die Eismaschine ...

Die alte Dame jedoch war halb untergetaucht in der Welt ihrer Erinnerungen. Und die Versuche, sie auf den neuesten Stand zu bringen, bewirkten deshalb nichts weiter, als dass sie sich in eine hartnäckige Depression zurückzog, da ihr Geist mit der »Lebensrückschau« beschäftigt war und ihre inneren Lagerhallen durchforstete.

Aber diese Phantome, Tagträume und immer wieder auftauchenden Erinnerungen aus dem Speicher der alten Damen, die kleinen, unwichtigen Gestalten, die lange tot und ohnehin völlig unwichtig waren, stellten für meine Klientin eine Bedrohung dar. Geistergeschichten, Ahnenanbetung, vergangenes Unglück: Das alles war doch tot. Sie hatte das Gefühl, dass ihre Mutter sich in die Vergangenheit verlor und ihr entglitt. Für meine Klientin hieß am Leben bleiben realistisch und damit auf dem Laufenden und konkret zu bleiben, also tat sie ihr Bestes, um die Aufmerksamkeit ihrer Mutter auf die lebendige Welt der Fakten zu richten.

Ich ging davon aus, dass es meiner Klientin ebenso an Imagination mangelte wie mir an der Fähigkeit, diese in ihr zu wecken. Doch dann begriff ich die psychoanalytischen Gründe für den Kampf der beiden Frauen. Die mangelnde Imagination der Tochter konnte als Angst vor dem Unbekannten und Nichtkontrollierbaren verstanden werden, das ihr durch den allmählichen Verfall ihrer Mutter täglich vor Augen geführt wurde. Ihre Imagination wurde durch die Angst vor dem Tod blockiert. Und ich sah noch weitere Gründe. So zwang die Mutter die Tochter dadurch, dass sie auf »altmodisches« und »umständliches« Verhalten fixiert war und Unterstützung und konkrete Anleitung brauchte, ihr ständig praktische Hilfe zu leisten. Eine weitere Rolle spielte, dass die Tochter ihre Mutter mit Hilfe von Fakten auf sadistische Weise infantilisierte, indem sie sie als unfähig und sogar verrückt behandelte.

Rache, Neid, Schuld: Der Psychoanalytiker kann bei jeder Szene, auf die er trifft, aus seinem großen Sack die passenden, auf die Persönlichkeit bezogenen Erklärungen ziehen. Die Psychoanalyse besitzt trotz ihrer umständlichen Reduzierung des Lebens auf rationale Gründe eine lebhafte Imagination. Ich will jedoch den Konflikt dieser beiden Frauen von ihren Persönlichkeiten, ihren Fallgeschichten und auch von der Psychoanalyse lösen und von ihr Abstand nehmen, damit wir weiter über die Erinnerung nachdenken können.

Ich kann jetzt sehen, dass der Konflikt zwischen meiner Klientin und deren Mutter exemplarisch für den Unterschied zwischen Kurzzeit- und Langzeitgedächtnis war. Es ist, als könnten wir nicht beides zugleich haben. Das eine muss dem anderen weichen. In jungen Jahren scheint kein Platz zu sein für die lange Sicht. Es ist schwer, Schulkindern Geschichte beizubringen. Selbst an der medizinischen Hochschule ist die Geschichte der Medizin lediglich Wahlfach, während die allerneuesten Fortschritte und ihre Bedeutung für die Zukunft die gesamte für das Lesen verfügbare Zeit ausfüllen.

Was für die medizinische Wissenschaft gilt, mag für sämtliche anderen Wissenschaften noch stärker zutreffen. Die Erinnerung ist unwichtig; oder noch schlimmer, eine Bürde. »Geschichte ist Quatsch«, soll Henry Ford gesagt haben. Diese willkürliche Amnesie, welche die Wissenschaften im allgemeinen heimsucht, steht in scharfem Kontrast dazu, wie wichtig die Erinnerung für Literatur, Philosophie, Politik und die bildenden Künste einschließlich Fotografie und Film ist. Diese Disziplinen leben von der Erinnerung. Ihre Vertreter brauchen die Erinnerung, um ihr Denken zu vertiefen und zu verfeinern. Wir haben ähnliche Gründe, uns in diesem Kapitel der Geschichte zuzuwenden.

Mindestens 1500 Jahre lang bezeichnete man den Vorgang, sich Bilder ins Gedächtnis zu rufen, als *memoria*. Die Psychologie der Erinnerung, die mit Aristoteles beginnt, betrachtete *memoria* als absolut grundlegend für den Geist. Wir können nicht denken, sagte Aristoteles, ohne auf eine Fülle von geistigen Bildern oder Vorstellungen zurückzugreifen, die der Erinnerung zugänglich sind. Laut dieser psychologischen Tradition ist das, was wir heute allgemein als Erinnerung bezeichnen, *ein Prozess des Imaginierens*, der mit der Zeit an Qualität gewinnt. Wenn wir uns auf etwas besinnen, benutzen wir immer unsere Imagination, auch wenn das, was uns ins Gedächtnis kommt, zeitlich zurückliegt. Der einzige Unterschied zwischen imaginieren und Imagination einerseits und zwischen erinnern und Gedächtnis andererseits ist das zusätzliche Element der Zeit.

Das bedeutet, dass die Mutter in ihrer Senilität mehr tat, als ihre Vergangenheit zurückzugewinnen. Sie imaginierte, und diese Welt der Bilder rief sie fort und ließ sie – genau wie ihre Tochter sagte – im Reich der Phantasien und Erscheinungen verweilen. Die Tochter konnte die Mutter auf dieser Reise nicht imaginativ begleiten. Für sie bedeutete dieser Ausflug, dass die Mutter auf Trip ging, also hatte sie das Gefühl, dass die Mutter ihr entglitt – aber natürlich entglitt die Mutter nur der »Realität«, wie die Tochter sie definierte. Für diese hochbetagte Dame war die Imagination im Gewand langfristiger Erinnerungen real genug – ebenso real, wie die Tochter, die sie beim Erinnern störte.

Die Vorstellungsbilder der Mutter waren verbunden mit dem Element Zeit. Sie waren angesiedelt in jener Welt des Es-war-Einmal, die als Vergangenheit bezeichnet wird. Was davon stimmte und was erfunden war, wissen wir ebenso wenig wie bei jeder Erinnerung, selbst wenn es um den kurzfristigen Bericht über einen gerade passierten Unfall, eine Beleidigung oder den Besuch einer fliegenden Untertasse geht. Die Erinnerung ist erstens immer Imagination und wird zweitens durch die Zeit qualifiziert.

Dass die Imagination den Kern der Erinnerung bildet, war eine der bedeutsamsten Wiederentdeckungen Freuds, für die er von denen, die alles wörtlich nehmen, am heftigsten angeprangert wurde. Sie bestehen darauf, dass die Erinnerung an ein Ereignis – zum Beispiel an ein sexuelles Erlebnis aus der Kindheit – das Primäre ist, selbst wenn die Imagination es erweitern mag. Doch Freud, an der Realität und Macht des Bildes festhaltend, brachte seine Theorie in Einklang mit der uralten Tradition von *memoria*, deren Kern die Imagination ist.

Memoria hilft nicht nur den langfristigen Gewinn erklären, sondern auch den kurzfristigen Verlust. Wir können uns nicht erinnern, welcher Wochentag ist, wie der Neffe heißt oder an welcher Ecke wir links abbiegen müssen, obwohl dies alles zum geistigen Lernen gehört – aber nur, wenn das Erlernte mit einem entsprechenden Bild assoziiert wird, steht es uns dauerhaft zur Verfügung. Offensichtlich ist die Imagination erforderlich, damit der Prozess des Erinnerns ausgelöst wird. In der Renaissance benutzte man eine komplexe, systematische Technik zur Verbesserung des Erinnerungsvermögens, die *ars memoriae*, bei der man das Lernen von Fakten mit Bildern verknüpfte. Fehlen diese Bilder, verblasst das Erlernte schnell. Wenn eine erlernte Tatsache jahrelang in der Erinnerung haftet und dem Langzeitgedächtnis zur Verfügung steht, ist das ein Hinweis darauf, dass die Imagination ihr Bedeutung verliehen und sie deshalb an Wichtigkeit gewonnen hat.

Memoria bedeutete mehr als sich erinnern, ja, selbst mehr als aktiv imaginieren und sich mit Bildern beschäftigen. Sie war ein *Ort*, ähnlich wie wir den Begriff in diesem Kapitel benutzen: ein Lagerraum, eine Kammer, ein Zimmer, eine Halle, ein Speicher, eine große Höhle. Der ältere Begriff lautete »Thesaurus« oder Schatzkammer, bis an den Rand gefüllt mit Bildern. Auch wenn wir diese Räume durch die Türen der Lebensrückschau betreten, finden wir dort gesammelt und dem forschenden Geist zugänglich gemacht, was bei Yeats »Bild, das auf Bild gebeugt / Noch neue Bilder zeugt« heißt.[3] Diese Bilder führen nicht direkt zu Ihrer Vergangenheit, zur Ihrer Person zurück, sondern werden jenseits Ihrer persönlichen Vorstellungskraft geboren und stellen sich wie die wildesten Träume von selbst ein. Augustinus, Keats, Coleridge, Ali Baba, Sinbad betraten die Höhle und waren höchst verblüfft.

Die Leute sagen gern, dass die späteren Lebensjahre voll gepackt mit Erinnerungen sind, weil die Zukunft so kurz ist. Da wir nur wenig vor uns haben, auf das wir uns freuen und das wir planen können, schauen wir zurück. Aber ich bin nicht so sicher, ob »wir« es sind, die zurückschauen. Die ehrend gedenkende Imagination scheint von selbst lebendig zu werden. Nicht nur wir stiften zum Rückblick an; die Erinnerung scheint sich uns aufzudrängen und präsentiert uns, die wir nachsinnen, zahlreiche verschiedene Szenen, Figuren, Situationen und Bilder, die trotz des »zusätzlichen Elementes der Zeit« tatsächlich in Vergessenheit geraten waren oder niemals real existierten. Reine Einbildungen.

Das häufig berichtete spontane Auftauchen von Bildern im Alter und das Gefühl, sich »damit auseinander setzen zu müssen«, macht für mich als Intention der Seele Sinn. Es ist, als würde der Charakter uns zu Begegnungen mit *memoria* zwingen. Vielleicht würden wir lieber einkaufen gehen, am Telefon plaudern oder vorm Spielautomaten sitzen; doch selbst im Kaufhaus und im Hotelzimmer brechen die Bilder sich fast wie besessen Bahn. Wir können der Erinnerung nicht entkommen. Warum? Käut das Gehirn wieder? Müssen wir alte Sünden bekennen, um erlöst zu werden? Oder könnte *memoria* als Lebensrückschau auf eher persönliche Bilder wie auch als außerordentliche Fülle *der Bilder selbst* wesentlich für das Fundament des Charakters sein?

Ob die alte Dame, von der ich sprach, sich in der großen Höhle verirrte und Schatzkisten voller Juwelen öffnete, die ihr nicht gehörten, oder ob sie mit der Lebensrückschau beschäftigt war, irgendetwas verlangte ihre Aufmerksamkeit. Stellen wir uns vor, dass sie verdaute. Wir alle müssen die Fehler und Fehlschläge dessen, was einmal zweidimensionale Notizen waren, reichlich gewürzt mit dem Salz der Reue schlucken und kauen, flach wie Seiten aus einem Kalender, Dinge eben, die einfach so passierten, ohne erkennbare Muster, ohne Bedeutung. Die Lebensrückschau bringt uns langfristige Gewinne, die den Charakter bereichern, indem sie den Ereignissen Verständnis schenken. Zwischen Schiffbruch und Liebesabenteuer treten die Muster unseres Lebens deutlicher hervor, wie ein gut aufgebauter Roman, der die Charaktere durch ihre Handlungen und Reaktionen plastisch werden lässt.

Wenn Sie Lebensrückschau halten, tun Sie tatsächlich nichts anderes, als die Geschichte Ihres Lebens umzuschreiben – oder zum allerersten Mal zu schreiben – oder Ihr Leben zu Geschichten zu verarbeiten. Und ohne Geschichten gibt es kein Muster, kein Verständnis, keine Kunst und keinen Charakter –, sondern lediglich Gewohnheiten, Ereignisse, die vor den Augen eines ziellosen Beobachters vorbeiziehen, ein Leben, das nicht noch einmal betrachtet wurde, ein Leben, das, während es gelebt wurde, verloren ging.

Und es ist richtig, dass es verloren geht – muss ich schnell hinzufügen – denn das am wenigsten reflektierte und verdaute Leben ist höchst lebenswert – und der Sinn des Lebens in früheren Jahren besteht genau darin, es einfach zu leben. Das

Wissen kommt später. Die Lebensrückschau gehört nicht in die frühen Jahre.

Mit Memoiren, Autobiographien und den tief greifenden Nachforschungen langfristiger Psychoanalysen sollte wahrscheinlich nicht vor dem sechzigsten Lebensjahr begonnen werden. Und doch werden die Kinder in der Schule aufgefordert, über »ihre schönste Erinnerung« zu schreiben und Auszüge anzufertigen von dem, was sie im Unterricht gelernt haben. In ihren Therapien schauen sie zurück auf ihre Kindheit, die noch keine fünf Jahre vorbei ist; in therapeutischen Gesprächsrunden und Praxisräumen konzentrieren sie sich auf familiäre Schwierigkeiten und Einflüsse. Die verfrühte Lebensrückschau führt zu einer verflachten Subjektivität; statt den Charakter nährt sie ein weiteres fettes »Ich«, das von der Schule in eine Welt abgeht, die bereits reichlich mit aufgeblähten Egos bevölkert ist und die viel dringender die Bescheidenheit und Zurückhaltung des Lehrlings bräuchte, der aufbricht, um Abenteuer zu bestehen.

Nehmen wir an, wir würden davon ausgehen, dass der Charakter die Lebensrückschau fordert. Vielleicht bittet er darum, nicht unfertig zu bleiben, ohne Einsicht in seine Natur, ein bloßes Wirrwarr unverständlicher Fakten, eine Lebensgeschichte, die durch Daten und Jobs, Reisen und Krankheiten verknüpft wird, eine dicke Biographie, voll gestopft mit Daten, ohne dass Schlussfolgerungen gezogen werden. Der letzte Lebensabschnitt fordert uns vielleicht auf, aus früheren Handlungen Schlüsse zu ziehen. Könnte es sein, dass die Seele diese Welt nicht unberührt von jenem Leben verlassen will, das sie neunzig Jahre gelebt hat, und möchte, dass *memoria* jene Jahre in Charakterwerte wandelt?

Durch das Auftauchen von Werten im Prozess des Erinnerns wiederholt sich im Alter der uralte Mythos der Göttin der Erinnerung, der Mutter der neun Musen. Jede dieser Musen – Schutzherrinnen der Astronomie, Komödie, des Tanzes, der Redekunst, der Epik, Geschichte, Musik, der erotischen Poesie und der Tragödie – schafft auf kunstvolle Weise Werte, indem sie über die Göttin der Erinnerung, ihre Mutter, nachsinnt. Wir müssen unsere Erinnerungen nicht in Bilder umsetzen, wie es die Malerin Grandma Moses im hohen Alter tat, oder wie Giuseppe di Lampedusa einen Roman darüber verfassen. Wir müssen uns lediglich den Töchtern der Erinnerung anschließen, über unsere Erinnerungen nachsinnen und bemerken, wie sie eine bedeutungsvolle Gestalt annehmen.

Die Lebensrückschau als Nachsinnen muss keinen bestimmten Weg einschlagen oder das Land der Weisheit erreichen. Stattdessen beginnen wir einfach darauf zu achten, wie die verschiedenen Musen unsere Erinnerungen gestalten. Wir rufen uns epische Augenblicke zurück, poetische Aufregungen der Vernarrheit, Komödie und Tragödie. Wir versetzen private Erinnerungen in die öffentliche Geschichte unserer Zeit und können uns sogar vorstellen, dass Stars in unserem Schicksal eine Rolle spielten, oder die Muster der Vergangenheit als musikalische Komposition mit Leitmotiven und Variationen verstehen oder als Tanz, in dem wir uns wieder und wieder drehten. Und schließlich beginnen vielleicht auch wir die gleichen ausführlichen Geschichten immer wieder zu erzählen, doch jetzt mit gewandten Worten.

Freud sagte, gespeicherte geistige Inhalte würden sich nicht verändern. Sie bleiben unbeeinflusst durch die Zeit. Und genau dieses Einpökeln der Vergangenheit finden Menschen an manchen Alten so ärgerlich. Ihre Räume, außen wie innen, gleichen Museen. Das Bewahren des Immergleichen bewahrt jenen alternden Geist davor, sich die Geschichte neu vorzustellen und wehrt das Nachsinnen ab. Die Scheidung und der damit verbundene Hass, die Flut und das damit verbundene Trauma halten die Imagination gefangen in der Wortwörtlichkeit des »genauso war es«. Nicht einmal die Motten gelangen an die langfristige Erinnerung, wenn sie erst einmal in Beton gegossen wurde.

Trotz Freuds Überzeugung, dass gespeicherte Inhalte durch die Zeit nicht verändert werden, glaube ich inzwischen, dass mit ihnen etwas passiert. Die Wärme dringt in die kalten Speichergewölbe vor. Im Alter werden die Bilder angenehmer. Mühselige Kämpfe, eifersüchtige Rivalitäten und selbst Betrügereien kehren mit einer neuen Wertigkeit zurück. Sie schmerzen nicht mehr so sehr. Das müßige Nachsinnen macht sie vielleicht sogar amüsant. Die lange Krankheit, die Heirat, die ein Fehler war, all die Steinschleudern und Pfeile des Frevels verlieren ihr Feuer und vergessen ihr Ziel.

Warum werden die dunklen Tage der Vergangenheit in der Erinnerung der späten Lebensjahre lichter? Sollte das ein subtiler Hinweis darauf sein, dass die Seele die Lasten abstellt, die sie getragen hat, um leichter abzuheben? Ist dies ein Vorgeschmack von dem, was die traditionellen Religionen als Himmelreich bezeichnen, dieser euphorische Ton, der jetzt so viele der schlimmsten Erinnerungen umhüllt, dass nicht viel bleibt, was verziehen werden müsste? Am Ende wird das Unverzeihliche niemals vergeben, denn im Alter muss man die Schuldigen nicht aus ihrer Schuld entlassen: Man hat sie einfach vergessen. Das Vergessen, jenes Wunder des alternden Geistes, mag tatsächlich die aufrichtigste Form der Versöhnung sein – und ein Segen.

KAPITEL 11

ERHÖHTE REIZBARKEIT

Ab mit ihren Köpfen!

LEWIS CARROLL

V ergessen wir nicht jene merkwürdige Mischung aus erhöhter Reizbarkeit und ruhiger Geduld, die sich im späteren Leben zeigt. Einerseits findet man bei älteren Leuten mehr passive Toleranz; sie lassen den Tag nutzlos verstreichen, finden sich mit Unbequemlichkeiten ab und weigern sich, zur Eile angetrieben und aus der Ruhe gebracht zu werden. Und auf der anderen Seite gehen sie beim geringsten Anlass in die Luft. Der neue Haarschnitt des Enkels, ein verspäteter Bus, ein Ton zu laut oder zu leise, eine unachtsame Kellnerin – und rums!, die Rakete geht hoch, die Bombe explodiert in der Luft.

In Altenheimen müsse einige sittsame alte Damen, die selten lauter sprechen als im Flüsterton, fixiert werden – nicht weil sie aus ihrem Sessel fallen und sich verletzen könnten, sondern weil sie ihre Betreuer kneifen und mit den Fäusten traktieren, so schnell geraten sie in Wut, so heftig ist ihre Reizbarkeit.

Vor einigen Jahrhunderten ging man davon aus, dass organisches Leben auf seiner grundlegendsten Ebene seine Lebendigkeit durch seine Fähigkeit beweist, auf Reize zu reagieren. Albrecht von Haller, ein Schweizer Universalgelehrter und der »Meisterphysiologe seiner Zeit«, entwickelte auf der Grundlage von 567 Experimenten mit Kontraktionen der Muskelzellen seine Theorie von der »Reizbarkeit des Protoplasmas«.[1] Hallers Arbeit und Ideen bildeten die Grundlage für die moderne experimentelle Physiologie des Nerven- und Muskelgewebes und für das, was später einmal als Lügendetektor fungieren sollte. Wenn unsere Umgangssprache heute zwischen »den Lebenden und den Toten« unterscheidet, spielen wir auf die alte Vorstellung an, dass Reizbarkeit ein grundlegendes Zeichen für Lebendigkeit ist. Das Leben selbst ist schnell entzündbar, und was trocken ist, brennt um so schneller.

Die belanglosen Irritationen, die wahre Wutausbrüche auslösen, sind keinesfalls belanglos. Wut ist wie zellularer Ärger. Sie flammt auf, um den Charakter zu verteidigen, wehrt Einmischungen ab und beharrt darauf, dass wir unser Leben wie gewohnt leben. »Erzähl' du mir nicht, was ich zu tun habe!« »Ich mach' das so, wie ich es will!« »*Mir* gefällt das aber so!« Reizbarkeit: ein Sichtbarwerden des nackten Drangs zu leben, in dem die Bindung des Fleisches an das Lebendige deutlich wird.

Wir könnten Descartes' »Cogito ergo sum« (Ich denke, also bin ich) durch »Ich bin gereizt, also bin ich« ersetzen. Wenn Reizbarkeit wirklich ein Zeichen für Lebendigkeit ist, dann halten die verdrießlichen Alten sich durch die Tugend ihrer Verdrießlichkeit, die auf der Stelle abgerufen werden kann, am Leben. Die geringste Provokation löst wahre Anfälle von Groll aus und führt zu rachsüchtigen Verschwörungen. Wir brauchen unsere politische Empörung, unsere sozialen Vorurteile, unsere lächerlichen Hasstiraden – nicht nur um der Inhalte dieser Feindseligkeit, sondern um des Feuers willen.

Rasende Wut ist im Alter ein regelmäßig auftretendes Phänomen. Sie spüren, wie sie aufsteigt, wenn Sie warten müssen; wenn Sie in ein dunkles Kino spazieren und eine Bande Unbekannter *Ihren* Weg versperrt; wenn *Ihr* Parkplatz besetzt wird, bevor Sie wenden können, um ihn in Beschlag zu nehmen. Sie hassen alle, die vor Ihnen am Schalter stehen. Wer sind all diese Leute? Sie wünschten, sie wären tot.

Der schlecht gelaunte Geist ist so alt wie die Zivilisation selbst, eine Gegebenheit der menschlichen Natur. Weder Swift noch Mencken, weder Marx noch Dorothy Parker hätten ohne ihn auch nur ein Wort schreiben können. Viele Gesellschaften haben Götter des Zorns und des Kampfes; Jahwe selbst war ein Kriegsgott, der erschreckenden, zerstörerischen Launen anheim fiel, Seuchen und Fluten verhängte und sein Volk bei geringfügigen Anlässen dahinschlachtete. Die Griechen erkannten und veranschaulichten den Zorn von Hera, Athene, Aphrodite, Poseidon und Zeus, ein Zorn, der von den rasenden Furien verkörpert wird, die keine Sünde durchgehen lassen und in das Schauspiel des menschlichen Lebens wilde Leidenschaft einbringen.

Die Ratschläge für Senioren vergessen dies alles. Man verpäppelt die Alten mit einer milden Diät aus Pudding und in Milch geweichtem Toast, höflicher Herablassung und beruhigenden Antworten. Der AARP (»American Association of Retired People«, Amerikanischer Rentnerverein, Anm.d.Ü.) gefällt es, wenn ihre Alten Pep haben, aber keinen Pfeffer, wenn sie sich lebhaft gebärden, ohne laut zu werden. Das Feuer der Emotionen wird geleugnet, als wäre das Alter hauptsächlich eine Zeit der ruhigen Sammlung.

Gemütsruhe hält Reizbarkeit im Zaum, versklavt Lebendigkeit und fördert die Unterdrückungen und Ungerechtigkeiten des Status quo. Wenn die älteren Bürger sich nicht Aktivisten wie »MADD« (Mothers against drunken driving) angeschlossen und sich angesichts von Trunkenheit am Steuer, verpanschten Drogen und der Vernichtung von Delphinen nicht wie verrückt gebärdet und entsprechende Vereine gegründet hätten, würde dieser ganze Hohn auf die Gerechtigkeit immer weiter gehen.

Vielleicht haben die älteren Bürger sich in den Ruhestand begeben, aber das heißt nicht, dass sie Ruhe geben – und das sollten sie auch nicht, denn sie sind nicht nur Senioren, sondern auch Bürger. Ihre Reizbarkeit kann sie in die vordersten Gefechtslinien befördern und dafür sorgen, dass sie bei öffentlichen Versammlungen aufstehen und Beschwerden vorbringen, Anklage erheben und eine Sache feurig und furchtlos verteidigen.

Könnte chronische und sogar explosive Feindseligkeit »gesund« sein? Untersuchungen in der Minnesota Mayo Clinic haben gezeigt, dass »ältere Männer (im Vergleich zu jüngeren) am oberen Ende der Skala angesiedelt sind, wenn es um Feindseligkeit geht«. Doch »das relativ hohe Maß an Feindseligkeit beim älteren Mann macht diesen offensichtlich nicht anfälliger für Herzkrankheiten, ein Ergebnis, das die Forscher verblüffte.«[2]

Diese Intensität des Gefühls kann den Übergang zum Status des Ahnen fördern, denn eine der Aufgaben des Ahnen besteht darin, die lebendige Gemeinschaft zu schützen, wenn es sein muss, auch in aller Heftigkeit. Als Schutzgeister halten die Ahnen Wache, aufmerksam für den geringsten Hinweis darauf, dass etwas falsch läuft. Wie die Furien, dulden auch die Ahnen keine Ungerechtigkeit. Entspannende meditative Übungen, Stickarbeiten, Körbeflechten und die Beruhigungsmittel, die Ihnen Ihr Arzt fürsorglich verschreibt – all das soll die Reizbarkeit des Protoplasmas dämpfen und erkennt damit die Wut an, die Dylan Thomas von den Alten fordert: »Im Sterbelicht sei doppelt zornentfacht.«[3]

Ärger kann auch ein Hinweis auf das Bedürfnis sein, sich von den eingeschliffenen Mustern des Lebens zu befreien. Es ist, als wäre ein Geist unterdrückt, der nicht mehr in die täglichen Trivialitäten verstrickt sein und sich auf dieser Erde nicht mehr im Körper befinden möchte. Dann bringt die Reizbarkeit die Frustration darüber zum Ausdruck, hier sein und so lange darauf warten zu müssen, gehen zu können. Mein Freund Professor Malidoma Somé, ein initiierter Stammesältester, sagt, dass die Alten unter seinen Leuten in Burkina Faso meistens ärgerlich und schlecht gelaunt seien und sich durch die Banalitäten des täglichen Einerleis gereizt fühlen. Ein Teil von ihnen befindet sich bereits anderswo, ist schon gegangen. Ihre Reizbarkeit zeugt von dieser Abreise.

Ganz gleich, ob alte Menschen aufgrund des zelluaren Zorns gereizt sind oder aufgrund der Ungeduld, immer noch hier sein zu müssen – in jedem Fall gehört diese Reizbarkeit zu den späten Lebensjahren. Sie flammt auch ohne provozierende Anlässe spontan auf. Und sie kann nicht durch Geduld gemäßigt werden, die Seite an Seite gelassen mit den Ausbrüchen mürrischen Ärgers existiert.

Geduld und Ungeduld sind nur ein Paar gegensätzlicher Kräfte von vielen, die zu den späteren Lebensjahren gehören. Das Altwerden bringt in der menschlichen Natur alle möglichen Widersprüche zum Vorschein. Sämtliche Komplexe, welche die Persönlichkeit ausmachen, springen aus dem Sack. Sie werden zur unberechenbaren Hydra – lächelnd, zuschnappend, glücklich, nörgelig, verdrießlich – alle sieben Zwerge. Ein religiöser Mensch könnte sagen, diese vielen unterschiedlichen Launen würfen einen Schatten in eine andere Welt voraus, in der alles willkommen ist und nichts vorausgesagt werden kann, wo das Aufsteigen gen Himmel nichts anderes ist, als den Deckel von der Fülle des Charakters zu heben, wodurch das ganze Durcheinander unberechenbarer Zwerge sichtbar wird, die sich im Fleisch erheben, so wie sie sind, ohne jede Entschuldigung.

KAPITEL 12

TRENNUNG

So süß ist Trennungswehe.

SHAKESPEARE, *Romeo und Julia*

R eizbarkeit verweist noch auf etwas anderes: Der zentrale Kontrollapparat der Persönlichkeit bricht zusammen. Die Erinnerungslücken sind nur ein Teil dieses Prozesses. Ihre Füße stolpern; Ihre Augen lesen falsch; Ihre Gedärme rumoren, so dass Sie rülpsen und furzen; Gesabbere und Getröpfel, plötzliche Tränen bei überraschender Freundlichkeit und ebenso plötzlich der Impuls zur Gewalttätigkeit, wenn man Sie unterbricht; Worte kommen Ihnen nicht in den Sinn. Alles entgleitet Ihnen.

Eine Meuterei findet statt. Die Mannschaft gehorcht dem Kapitän nicht mehr. Jeder macht, was er will und wie er es will. Sporadische Desertationen statt einer durchorganisierten Meuterei; Anarchie statt Revolution. Oder, um ein anderes Bild zu gebrauchen, es ist, als ob das Alter den Scheinwerfer vom Zirkusdirektor mit seinem Zylinder, dem Megaphon und der Peitsche hinüber schwenkt zu den Tieren und Missgeburten, die im Seitenschatten hocken.

Die Komplexe kommen zum Vorschein – Kleinlichkeit, Verdrossenheit, Verlegenheit, weinerliche Sentimentalität, Neid, Boshaftigkeit, Intoleranz – all das zeigt sich nacheinander, als wäre es bislang im Zaum gehalten worden und wartete seit Jahren darauf, zum Zuge zu kommen. Viele Menschen lieben es, im Alter zu schockieren und sich zu exponieren. Zur Verzweiflung der Familie, die versucht, die Alten zu besänftigen oder abzuschieben, stellen sie sich gern öffentlich zur Schau. Wenn die verschiedenen Persönlichkeitsanteile erst einmal von der Kontrollzentrale befreit sind, sagen sie einfach: »Hallo! Hier bin ich, schaut mich an, ich gehöre auch dazu.« Sie ziehen dem Ich, das zurücktritt und schwächer wird, eine lange Nase.

Mit diesem Zerfall beginnen die Vorbereitungen auf die letzte Trennung. Denn für all die soziale Beschämtheit, die mit der schwindenden Kontrolle einhergeht, gibt es eine erfreuliche Belohnung. Sie fühlen sich lockerer, freier. Es ist erstaunlich, in welchem Maße eine Person, die seit Jahren humpelt, die wegen ihrer schwachen Blase Windeln trägt und den Kopf drehen muss, um hören zu können – ganz zu schweigen von noch schwereren Beeinträchtigungen –, frei ist von den Zwängen, die wir, denen diese Beschwerden erspart sind, schon schmerzlich finden, wenn wir nur an sie denken. Der spastische Mann im Rollstuhl, die Frau, die durch eine Sprechgerät im Kehlkopf spricht, kommen auf gesegnete Weise mit Gebrechen zurecht, die uns unerträglich scheinen. Merkwürdigerweise sind wir stärker gebunden, weil wir uns diese Zustände immer noch vor dem Hintergrund des Idealbilds unseres kontrollierenden Ichs vorstellen, von dem diese Menschen sich schon vor langer Zeit trennen mussten, so dass sie jetzt frei davon sind.

Diese Trennung befreit auch den Charakter von der Persönlichkeit. Die Persönlichkeit macht sich Charakterzüge zunutze, integriert sie in eine folgerichtige Linie. Im Alter fallen diese Charakterzüge einzeln aus, als erinnerungswürdige Bilder. Typische Züge eines früheren Ehemannes, mit dem Sie jahrelang gekämpft haben, treten hervor, während sich die Persönlichkeit als Ganzes auflöst. Die Person geht, während ihre sorgenden Hände bleiben, ein Bild, losgelöst von der bedrückenden Macht dieses Menschen.

Diese einzelnen und einzigartigen Charakterzüge leben unabhängig von der Person als Ganzes weiter. Wir halten nur bestimmte Seiten der Toten in unserer Erinnerung fest; nur das Charakteristische bleibt. Die Ahnen sind weniger geschlossene Persönlichkeiten als einzelne Charakterzüge, die uns in bestimmten Krisen leiten. Deshalb gibt es so viele Engel und Cherubim, so viele unsichtbare Wesen und gesegnete Heilige. Jeder bringt einen bestimmten Charakterzug zum Ausdruck und bietet einen speziellen Dienst an.

Selbst dann, wenn er zerfällt und am Ende ist, weiß der Körper, was er tut und stützt sich auf einen archetypischen Grund, der ihm seine Weisheit verleiht. Dieses In-Stücke-Fallen und Zertrenntwerden findet im Mythos des Dionysos einen archetypischen Hintergrund.

Der griechische Gott Dionysos wurde von seinen feindlichen Verfolgern, den Titanen, in unzählige Stücke gerissen. Und trotzdem blieb er als Figur, die in vielen Verkleidungen erschien und viele Bestrebungen verfolgte, erhalten. Er wurde der Geteilte / Ungeteilte genannt, der Zügellose, der Herr der Seelen, der Herr der wilden Tiere. Sein Reich lag außerhalb der konventionellen Zwänge der Stadt; seine Tänze fanden auf den Hügeln in der Nähe der Wälder statt. In der Stadt beherrschte er das Theater, sowohl das komische als auch das tragische. Was könnte dem Alter mehr entsprechen als die Theatralik von Komödie und Tragödie!

Dieser Zerfall verweist auf einen ganz anderen Mythos als den, den wir im Allgemeinen mit der Stärke des Charakters verbinden. Nicht mehr Herkules, der Meister entschlossenen Handelns; nicht mehr Artemis, Herrscherin über die animalische Natur, oder Hera, Königin von Haus und Hof und Verfechterin familiärer Werte; nicht mehr der verschlagene, wortgewandte Händler und Fluchtkünstler Hermes oder der strahlend schöne Apoll, Liebhaber der Jugend.

Stattdessen Dionysos, Herr der Seelen, der geteilte Gott, der in Stücke gerissen wurde. Dionysos verkörpert die Lebenskraft, *zoe* (Wortstamm für unser »Zoologie«), die sowohl in menschlichen Wesen als auch in Tieren und Pflanzen kreist. »Unser Körper ist dionysisch«, erklärte Olympiodoros, ein Schriftsteller der Antike. Diese fremde Gestalt, die sogar »der Fremde« genannt wurde, war überwiegend männlich und äußerst weibisch, ein kleines Kind und ein bärtiger Mann, wild und düster, maskiert und enthüllt, erregt und untätig ruhend. Trotz seiner Ehrfurcht gebietenden Macht und Leidenschaft befindet er sich meistens in Gesellschaft von Ammen. Von all seinen Widersprüchen ist dies vielleicht der schärfste: Von dieser berauschenden Lebenskraft, welche die Szene zusammen mit einer tanzenden Schar sich aufbäumender Satyre und rasender Anhängerinnen betrat, hieß es zugleich, sie sei ein und dieselbe wie Hades, der unsichtbare Gott der Seelen in der Unterwelt.

Wenn wir diese Bilder des Mythos in die Psychologie des Alterns übersetzen, können wir uns dann nicht im Spiegel des Dionysos und den mysteriösen Ereignissen wiederfinden, die von seinem Kult berichtet werden? Sind nicht auch wir Alten trotz unserer Bärte, metaphorisch betrachtet, kindisch; wild und doch pflegebedürftig; sexy und impotent zugleich; stürmisch männlich und weichbrüstig weiblich? Sind nicht auch wir manchmal verwirrt wie Betrunkene? Fühlen wir uns nicht mit zunehmendem Alter unseren Pflanzen und Haustieren verwandt? Und nimmt man nicht auch uns fälschlicherweise als Missgeburten wahr – als Komödie und Tragödie zugleich? Wenn wir nur die Symptome betrachten und sie mit psychiatrischen Begriffen versehen, entgeht uns die Methode, die in der Verrücktheit liegt, der Mythos im Schlamassel.

Und doch, warum fallen wir auseinander? Warum gehört es zur Trennung, dass wir in Stücke brechen? Auch hier kann uns Dionysos vielleicht helfen zu verstehen. Seine dynamische Intensität, so glaubte man, wurde wie Funken von Intelligenz in der gesamten Materie verstreut, wie verborgene Informationseinheiten, die auch innerlich lebendig machen. In einer dionysischen Welt ist alles lebendig, selbst das Tote. In unseren späten Lebensjahren sind die meisten Menschen, die wir kennen und die uns in unseren Träumen und Erinnerungen aufsuchen, tot, und trotzdem fühlen sie sich zutiefst lebendig an. Wir sind heftig berührt von den Bildern toter Freundinnen und Freunde, toter Geliebter, toter Familienangehöriger – Bilder, die von einer durchdringenden Lebendigkeit sind, obwohl oder weil sie tot sind.

Wir zerfallen, um zu gehen und auch, um zusammenzukommen. Am Grab spricht der christliche Geistliche in dionysischen Metaphern: »Sie wurde abberufen in den Kreis ihrer Vorfahren«; »Er ist wieder vereint mit den Menschen, die er liebte«; »Die Gemeinschaft der Hingeschiedenen«. Vielleicht ersteht nicht unser ganzes Selbst wieder auf, sondern hauptsächlich bestimmte einzigartige Charakterzüge, die vom Ganzen getrennt werden müssen. Dann eröffnet uns der Zerfall ein neues Zusammenkommen. Hier zeigt sich der Mythos von Dionysos, dem Geteilten/Ungeteilten.

Jeder unserer Körperteile birgt eine bestimmte Intelligenz. Vor tausenden von Jahren wurde der Körper in der Hochkultur der Ägypter vor der Mumifizierung zerlegt; einzelne Organe wurden in Gefäßen verwahrt, von denen jedes mit einem bestimmten Tierkopf versehen war, ein Hinweis darauf, dass jedes Organ einer bestimmten Gottheit angehörte und deren Intelligenz verkörperte. Wir bemerken nur selten, dass unsere Knochen und Organe intelligent sind. Bevor unser Körper zusammenbricht, wissen wir kaum, dass wir aus Körperteilen bestehen.

Wir machen Körperarbeit, Krankengymnastik, Hatha Yoga, Tanzübungen oder strampeln uns auf stählernen Geräten ab, um unsere Körperteile zu spüren. Meist entdecken wir unsere Körperteile – sagen wir, die Knie und die Nieren – aber erst dann, wenn mit ihnen etwas nicht stimmt. Dann wird das Knie zum Mittelpunkt konzentrierter Aufmerksamkeit, seine Beuge, seine Verspannungen faszinieren uns; die Nieren werden zum eigenen Forschungsgebiet. Die Teile sprechen als getrennte Phänomene zu uns und werden von medizinischen Spezialisten behandelt. Die Rehabilitierung nach einem Schlaganfall oder einer Verletzung verlangt eine ähnliche Konzentration, da hier die funktionsgestörten Teile wieder in das ungeteilte Ganze integriert werden. Diese Konzentration, diese Wachheit vermittelt Dionysos, ein genaues Wissen um Teile, die ansonsten in der Stille einwandfrei und stumm funktionieren.

Ich plädiere hier natürlich nicht für Nierensteine und steife Knie. Leiden ist keine Tugend und auch nicht unbedingt ein Weg zu ihr. Unser Leiden kann bewirken, dass wir uns ebenso verkalkt und steif fühlen wie die Nieren und das Knie, die es verursachen. Was ich jedoch sagen möchte ist, dass der Körper eine Art Tempel ist (wie sowohl die Griechen als auch die Christen immer wieder betont haben), in dem die Götter sich häuslich einrichten können.

Der Körper ist beides, eine greifbare Struktur für die medizinische Wissenschaft und eine poetische Architektur für psychologische Einsichten. Wenn der Körper in Schwierigkeiten gerät, können seine Beschwerden nicht nur anzeigen, dass medizinisch etwas nicht stimmt, sondern uns auch mitteilen, was wir aus dem, was nicht stimmt, psychologisch lernen können. In diesem Fall bleibt das Unstimmige unstimmig, wird aber zugleich zu einer überraschenden Quelle von Intelligenz und sogar Lebendigkeit.

Vielleicht müssen wir zerfallen, um uns trennen und um schätzen zu können, was uns so lange durchs Leben getragen hat – diese treuen Nieren, diese strammen Gelenke, die uns ohne Klage ihre Dienste erwiesen. Bevor der Körper als Leichnam im Sarg liegt, scheint er der Seele noch viel zu sagen zu haben. Er beginnt, sich in Szene zu setzen, bricht zusammen und spricht laut zu uns. Wie eine Pflanze oder ein Tier, die wir hegen und pflegen, lässt jenes Teil uns wissen, was es gern hat und wie wir ihm Gutes tun können: mit welchen Tees, welchen Temperaturen, welchen Umschlägen und welchen Haltungen. Das ist ein Teil der Weisheit, der den Ältesten, die sich auf die Trennung vorbereiten, vermittelt wird.

Dieses Wissen suchen wir bei den alten Heilerinnen, den *curanderos*, *stregas* und Schamanen. Und genau damit können ältere Menschen anderen, die in Schwierigkeiten sind, als Älteste nützlich sein. Woher beziehen sie ihre Intelligenz und Lebendigkeit und ihren einzigartigen Charakter? Von ihren Schwierigkeiten, ihren Zusammenbrüchen. Sie greifen nicht unbedingt zur alternativen Medizin, doch sie »gehören« einem alternativen Gott an, nämlich Dionysos, der selbst in Stücke gerissen wurde und dessen paradoxe Unberechenbarkeit ihn zum ewigen Alternativen unter den mächtigen Olympiern machte.

KAPITEL 13

Erotisches

Von sämtlichen Problemen ist der Erotizismus
das mysteriöseste, allgemeinste und am wenigsten direkte.
Für den (Menschen) ..., der sein Leben dem Überschwang
öffnet, ist der Erotizismus das größte Problem von allen.

GEORGES BATAILLE

Heh, Mister! Ihr Hosenschlitz ist offen, Mister.

JAMES JOYCE

Laut einer Tradition, die zurückgeht auf die *Problemata*, die Aristoteles zugeschrieben wird, ist das Alter die Lebensphase, in der die Lust am ausschweifendsten wird. Die Alten stehen unter dem Einfluss von Saturn und erliegen deshalb am leichtesten dem *furor melancholicus*, einem Zustand der Psyche, der die kreativen Künste, Prophezeiungen und extreme emotionale Instabilität fördert. Andere Begriffe für diese visionäre Besessenheit sind »überschüssiges Pneuma« (zuviel luftiger Geist) und »erhöhte *vis imaginativa*« (Kraft der Imagination). Während die körperlichen Kräfte abnehmen, lässt die Imagination sich gehen und gerät außer Rand und Band. Auf der einen Seite Impotenz, die Feindseligkeit gegenüber Frauen und depressive Isolation; auf der anderen die lüsternen Phantasien des schmutzigen alten Mannes, jenes alten Bockes.

Der »Melancholiker« war besonders anfällig »für Vorstellungen und Bilder ..., die seinen Geist heftiger bewegen und fesseln, als es bei anderen der Fall ist«.[1] »Diese übertriebene Erregbarkeit der › vis imaginativa‹ (wurde) später für ... eine besondere Kraft des anschaulichen Vorstellungsvermögens verantwortlich gemacht.«[2] Laut dieser aristotelischen Physiologie sind »alle Männer von überragender Bedeutung, sei es auf dem Gebiet der Künste, der Dichtung, der Philosophie oder der Staatskunst, ja ... sogar Sokrates und Platon Melancholiker gewesen.«[3]

Die Physiologie der Antike erklärt ziemlich rational, warum verstiegene Phantasien (*phantasmata*) konkrete Auswirkungen auf die Genitalien haben: »Der Geschlechtsakt ist nämlich mit der Erzeugung von Luft verbunden. Ein Zeichen dafür ist, daß das männliche Glied aus einem kleinen Umfang schnell aufgebläht wird.«[4] Lustvolle Gedanken und Bilder lassen die Organe anschwellen.

Leonardo da Vinci demonstrierte diese uralte pneumatische Physiologie in den Anfängen des modernen wissenschaftlichen Experimentierens grafisch. Seine Querschnittszeichnungen vom Penis (die auf anatomischen Sezierungen beruhten) zeigen zwei Gänge, einen für die Samenflüssigkeit und einen für das Pneuma oder die *aura seminalis*.[5] Die Erektion erfordert Imagination.

Die heutige Physiologie erzählt uns etwas anderes. Sie erwähnt die erhöhte *vis imaginativa* gar nicht, sondern berichtet lediglich, »dass die Eierstöcke bei der Frau und die sexuelle Potenz des Mannes vielleicht schneller verfallen als alles andere im Körper.«[6] Wenn die weibliche Gleitflüssigkeit austrocknet und die männliche Erektion schrumpft, nimmt die Potenzangst zu und damit auch das Versagen beim Akt, was wiederum die Potenzangst steigert, ad infinitum. Die komische Tragödie des alten Körpers, der versucht, immer weiterzumachen.

Während der sexuelle Akt seltener wird, wächst das Spektrum an erotischen Phantasien und wird lebendiger. Samuel Atkin, ein Psychoanalytiker, der an der parkinsonschen Krankheit leidet, berichtet in seinem Tagebuch mit gewissenhafter Aufrichtigkeit:

1. Dezember ... Erwachte in einem Zustand sexueller Erregung. Hurra! Der erotische Impuls funktioniert noch. Obwohl meine parkinsonsche Erschöpfung mich schwächt, so dass meine Stimme kaum hörbar ist, mir schwindelig ist, ich mich praktisch weder bewegen noch schreiben kann und ständig Schmerzen haben, fühle ich mich »voller Schwung«. Ich habe eine gute Zeit. Hier findet der Sieg statt über den Verfall ... Neue Mätzchen. Diese erotischen Aufwallungen. Ein kreativer Impuls. Bauchlandungen. Ein Clown. (Der *tragische* Clown.)

10. Februar – Begann den Tag in depressiver Stimmung – halb tot. Ich werde ihn glorreich beenden. Erotische Gedanken: Ich besitze dreierlei: 1. Einen aktiven Geist, vielleicht weniger imstande, sich den Aufgaben eines reifen Lebens zu widmen, aber uneingeschränkt zu erotischen Phantasien fähig; 2. einen Phallus, der seine vollständige Zeugungskraft und Ejakulationsfähigkeit verloren hat, aber *dank der erotischen Imagination* immer noch zu lustvollen Empfindungen imstande ist; 3. meine Frau ... Objekt meiner romantischen Gefühle ... (Hervorhebungen von mir).[7]

Dr. Atkin verfasste diese Aufzeichnungen im Alter von 88 Jahren. Pablo Picasso fertigte mit 87 Jahren 347 erotische Gravierungen in der Zeit zwischen dem 16. März und dem 5. Oktober 1968 an. Diese Meisterwerke zeigen konkrete Abbildungen von Genitalien, starrende Voyeure, Lüstlinge und den sexuellen Akt, und doch wird durch das künstlerische Mittel der Verzerrung und eine ununterbrochene Parade unterschiedlichster Gestalten – kostümierte Repräsentanten der artistischen Vergangenheit, Zuhälter und Bordellmütter, Musiker – sowie durch Spiegel, Masken und Muster Distanz hergestellt. Die aufdringliche körperliche Beckenfülle der Pornographie wird transformiert durch den imaginativen Rahmen, in den die Enthüllung des Lüsternen gestellt wird; der Körper versetzt in die Vorstellungskraft, Sexualität umgewandelt in Erotika.

Durch diese Balance zwischen dem Wollüstigen und dem Sardonischen sind diese Gravierungen ebenso frisch wie naiv, grotesk, bittersüß, rührend – und voller Selbsthohn. Die konkreten Genitalien werden dekorativ, phantastisch, lächerlich.

»Ich fühle mich voller Schwung«, sagt Dr. Atkin. »Dank der erotischen Imagination ... Hier findet der Sieg statt über den Verfall ... Diese erotischen Aufwallungen. Ein kreativer Impuls.« Zwei über Achtzigjährige folgen der gleichen Spur. Was sonst als die erotische Imagination hätte Picasso den Schwung und die Vitalität schenken können, um sieben Monate hintereinander weg an die fünfzig Bilder monatlich zu schaffen? »Der uralte Mythos, dass das sexuelle Altern Menschen generell altern lässt, enthält ein Körnchen Wahrheit.«[8] Dr. Atkin und Señor Picasso beweisen das Gegenteil. Vielleicht kann die erotische Imagination im Alter mehr für die körperliche und intellektuelle Lebenskraft tun als sämtliche Hanteln und Wendepools zusammengenommen. Unser Leben bezieht seinen Schwung nicht allein von Knochen und Muskeln; der Geist muss von etwas anderem, der Erotik, angefeuert werden.

Warum drängt sich Lust dem gealterten Charakter immer noch auf? Warum, könnte man auch fragen, überhaupt sexuelle Phantasie, wenn nicht um der lebendigen Freude willen – für die der Nutzen der Zeugungskraft nicht mehr als ein gelegentlicher Nebeneffekt ist? Ein einfacher Vers von William Butler Yeats legt den Fall dar:

Ihr seid entsetzt, daß Fleischeslust und Wut
In meinem Alter mir so schön noch tut.
Als ich noch jung war, plagten sie mich nicht.
Welch andrer Sporn trieb mich nun ins Gedicht?[9]

In einem Brief an eine Freundin und frühere Geliebte schrieb Yeats im Alter von 67: »Ich werde am Ende ein sündiger Mann sein und auf meinem Totenbett an all die Nächte denken, die ich in meiner Jugend vergeudet habe.« Im nächsten Jahr, mit 68, schrieb er an eine andere Freundin: »Der Mann, der die Poesie der Sexualität ignoriert ... findet die nackten Tatsachen an die Wände eines Hinterzimmers geschrieben oder ist gezwungen, sie selbst dort hinzuschreiben.«[10]

Während Yeats die zwingende Macht der sexuellen Phantasie erkannte, beklagte er zugleich seine körperliche Hinfälligkeit:

Zehrt mir das Herz auf – krank vor Wollustfeuer,
und einem sterbenden Tier eingespannt ...

Und

Was tu ich nur mit dem absurden Ding –
O Herz, verstörtes Herz – der Karikatur,
Dem brüchigen Alter, das mir anhängt
Wie einem Hund der Schwanz?

Wie nie von Leidenschaft und Phantasie
Nie war mir Ohr und Auge so gespannt,
Daß das Unmögliche geschähe, nie.

Die Hinfälligkeit des Alters und die gesteigerte Phantasie tauchen zusammen auf und gehören zusammen. Sie sind zwei

Co-Verwandte, die sich gegenseitig brauchen. Ja mehr noch, Yeats erklärt, »der alterslahme Leib ist jung, ist weise« und spricht von der Weisheit der »Leidenschaft und Phantasie«, welche die Hinfälligkeit begleitet.[11]

Für Walt Whitman war das Erotische der Schlüssel zur befreiten Imagination. »Von Körperlichkeit von Kopf bis Fuß singe ich euch ... vom Leben voll immenser Leidenschaft, pulsierend und voll Macht.«[12] Noch 1891, kurz vor seinem Ende, fuhr Whitman fort zu imaginieren, was Yeats als »Poesie der Sexualität« bezeichnete. Während er sein Mausoleum entwarf und den Bau überwachte, arbeitete er zugleich an der zehnten Neufassung der *Grashalme* – die er als »Totenbettausgabe« bezeichnete –, jenem »schmutzigen Buch«, das die Ursache dafür war, dass man ihn 25 Jahre früher aus dem Amt des Inneren, in dem er arbeitete, fristlos gefeuert hatte.

In seinen letzten Monaten schrieb Whitman trotz seines zunehmenden extremen körperlichen Verfalls Briefe, Notizen und viele Gedichte. Bei der Autopsie stellte man tuberkulöse Abszesse unter dem Brustbein und im linken Fuß fest; tuberkulös verseuchte Lungen, Hoden und Leber; angegriffene Nieren und eine Zyste in den Nebennieren; eine vergrößerte Prostata und einen enormen Blasenstein; Gehirnschwund; und Ateriosklerose.[13] Whitmans geistige Schärfe war ebenso außerordentlich wie sein Verfall: Er legte auf dem Sterbebett keinerlei Bekenntnisse ab, verspürte keinerlei Zwang, alles an die Wände eines Hinterzimmer zu schreiben. Als heiliger Patron des nackten Körpers, der Masturbation und der sexuellen Liebe zwischen Männern, machte Whitman nichtsdestoweniger den Unterschied zwischen Verhalten und Imagination deutlich. Was er tat, war seine Privatangelegenheit; was er imaginierte, existierte, um gelesen zu werden.

Als er in seinem letzten Lebensjahr gedrängt wurde, mit seiner Einstellung zur männlichen Erotik herauszurücken, entgegnete er: »*Zurückhaltung* ... In bestimmten Augenblicken lasse ich den Impuls des Geistes (Dämon) sich austoben bis in das wildeste, äußerste Extrem, zu dem er fähig ist – (Ich habe das Gefühl, das in meinen *Grashalmen* zu tun und das stimmt auch.).« Zurückhaltung eröffnet auch den Raum für Yeats' leidenschaftliche und phantastische Imagination. Whitman erläuterte den Zusammenhang zwischen persönlicher Zurückhaltung und Freiheit der Imagination in einer Anmerkung:

Wenn wir unser Leben einrichten, berücksichtigen wir, was die konventionelle Gesellschaft steuert und richtig macht. Um uns frei zu fühlen, ziehen wir uns in unser Zimmer zurück; damit wir uns entkleiden, baden und alles frei lockern und lösen können. All das und noch vieles mehr wäre in Gesellschaft nicht angemessen ... (D)ie Seele eines Mannes oder einer Frau verlangt und genießt Kompensationen für diese selbst auferlegte Zurückhaltung, die auf der Ebene des Durchschnittlichen oder vielmehr des Gemeinen, Niedrigen angesiedelt sind ... Um die unentbehrliche Selbstverleugnung auszugleichen, verschafft der freie Geist der Poeten sich Erleichterung und stärkt und bereichert die Menschheit mit freien Flügen, die all die Richtungen einschlagen, welche die gewöhnliche Gesellschaft nicht toleriert.[14]

Wenn die Freiheit der Imagination in »all die Richtungen« auf der Unterwerfung unter den gesellschaftlichen Durchschnitt beruht, ist auch das Umgekehrte wahr. Die Einschränkungen, die uns sowohl vom üblichen gesellschaftlichen Sittenkodex als auch von der alternden Physiologie auferlegt werden, fordern die Freiheit der Imagination, die laut Withman genau die Gesellschaft stärkt und bereichert, die dieser Freiheit so wenig Toleranz entgegenbringen kann. Im Alter ist die erotische Phantasie mehr als ein Symptom, mehr auch als eine Kompensation. Sie wird zur privaten Notwendigkeit und damit auch zum gesellschaftlichen Gewinn.

Die männliche Phantasie, sagt man, sei konkreter und stärker auf die sexuellen Organe ausgerichtet, die weibliche hingegen unbestimmter und umfassender – Liebesromane bezeugten dies; nichtsdestoweniger ist die *Intensität* der Phantasien bei beiden Geschlechtern die gleiche. Wenn eine hochbetagte alte Frau von Erinnerungen an Küsse unter Sommerbäumen und ein hochbetagter alter Mann von Erinnerungen an eine schlüpfrige Vagina im Hinterzimmer einer Tijuna Bar aufgesucht werden, sind beide Rückblicke Bilder; beides sind typische Beispiele für die alterslose, geschlechtslose erotische Imagination.

Geschlechtslos? Ja – und nein. Die übliche Analyse des erotischen Lebens kategorisiert Menschen nach Körpergeschlecht und gesellschaftlichen Rollen. Aber weder der Charakter noch die Imagination ist geschlechtsbestimmt; und das Gleiche gilt für den Erotizismus. Erotische Unterschiede beruhen größtenteils auf dem gesellschaftlichen Hintergrund, der ökonomischen Situation sowie Erziehung, Religion, Familie und Gruppenzugehörigkeit – zusammen mit dem genetischen Erbe. Es gibt hyperaktive Frauen und passive, träge Männer; Frauen, die sich für ihre Laszivität, und Männer, die sich für ihre sexuelle Indifferenz schämen, weil die Dogmen des Geschlechts ihnen eingeredet haben, wie sie zu sein hätten. Das Sexualleben ist jedoch vor allem ein Leben der Imagination; es beginnt mit der Imagination, nährt sie und verweilt noch lange nach den abrupten und manchmal absurden Tatsächlichkeiten der Ereignisse bei ihr.

Die französische Schauspielerin Jeanne Moreau wählte Rollen und führte Regie bei Filmen, die ihr ermöglichten, »in Schande alt zu werden«. Mit 64 spielte sie »eine exotische Frau mit feuerroten Haaren und freien Ansichten«, die sich, um ein junges Mädchen vor einer verheerenden Heirat zu bewahren, einmischte, indem sie »den Stallburschen ritt«. Sowohl ihre Karriere als auch das Wissen um ihre Fähigkeiten gediehen in ihren späteren Lebensjahren parallel zu ihrem provozierenden Erotizismus. »Wenn man von Sexualität redet«, sagte die Moreau, »gehen die meisten Menschen von körperlichem Sex aus, aber Sexualität beginnt im Denken mit der Vorstellungskraft.«

Alice Neele, eine der besten Malerinnen Amerikas im zwanzigsten Jahrhundert, sagte, sie liebe Jean Genet, »diesen schmierigen Typen«. »Wissen Sie, er verwandelte alles, was geschah, in Literatur. Nichts war ihm zu gering.«

Beatrice Wood, eine Keramikerin, die 105 Jahre alt wurde, fuhr noch nach dem 85. Lebensjahr fort, die »Kurtisane (zu spielen), die mit unerhörter Koketterie flirtete.« »Sie liebte es, den Mythos ihrer Verruchtheit und zügellosen Sinnlichkeit zu kultivieren«. Und wieder zählt hier »die Kultivierung des Mythos«, die zum Beispiel auch Anaïs Nin und May Sarton demonstrieren. Sie behaupteten, einen Liebhaber nach dem anderen gehabt oder sich das vorgestellt zu haben. Erotische Phantasien und unaufhörliches Schreiben liefen bis ans Ende ihres langen Lebens parallel. »Als sie siebzig war, sah May in der Geliebten praktisch nichts weiter als eine Energiespritze in die poetische Ader.« Sie bezeichnete ihre weiblichen Geliebten als »Musen«.

Für die Kunst von Colette und Marguerite Duras war die Schönheit, die ihre jungen Geliebten verkörperten, im Alter ganz wesentlich. Colette nahm sich mit fünfzig den 20-jährigen Sohn ihres früheren Ehemannes zum Geliebten. Duras' Mann war 25.

Die Präsenz der Schönheit in einem jungen Körper als Inspiration für die Alten ist ein Thema, das bereits von Platon (*Symposium*) genau untersucht wurde. Waren die ewig jungen tanzenden Körper Martha Grahams Musen für die ewig neuen und schöpferischen Choreographien, die sie noch mit über neunzig schuf? Hatten die zauberhaften Stammesangehörigen des Nuba-Gebietes im Sudan für Leni Riefenstahl, die sie in ihren Siebzigern filmte, eine ähnliche Bedeutung?

Isak Dinesen und Georgia O'Keeffe wurden beide begleitet und versorgt von sehr viel jüngeren Männern, die selbst Künstler waren und die Imagination dieser Frauen im Alter anspornten. Als O'Keeffes Sehkraft nachließ, wurde ein Künstler – Hamilton – zu ihrem Projekt. Der jüngere Poet Thorkild Bjornvig ging mit Dinesen, als sie 63 war, einen mystischen literarischen Pakt ein, der sie beide einen Höhepunkt an schöpferischen Einfällen erleben ließ. An den gemeinsamen Abenden » tranken (sie) Wein, zitierten Gedichte, spielten Schubert ..., machten imaginäre Reisen und legten sich imaginäre Geliebte zu.« Einige Jahre später verbrachte Dinesen wieder einen Abend mit ihrem jüngeren Poeten, an dem sie »sich abwechselnd ihre schlimmsten Sünden beichteten«. Sie erzählte ihm, wie sie einmal vor vielen Jahren, als sie wusste, dass sie Syphilis hatte, einen Kabinenstewart verführt habe. Ganz gleich, ob diese Geschichte »reine Erfindung« war oder auf ein tatsächliches Ereignis zurückging, sie zeigt, wie die Imagination in den späteren Lebensjahren zu bleibenden Bildern der Erregung zurückkehrt.[15]

Nur zu oft redet die konventionelle Weisheit alternden Menschen erfolgreich ein, sie müssten die schamlosen Bilder fürchten, die ihnen unkontrolliert in den Sinn kommen. Doch stattdessen sollten Senioren zu hören bekommen, dass diese sexuell gefärbten Phantasien, die Erotizismus mit Geist und Imagination verbinden, Einsichten bergen. Die *vis imaginativa*, die Sex und Inspiration vereint, findet ihr Symbol in der »typisch griechischen Erfindung des Phallus-Vogels«, der als »Vermittler von Reisen in fremde Reiche ... und als Ersatz für normalere Engel dienen (kann)«, wie die Klassikkennerin Emily Vermeule schreibt.[16]

Sexuell gefärbte Phantasien können den rechtschaffenen Lattenzaun der Konvention überwinden, die es unerträglich findet, dass sich alte Menschen, vor allem Frauen, immer noch libidinös gebären. William James, ein angesehener Neuengländer und der renommierteste von allen amerikanischen Psychologen, schrieb über den »phantastischen und unnötigen Charakter menschlicher Begierden«. James sagt von diesen »Begierden«, dass »selbst dann, wenn ihre Befriedigung weit entfernt scheint, das Unbehagen, das sie verursachen, immer noch die beste Führung für sein Leben darstellt und ihn zu Themen bringt, die seine augenblicklichen Vernunftkräfte völlig übersteigen. Beschneide seine Ausschweifungen, ernüchtere ihn und du richtest ihn zugrunde.«[17]

Viele Bilder, ob gedichtet, gemalt, in Ton geformt oder auf den Bildschirm projiziert, provozieren eine voyeuristische Reaktion. Es fällt uns schwer, uns abzuwenden, weil wir unterschwellig erregt sind. Bilder wecken unser Begehren. Der Betrachter wird ins Bild gezogen, und sofort erscheinen zwei Drachenwächter – Angst und Scham –, die uns in die Konventionen sperren, die als »normal« gelten. »Die Angst vor Erregung«, schreibt der kolumbianische Kunsthistoriker David Freedberg, bilde die Wurzel der Zensur, der Bilderstürmerei und des Widerstands gegen die Imagination. Die wilden Zwillingsbiester, die wir überwinden müssen, wenn wir mit unseren privaten Bilderwelten beschäftigt sind, heißen daher nicht Lust und Begehren, sondern Angst und Scham. Warum sollte ich der imaginären Ausschweifungen wegen dermaßen in Konflikt geraten? Schließlich sind das »nur« Bilder. Warum sollte ich mich schämen?

In einer Gesellschaft als Ahne dienen heißt, einen Teil ihrer Scham und Ängste überwunden zu haben. Ein weiser Lehrer für die jüngeren Generationen sein bedeutet, deren Besessenheiten zu kennen und doch freier davon zu sein als sie selbst.

Diese Freiheit kann zum Teil auf der Erkenntnis beruhen, dass wir nicht allein für den Konflikt, den die Erregung auslöst, verantwortlich zu machen sind. Die Quelle liegt tiefer als in der menschlichen Natur. Sie ist archetypisch, ein Streit zwischen den Göttern. Der Ruf des Dionysos bringt den normalen Verlauf der Zivilisation meist durcheinander: Deren weise Aufseherin Athene hatte die Ziege des Dionysos in ihrem Gebiet verboten. Doch Dionysos, »Herr der Frauen«, forderte beide Geschlechter und sämtliche Lebensalter auf, sich seinen Ritualen anzuschließen. Frauen ließen ihre Haushaltspflichten im Stich, um ihm in die Hügel zu folgen und sich dort gehen zu lassen und sich auszutoben. Zwei »Oldtimer« mit grauem Haar machen sich in Euripides' Stück *Die Bakchen* mit Dionysos davon, um »die ganze Nacht und den ganzen Tag lang zu tanzen«.

Es ist möglicherweise schwer für Sie zu akzeptieren, dass Sie in jenen wackeligen, impotenten aber phantasievollen späteren Lebensjahren in gewisser Weise mehr zu Dionysos gehören als jemals in Ihrer Jugend, als Sie sich für einen wirklich heißen Typen mit unersättlichem Appetit hielten.

Alte Menschen sind schließlich wohl doch Kundschafter. Da sie Sexualität nur noch begrenzt leben können, müssen sie die Erregung nicht fürchten oder zensieren. Sie können sich bis in weit entfernte, unerforschte Gefilde tragen lassen. Die Absurdität des Begehrens alter Menschen ist nicht schämenswert, sondern vielmehr Teil ihrer weisen Torheit. Als Zielscheiben des Spottes – von zahllosen Witzen über Sex in Altersheimen, über alte Männer, die es mit jüngeren Frauen treiben, oder über die Sexualtherapie des alten Paares – können nur die Alten die Lächerlichkeit der Sexualität ans Licht bringen. Die Jungen mühen sich zu sehr ab; sie sind vollauf beschäftigt, nehmen die Dinge zu wörtlich oder sind zu verliebt.

Und so geht die Erotik von der großen Liebe zum großen Gelächter über. Seit den Anfängen des Theaters unter der Schirmherrschaft von Dionysos war das Publikum Zeuge der Torheiten der alternden Sexualität. Die komischen Zwischenspiele, welche die griechischen Tragödien begleiteten, waren voll verbaler Obszönitäten, griesgrämiger, lächerlicher Männer und lasziver Satyre.

Im griechischen Eleusis war das Erzählen einer transformativen, ja, sogar erlösenden Geschichte zentraler Bestandteil der Einweihung von Frauen in die Mysterien. Demeter, die Göttin des Korns und der Fruchtbarkeit der Erde, saß auf einem »Stein, der nicht lachte«, erstarrt, verschleiert, die Vergewaltigung ihrer Tochter betrauernd. Keine Macht der Welt konnte ihr ihre Verzweiflung nehmen. Dann führte eine alte Frau, Baubo (»Bauch«), einen obszönen Tanz auf und entblößte ihre Genitalien.[18] Demeter lachte und brachte die Fruchtbarkeit zurück, auf der das Wohlergehen der ganzen Welt beruhte.[19]

Auch andere mythische Gestalten kommen ins Spiel, vor allem Aphrodite, von den Spartanern *ambologera* genannt, »die, die das Alter abwehrt.« Ein Aphrodite-Tempel in Korinth wurde Aphrodite, »der Zuschauenden«, gewidmet, ein Hinweis darauf, dass selbst der lüsterne Voyeurismus eine mythische Entsprechung hat.[20] Aphrodite wurde auch *porneia* genannt und bedrohte in dieser Eigenschaft die alten Mönche in ihren asketischen Rückzugshöhlen mit verführerischen Besuchen.[21] Wir müssen keine Mönche oder Nonnen sein, um uns in die Askese zurückzuziehen oder in der Wüste vertrockneter Phantasien zu leben. Wir schließen uns der Gemeinschaft von Asketen einfach dadurch an, dass wir der erotischen Imagination entsagen und glauben, sie gehöre nicht in die späteren Lebensjahre.

Wie gefangen wir sind, und wie wenig sich unsere Zeit dafür eignet, einen Sinn in unserer Sinnlichkeit zu sehen! In

den späten Lebensjahren hat die Lust es schwer, sich zu recht-
fertigen. Sie erfordert die Sichtweise der Imagination. Ansonsten könnten wir glauben, Impotenz sei ausschließlich
eine konkrete körperliche Realität und erwarten von den Ärz-
ten, dass sie uns Viagra verschreiben. Aber die geschwächte
und lustlose *Imagination* kann ein viel stärkeres Anzeichen für
den Verfall unserer Kräfte sein. Die Physiologie der Antike
behauptete, dass Potenz auf der Phantasie des Geistes beruhe,
und die neue Physiologie von Sildenafil (Viagra) formuliert
die Priorität des Geistes über die Materie erneut: »Sildenafil
löst nur dann eine Erektion aus, wenn der Mann sexuell erregt ist.«[22] Die Imagination geht dem sexuellen Akt voraus; er
beruht erst an zweiter Stelle auf Viagra.

Die Sexualisierung des alternden Geistes ist Teil seiner
ungewöhnlichen Weisheit. Sie zeigt einen Charakter, der Lust
und Tugend nicht länger trennt. Sie erlegt der Freiheit der
Imagination keinerlei Einschränkungen auf. Sie präsentiert
uns einen Charakter, der seine Stärke weniger der Macht des
Willens mit ihren verhärteten Lippen als vielmehr dem Imaginieren verdankt. Die Stärke dieses Charakters beruht weniger auf der Kontrolle seiner lustvollen Phantasien als auf dem
Verständnis der transpersonalen Natur dieser Vorstellungsbilder als kosmischer Dynamik.[23] So, wie die Imagination die
Welt durch Bilder gestaltet, kreist sie auch in der menschlichen Psyche, deren primäre Daten Bilder sind. »Die Psyche
besteht im Wesentlichen aus Bildern«, sagte Jung; »Das Bild
ist Psyche«, und »Die Psyche erschafft täglich Wirklichkeit.
Der einzige Ausdruck, der mir für diese Aktivität einfällt, ist
Phantasie.«[24]

Ob die Imagination nun ein Geschöpf des Gehirns ist, uns
von Gott als Ebenbild seiner Schöpferkraft gegeben wurde,
das Werk dämonischer und illusorischer niederer Mächte
darstellt oder das ästhetische Bedürfnis der Seele widerspie-

gelt – das sind philosophische Erwägungen. Es ist keine Tugend, die Bilder zu kontrollieren und auszurotten, wichtig ist vielmehr, dass wir sie anfordern. Das Anfordern von Bildern, ihr Ausdruck und ihre Entwicklung, war immer Aufgabe des Mythos und Wirkungskreis der Kunst. Und darum steht dieses Kapitel unter der Schirmherrschaft der Künstlerinnen und Künstler.

KAPITEL 14

BETÄUBUNG

Ein alter Mann ist nur ein mindres Ding,
zerschlißnes Tuch an einem Stock, soweit …

W.B. YEATS

Dass unsere Sinne in den späteren Jahren an Schärfe verlieren, muss besondere Erwähnung finden, da diese Betäubung der Alten so selbstverständlich hingenommen wird. Wir gehen einfach davon aus, dass wir taub werden oder schlecht sehen, dass wir nicht riechen, wann es Zeit ist, unsere Kleider zu waschen, oder dass wir unser Essen nicht richtig schmecken können. Wir verlassen diese Welt im Zustand fader Gleichgültigkeit, so nehmen wir an.

Doch lassen Sie mich noch einmal wiederholen: Die körperlichen Vorgänge sind gefangen in den geistigen Vorstellungen, die wir uns vom Körper machen. Während unsere physischen Sinne an Schärfe verlieren, gewinnt Yeats' »phantastisches Auge« an Intensität. Wir können, von einer Walderdbeere ausgehend, einen ganzen nördlichen Sommer ausspinnen und den Geschmack von Teegebäck für einen umfangreichen französischen Roman zum Anlass nehmen. Die Sinnesschärfe bleibt, aber sie hat sich gelöst von den Sinnen. Sie ist jetzt eher literarisch als konkret. Der Jugendliche, der nach Hause kommt, sich einen halben Liter kalte Milch schnappt und ihn aus dem Karton in sich hineinschüttet, leitet aus seiner Empfindung keine weiteren Wahrnehmungen ab. Im Alter jedoch brauchen wir nur noch einen winzigen Schluck Milch, damit ganze Eimer voller Erinnerungen frei werden – all die verschüttete Milch und die Milch menschlicher Freundlichkeit, die dem geistigen Gaumen Freude bereitet. Meine Tasse läuft über – weil es eine kleinere ist.

Außer dieser Befreiung von Gargantua und seinen fordernden Gelüsten bringt die Betäubung noch einen weiteren Vorteil: Sie empfinden Schmerz nicht mehr so lebhaft wie als Kind. Auch das ist eine gute Sache, denn in den späten Lebensjahren müssen wir oft eine Menge Untersuchungsprozeduren über uns ergehen lassen. Die Verbrennungen, Schnittverletzungen und Zahnarztbehandlungen schmerzen weniger, auch wenn Sie mehr Wirbel darum machen. Freud machte keinen Wirbel, und er musste im Alter mehr als dreißig schreckliche Operationen an Kiefer und Gaumen durchstehen zu einer Zeit, als die Anästhesie bestenfalls in ihren Kinderschuhen steckte. Ich finde Freuds Biographie bedeutungsvoller für das Altern als vieles an seiner Theorie.

Ich muss hier gestehen, dass ich an der Hypothese, das Altern schwäche unsere Sinne, zweifele. Verlieren unsere Sinne in den späten Jahren wirklich an Schärfe? Menschen, die für ihre Tee- und Weinproben und die Zusammenstellung von Parfümmischungen bekannt sind sowie großartige Küchenchefs und Tabakkenner erleben im Alter ihre Blütezeit. Gealterte Dirigenten von Symphonieorchestern, Meisterkünstler oder Modedesigner, die die geringsten Abweichungen in Gewebe, Farbton und Stoffqualität wahrnehmen müssen – sind sie alle halb taub und nahezu erblindet? Nehmen sie nicht eigentlich *besser* wahr als in früheren Jahren?

Kann die Fähigkeit zur Feinabstimmung der Sinne mit Kategorien wie Geruchsrezeptoren, Nervenenden des Trigeminus und Geschmacksknospen richtig eingeschätzt werden? Beruht die Subtilität des Kenners nicht auch auf einem subtilen Körper, der äußerst fein wahrnimmt, als beurteile der Geist den Geist, als ginge im Alter die Wahrnehmung der Empfindung voraus und fände eine Umkehrung der Gesetze der mechanistischen Psychologie statt? Könnte nicht das feine Auge des Experten mit seinen Wahrnehmungen die Kapazität der Netzhaut übertreffen und das Ohr bemerken, was dem tauben Trommelfell entgeht?

In Untersuchungen über die Geschmackssinne heißt es, dass sich die »Geschmacksempfindung und -wahrnehmung bei den meisten gesunden alten Menschen kaum verändert. Doch wenn die Geschmacksempfindung tatsächlich abnimmt, hängt dies wahrscheinlich eher mit dem Gedächtnisverlust und Veränderungen der Geschmackswahrnehmung insgesamt als mit Veränderungen der Geschmacksknospen zusammen.«[1] Da die Imagination auf Erinnerung und Wahrnehmung einwirkt, mag der Unterschied zwischen alten Geschmackskennern und solchen Senioren, die Geschmacksverstärker brauchen, nicht auf der Quantität von Geschmacksknospen bei den Kennern beruhen, sondern auf deren immer noch blühenden Imagination.

Lassen Sie mich noch einmal auf Heraklit zurückkommen. Er sagte, dass die Seelen in der Unterwelt über das Riechen wahrnehmen. Das heißt, die tiefere Psyche »unter« der täglichen Welt benutzt andere Formen der Sinneswahrnehmung. Und Heraklit sagte: »Wenn alle Dinge zu Rauch würden (das heißt, ihre Stofflichkeit verlören und nicht mehr auf der materialistischen Ebene wahrgenommen würden), dann würden die Nüstern sie unterscheiden.«

Diese geheimnisvolle Beobachtung verdient unsere Aufmerksamkeit. Heraklits Ideen sind selbst nach zweieinhalb Jahrtausenden noch fruchtbar, da sie in den meisten Fällen zum Kompost für den Boden des späteren psychologischen

Denkens geworden sind. Die zeitgenössische Psychologie entnimmt dieser Äußerung die Behauptung, dass die Unterwelt der Seele andere ästhetische Fähigkeiten verleiht.

Wenn das stimmt, dann besteht die Aufgabe in den späten Lebensjahren, in denen die körperlichen Hindernisse zunehmen, darin, den Geschmack zu üben. Oft jedoch zeigt sich in diesen späten Jahren eine wachsende Betäubung, womit ich meine, ein ästhetischer Verfall – nachlässige Kleidung, billige Farben, vergröberte Empfindungen. Der Abstieg zu Kaufhäusern und Fast-Food-Ästhetik beruht nicht nur auf der ökonomischen und psychologischen Depression oder auf Medikamenten, die wir einnehmen, um uns zu betäuben. Geschmacklosigkeit ist auch eine Folge der Vernachlässigung der tieferen Seele, die über die körperliche Befriedigung hinaus auch ästhetische Bedürfnisse hat. Die Seele schrumpft ohne schöne Bilder und Empfindungen.

Bei Heraklit heißt es weiter, dass es zwei Wahrnehmungssysteme und vielleicht auch zwei wahrnehmende Körper gibt. Das eine ist das physiologische System, das altert; das andere der psychologische Bewohner dieses Systems, der selbst dann mit feinen Sinnen wahrnimmt – und intuitiv den Duft der Dinge erfasst –, wenn das Erste abbaut. Um die Möglichkeit einer verfeinerten Ästhetik im Alter zu erkennen, müssen wir verfeinerte *Ideen* über den Geschmack und die Sinne in Beziehung zur Seele entwickeln.

Auch wenn unser physischer Körper, der die weltlichen Reize empfängt, bereits angefangen hat, loszulassen, ist der subtile Körper, der die Schönheit und Hässlichkeit der Welt wahrnimmt, noch nicht gegangen.

Robert Butler, der namhafte Altersforscher, macht folgende vielsagende Bemerkung über die ausgeprägtere Ästhetik der letzten Lebensjahre: »Die elementaren Dinge des Lebens – Kinder, Pflanzen, Natur, menschliche Berührung (körperlich und emotional), Farbe, Form – können größere Bedeutung bekommen, wenn Menschen das Bedeutsame vom weniger Bedeutsamen aussortieren.«[2]

Doch Bedeutung beruht nicht nur auf Empfindung oder Einfachheit. Wenn das der Fall wäre, würden wir immer noch Kindersüßigkeiten und den salzigen Papp der Fertigpizza den subtilen Genüssen vorziehen, die die Küchenchefs der Vielsterne-Restaurants aushecken. »Bedeutung«, die Alfred North Whitehead zu den ersten Prinzipien für das Verständnis sämtlicher menschlicher Bestrebungen rechnet, steuert unsere Entscheidung für bestimmte Werte. »Bedeutung beruht auf der Immanenz des Unendlichen im Endlichen.«[3] Ein sechster Sinn leitet die anderen fünf und ist ihnen immanent. Werte des Unendlichen bereichern die Welt der Sinne. Diese Transzendenz ist es, welche die Experten der Sinne suchen in dem, was sie schmecken, riechen und hören. Der Geschmack kann mit wachsendem Alter zunehmen, wenn die Werte des Unsichtbaren und des Sichtbaren enger zusammenschwingen und sich gegenseitig stärker durchdringen.

Wenn die Bedeutung wächst, während die Zeit näher rückt, wo wir die Welt verlassen, dann können wir davon ausgehen, dass gealterte Menschen fachkundige Zeugen für das ästhetische Empfinden sind. Nicht dass jeder Mensch auf dem Totenbett zu einem Matisse wird, geplagt und doch außerordentlich produktiv, oder zu einem De Kooning, dessen Geist der Alzheimerkrankheit verfiel, während sein »subtiler Körper« fortfuhr, außergewöhnliche Bilder zu malen. Aber wenn wir dieses Empfindungsvermögen der Alten vergessen und nur die abgestandenen Gerüche und das übliche Gewühl der Unordnung bemerken, machen wir, die wir sie besuchen, uns des körperlichen Missbrauchs schuldig. Das heißt, wir missbrauchen sie, indem wir sie auf ihre körperlichen Tatsachen reduzieren. Warum ihnen nicht in ihrem besten Zustand begegnen?

In Japan dichten Poeten und Mönche an der Schwelle zum Tod – man nimmt an, als ihre allerletzte Tat – ein *Jisei*, ein kurzes Abschiedsgedicht an das Leben. 1841 schrieb der große Dichter Daibai im Alter von 70 Jahren:

> *Meine siebzig Jahre – der verwitterte*
> *Wedel von Pampasgras, gesäumt*
> *von blühenden Iris.*

Saruo schrieb (1923, im Alter von 65 Jahren):

> *Kirschblüten fallen*
> *auf einen angebissenen*
> *Knödel.*

Die beiden folgenden Gedichte stammen von zwei verschiedenen Haiku-Dichtern, die beide Seiju heißen:

Seiju (1776, mit 75 Jahren):

> *Nicht einen Augenblick*
> *stehen die Dinge still – siehe,*
> *Farbe in den Bäumen.*

Seiju (1779 mit 86 Jahren):

> *Wasser ädert*
> *die Flecken der Reisfelder, viele*
> *Schattierungen von Grün.*[4]

Bei jedem dieser Beispiele dient der Dichter als Zeuge, der die blühende Iris, die Schattierungen des Grüns, die Farbe in den Bäumen zu schätzen weiß. Die elementaren Dinge im Leben gewinnen größere Bedeutung ...

Das folgende Herbstgedicht, von der 94-jährigen Nadya Catalfano in einem Altersheim geschrieben, gleicht einem japanischen *Jisei*:

> *Deine Blätter klingen anders*
> *Ich verstand nicht warum*
> *Die Blätter zu jener Jahreszeit*
> *Ein Rascheln hören ließen*
> *Und sie fielen*
> *Beim allerkleinsten Anlass*
> *Und ich lauschte ihnen immer*
> *Und hob einige von ihnen auf.*[5]

Oder, mit den Worten von Yeats:

> *Ein alter Mann ist nur ein mindres Ding,*
> *Zerschlißnes Tuch an einem Stock, soweit.*
> *Nicht Seele Beifall klatsche, lauter sing*
> *Für jeden Schliß in ihr'm sterblichen Kleid ...*[6]

Worauf es ankommt ist, wie wir mit den Lumpen und Scherben umgehen. Daibai spricht mit 70 von der Iris; Nadya Catalfano lauscht mit 94 fallenden Blättern; Saruo schaut sich mit 65 seinen köstlichen Knödel an, von dem er nur ein wenig gekostet hat.

Die Wahrnehmung des inneren Auges bleibt erhalten. Was wir nicht mehr sehen, sehen wir in einem anderen Licht. Unsere Sinne mögen abgestumpft, verschwommen, unstetig sein, doch die Imagination kann noch singen – lauter als je zuvor.

KAPITEL 15

HERZVERSAGEN

Schau an, dieses mein Herz,
es weint um seiner selbst willen
und fleht um Barmherzigkeit.

DAS ÄGYPTISCHE TOTENBUCH

Herzklappenfehler. Herzrhythmusstörungen. Erweiterung der Aorta. Arterienverengung. Herzinsuffizienz. Hämmernder Bluthochdruck. Fettablagerungen. Die Pumpe verschleißt; die Rohrleitungen sind verstopft, verhärtet; die Wände dünnen aus und der Muskel ist müde. Die medizinische Sprache flüstert Warnungen, die jede plötzliche Anstrengung begleiten. Erinnerungen an Großmutter, die im Flur liegt, an Vater, der nach Luft schnappt – ihre Herzkranzgefäße. Das Herz überspringt einen Schlag; ein Magenkrampf – *war* es das? Herzbeschwerden verfolgen uns in den späteren Lebensjahren.

Könnte diese wiederkehrende Angst vor akutem Herzversagen auch andere, eher chronische Versäumnisse des Herzens widerspiegeln? Könnten Herzbeschwerden in späteren Jahren auch ein Hinweis darauf sein, dass das Herz leidet? Jedes Herz hat irgendwo auf dem Weg versagt, daran kann kein Zweifel bestehen. Wenn wir in diesen schmerzhaften Anfällen lediglich ein klinisches Versagen des Blutbeutels in unserem Rippenkäfig sehen, engen wir die Fülle möglicher

Bedeutungen ein, auf die das Herz uns hinweist. Es gibt mehr Herzen als nur das eine, das in der medizinischen Vorstellungskraft auftaucht.

Dem klinischen Herzen wurde erstmals von William Harvey eine Sprache verliehen. Harvey war ein brillianter britischer Arzt aus dem 17. Jahrhundert, der dem Blutkreislauf nachging und das Blutvolumen berechnete sowie als Erster Formulierungen für das Wesen des klinischen Herzens fand. Halte das Herz in deinen Händen, sagt Harvey:

Es kann sein, dass wir spüren, wie es sich im Laufe seiner Tätigkeit verhärtet. Diese Verhärtung beruht auf Spannung, so, wie die Muskeln des Unterarms, wird er ergriffen, sich anspannen und fest werden, wenn (diese Muskeln) die Finger bewegen ...im Verlauf seiner Tätigkeit ... wird das Herz aufrecht, hart und kleiner.[1]

Aufrecht, hart, klein, angespannt, »Ursprung und Grundlage aller Macht« – hier liegen die Anfänge des modernen Herzens und seiner Macht zur Attacke. Von innen verdrängt, wird es zu einer Wunderpumpe, die in menschliche Hände gegeben wird, um vermessen und operiert zu werden. Operationen am offenen Herzen und Herztransplantationen sind eine logische Folge von Harveys Schriften. Dies ist das Herz, dessen Attacken wir fürchten, die Zeituhr, um derentwillen wir joggen, damit sie weiterläuft, die Kraftquelle, deren Existenz wir verlängern wollen, indem wir leidenschaftliche Intensität dämpfen. (»Nimm's leicht. Reg' dich nicht auf. Bleib' cool.«) Die einzige erlaubte Ausschweifung besteht in intensiven Körperübungen, die für das Herz gut sind.

Können Metaphern Tatsachen festschreiben? Emile R. Mohler, forschender Kardiologe, entdeckte knöcherne Verwachsungen in den Herzklappen, die nicht nur auf die Ansammlung von Kalzium zurückgeführt werden können. »Es ist verblüffend, daß hier die zelluläre Organisation beteiligt ist«, sagt Mohler. »Das ist eigenartig.« Er vermutet, dass die knöchernen Formationen in den Herzklappen »sich bilden, wenn Belastungen in einer Klappe frei umherwandernde Immunzellen anziehen.«[2]

Das verhärtete Herz, das wir brauchen, um dem Stress des Konkurrenzkampfes zu begegnen, ist eine so konkrete Grundlage unserer täglichen Realität geworden, dass uns andere Vorstellungen vom »Herzen«, die vor Harvey das Denken beherrschten und die unsere Gefühle und unsere Sprache immer noch beeinflussen, zunehmend verloren gehen. Der Charakter des Herzens wurde mit Begriffen wie das »Herz« des Mutes oder das »Herz« von Großzügigkeit und Treue umschrieben. Dieses Herz ermuntert die Unterdrückten, sich ein Herz zu fassen, es kocht eine herzhafte Mahlzeit und lacht herzhaft. Es hat ein Herz für den Kampf und schlägt für das Richtige: Familie, Freunde, Kameraden, die Sache.

Das zweite Herz ist uns sogar noch vertrauter – das Valentinsherz der Liebe. Wir verschenken unser Herz, weinen herzzerreißend, lassen uns das Herz brechen und sitzen jedes Mal, wenn durch ein Lied, eine Szene, ein Andenken die Erinnerungen auf uns einströmen, voller Herzeleid da.

Es gibt noch ein drittes Herz, das am besten von den großen Autoren des frühen Christentums beschrieben wurde, vor allem vom Heiligen Augustinus (354-430 n.Chr.). Das ist das Herz des subjektiven Gefühls, der innersten Person, unseres wahren Charakters. Es ist »meins«, ja, sogar *Ich*: »dort, wo ich wirklich bin, wie ich bin.«[3] Augustinus setzt das Herz gleich mit *intima mea* und beschreibt es als eine »innere Wohnstätte«, ein »gemeinsames Schlafzimmer«, eine »Kammer« der Intimität. Weil das Herz so tief und privat ist, bezeichnet Augustinus es oft als »Abgrund« und fragt: Können wir dieses Herz jemals wirklich kennen, unser eigenes oder das von anderen? »Wessen Herz ist durchschaubar? Womit wir beschäftigt sind, wozu wir innerlich fähig sind, was wir innerlich bezwecken, wünschen ... wer will das begreifen?«[4]

Die christlichen Autoren äußern sich auch ausführlich über das Heilige Herz des Mitgefühls. Sie entwickelten Formen der Andacht, um die Kammer des Herzens für das Leiden der Welt zu öffnen. Das Heilige Herz ist das Herz des mitfühlenden Mystizismus; es begründet einen Kodex der Liebe, der dem Pfad des Herzens im Hinduismus (Bhakti Yoga) und der mütterlichen, unterscheidenden Intelligenz des Herzens (*Binah*) in den kabbalistischen Meditationen entspricht. Die Meditation auf das Heilige Herz führt uns über subjektive Gefühle hinaus, so dass der Charakter sich öffnet für Nächstenliebe, Mitgefühl und Erbarmen.

Das älteste Herz von allen taucht in den uralten ägyptischen Mythen auf: das Herz des Ptah, der die Welt durch die Imagination seines Herzens erschuf. Alles, was uns umgibt, und auch wir selbst, hat seinen Ursprung im Herzen Ptahs und nimmt kraft seiner Rede Gestalt an. Das Neue Testament – »Am Anfang war das Wort, und das Wort war bei Gott« – vertritt die gleiche Idee, nur dass Worte für das Alte Ägypten vom Herzen ausgingen und dessen Kraft der Imagination zum Ausdruck brachten. Die Welt wurde zuerst imaginiert, dann erklärt.

Laut der einflussreichen islamischen Philosophie von Ibn Arabi (gest. 1240) ist Imagination – die Fähigkeit, Dinge als Bilder zu sehen – eine Fähigkeit des Herzens.[5] Sämtliche Gestalten, die unsere Imagination heimsuchen, jenes unsichtbare Volk von Engeln und Dämonen, Geistern und Ahnen, denen wir nachts im Schlaf begegnen und mit denen wir in unseren Träumen sprechen, werden nur für das erwachte Herz zur lebendigen Wirklichkeit. Ansonsten halten wir sie für Erfindungen, Projektionen und Phantasien.

Dieses imaginierende Herz verwandelt so Undefinierbares wie Seele, Tiefe, Schönheit, Würde, Liebe – und auch den Charakter und die Vorstellung vom »Herzen« selbst – in fühlbare Gegebenheiten, die Grundessenz des Lebens. Ohne dieses Herz existierte im Käfig unseres Brustkorbs nur Harveys Pumpe, die uns am Laufen halten soll.

All diese verschiedenen Herzen gedeihen weiterhin im täglichen Leben – wir legen immer noch unsere Hand auf unsere Brust, wenn wir unsere innersten Überzeugungen bekennen, als entstiegen unsere Worte direkt den privaten Tiefen des Augustinus. Wir schreiben auf die Karte, die wir den Rosen beifügen, immer noch: »Ich liebe dich von ganzem Herzen.«

Der Charakter befasst sich mit dem Herzversagen der Liebe, mit innerer Wahrheit und Achtung und mit der Unterdrückung von Schönheit. Denn es ist eine tägliche Tatsache, dass wir dazu neigen, die Schönheit aus unserem Leben fern zu halten, es sei denn, sie trifft uns ins Herz und entfacht brennende Sehnsüchte, die wir nicht zu beschwichtigen wissen. Ein EKG wird diese Schwächen nicht enthüllen, und auch ein Stress-Test kann sie nicht belegen. Zeiten, in denen uns der Mut versagt, wir unsere Herzlichkeit zurückhalten, kein Mitgefühl zeigen oder Verrat am Ruf unseres Herzens begehen, können uns in den späteren Lebensjahren ebenso beschäftigt halten wie die Ergebnisse von Laboruntersuchungen. Herzleiden und Herzeleid können tatsächlich ebenso dicht beieinander liegen, wie die Sprache es zum Ausdruck bringt.

Ich spreche mich hier nicht für die simple Übersetzung von Körper in Geist aus, wie zum Beispiel »Verstopfte Arterien sind in Wirklichkeit blockierte Leidenschaften«, »Panikartige Herzrhythmusstörungen stehen für feiges Vermeidungsverhalten«, so als könnte expressive Psychotherapie dem Herzinfarkt vorbeugen. Ich meine jedoch, dass der Charakter Aufmerksamkeit für den Kern des Wesentlichen verlangt, der eine andere Form von Disziplin erfordert, als das Rauchen aufzugeben und auf Butter zu verzichten. Die Lebensrückschau im Lehnstuhl kann eine anstrengende Übung im Imaginieren sein, die das innere Herz des Charakters mindestens ebenso beansprucht wie ein rascher Spaziergang mit dem Hund.

Ich werde niemals die Begegnung mit einer Frau im psychiatrischen Stadtkrankenhaus von Zürich vergessen, in dem ich einen Teil meiner klinischen Ausbildung absolvierte. Sie gab mir eine meiner ersten Lektionen über die entscheidende Notwendigkeit der Imagination. Dabei ging es um ihr Herz.

Da sie ältlich und schwach war, saß sie im Rollstuhl. Sie erzählte dem Psychiater, der sie befragte, dass sie tot sei, weil sie ihr Herz verloren habe. Er bat sie, ihre Hand auf ihre Brust zu legen, um zu spüren, wie ihr Herz schlug: Es musste immer noch da sein, wenn sie sein Schlagen fühlen konnte. »Das«, sagte sie, »ist nicht mein wirkliches Herz.« Sie schauten sich an. Wir Praktikanten schauten zu. Es fiel kein Wort mehr.

Da die Idee des Charakters mehr auf dem Herzen als auf irgendeinem anderen Körperteil beruht, können Ängste vor einer Herzattacke auch auf Ängste vor Attacken des Charakters verweisen. Vielleicht verhärtet sich das Herz nicht nur wegen der Aufreibungen, die der Stress des Lebens mit sich bringt, sondern auch weil wir die Kleinlichkeit unseres Herzens nicht bereuen. Und Reue gehört eindeutig zu den späteren Lebensjahren.

Jüngere Menschen sowie Menschen, die stromaufwärts schwimmen und in die Strudel der mittleren Lebensjahre geraten, machen sich oft zu viele Sorgen um ihre Missetaten. Jüngere Menschen müssen im Leben nach vorne schauen und

– ihre Skrupel überholend – auf ihre Ideale zusteuern. Sonst riskieren sie eine Überdosis an therapeutischer Innenschau. Selbstkritische Schuldgefühle in jüngeren Jahren verstärken die verinnerlichten, korrigierenden Instanzen, die der Jugend Konformität auferlegen, ihr ihre experimentelle Freiheit rauben und die mittleren Jahre mit noch mehr Verantwortung belasten. Außerdem nehmen jugendliche Schuldgefühle dem Alter eine seiner letzten bitteren Vergnügungen: Reue.

»Reue: Zustand der inneren Verzweiflung aufgrund begangener Fehler oder Verletzungen«, heißt es in den Lexika. Das alte englische Verb »contrite« (reumütig, abgeleitet von »contrition« = Reue, Anm.d.Ü.) bedeutet »übel zurichten, drücken, verschleißen«. Das Herz, das von der Last eigener Fehler bedrückt ist, leidet an einer anderen Form von Gefäßverengung, die großen Schmerz mit sich bringt.

Und es leidet auch an kleineren Schmerzen, wie dem Stachel des Bewusstseins, dem drückenden Steinchen im Schuh. Der gealterte Philosoph Santayana, den ich als ebenso unverfrorener wie unerfahrener junger Mann in Rom besuchte, sagte, er habe einmal, als er von einem jahrelangen Aufenthalt in England nach Spanien zurückkehrte, die Münzen beider Länder verwechselt, als er einem Kellner Trinkgeld gab. Der Kellner starrte sein Trinkgeld an; Santayana wiederum starrte mit strengem Blick den Kellner an, weil dieser so unverschämt schien. Erst als es zu spät war, sich zu entschuldigen, erkannte Santayana seinen Fehler und begriff, wie schäbig sein Trinkgeld gewesen war. »Wissen Sie«, sagte der Philosoph, der damals weit über achtzig war, »das quält mich heute noch.«

Wenn Sie still in Ihrem Bett liegen oder über das Wasser in die Ferne starren, führt das Herz Ihnen noch einmal vor, wie Sie vor 40 Jahren Ihren Freund betrogen, die böse Schwester, die gleichgültige Tochter und die feige Freundin gespielt haben. Sie sehen und fühlen die Verletzungen deutlich, die Sie

Ihrem Ehemann, Geliebten, ihren Eltern, Partnern und Menschen zugefügt haben, die von Ihnen abhängig waren und die im Kielwasser Ihrer egoistischen Forderungen und irreführenden Überzeugungen trieben. Von all diesen Verletzungen schmerzen am meisten diejenigen, die Sie Ihrem eigenen inneren Ruf zufügten, weil Sie es versäumten, auf die Imaginationen des Herzens voll Leidenschaft einzugehen. Mit ihren gnadenlosen Attacken legt Reue das Versagen des Herzens bloß.

Da Schuld zurückschaut und das Recht auf Grenzen nicht anerkennt, kann sie unablässig weitere Fehler hervorholen, uns anklagen für das, was wir taten, und verkünden, was wir hätten tun sollen. Zu spät. Die Vergangenheit ist vorbei, die verletzten Beteiligten sind schon lange gegangen, eine Versöhnung liegt nicht im Bereich des Möglichen. Reue macht keine Fehler wieder gut. Sie ist ein durch und durch innerliches Geschehen, das die Vergangenheit von Schuld befreit, indem die Schuld der Vergangenheit noch einmal durchlebt wird, eine Geisterbeschwörung. Nicht die Vergangenheit wird durch Reue gemildert, sondern die nagende Schuld, die ihr gilt.

Warum muss das alternde Herz mit solch schwerer Arbeit belastet werden? Warum nicht die Vergangenheit in Frieden ruhen lassen? Aber es ist der Charakter, der nicht in Frieden ruhen kann.

Texte aus dem Alten Ägypten, in denen die Vorbereitungen für ein Leben im Jenseits beschrieben werden, schildern das Herz als balancierende Waage, die an einer Feder lehnt. Reue macht das Herz leicht, reinigt es von Schlacken. Die Ägypter glaubten offensichtlich, dass Fehler und Verletzungen das Herz wie eine Last nach unten drücken. Ungelöste Schuldgefühle lassen uns zurückblicken, und das ist die falsche Richtung, wenn wir uns aufmachen zu gehen. Nachts im

Bett oder am Ufer von Gewässern filtern wir die Rückstände, die sich im Laufe von mehr als drei Milliarden Herzschlägen angesammelt haben.

Reue befreit das Herz von der Last der toten Vergangenheit und ebnet den Weg für Gnade. »Oh mein Herz, meine Mutter; mein Herz, meine Mutter! Herz meines Lebens auf dieser Erde. Möge das Verderben sich erheben und sich mir beim Strafgericht widersetzen«, heißt es im *Ägyptischen Totenbuch*. Ihr Bild, verkrustet von Geschichte, befreit sich selbst von dieser Geschichte; Ihr ursprüngliches Wesen ersteht neu, nicht in harmloser Unschuld oder gleichgültiger Betäubung, sondern in den Grundzügen der angeschlagenen und fehlerhaften Struktur des Menschen, der Sie sind und der kein anderer sein kann. In Ihrem Charakter.

KAPITEL 16

RÜCKKEHR

Gehe in das Gefängnis.
Begib dich direkt dorthin.
Gehe nicht über Los.
Ziehe nicht DM 4000 ein.

L ange vorbei, der erste Ball und seine erheiternden Bedrängnisse; die vergilbten Fotos im Album. Und doch bedarf es nur eines kleinen Fehltritts, und wir lösen uns auf wie die Mannschaft von *Raumschiff Enterprise*, um in eine andere Welt gebeamt zu werden: Die Schule. Etwas ruft uns zurück in jene Zeit, in der das Herz sich so weit öffnete, und dieses Rufen ist so stark, dass eine verpasste Verabredung vor mehr als einem halben Jahrhundert im späteren Leben plötzlich zur glücklichen Vereinigung wird, zur Heirat. Witwen und Witwer über 70 finden als die Mädchen und Jungen zusammen, die es sie wieder zu sein drängt.

Jeder Mensch hat einen Teil seiner Seele in der Schule gelassen, und dort ist er nun gefangen und verbüßt eine lebenslängliche Freiheitsstrafe ohne Haftverschonung, ganz gleich, wie gut er sich seitdem als Mutter oder Vater, als Bürger und Steuerzahler und als Klient auf der Couch des Analytikers auch bewährt haben mag. Eine jüngste Statistik zeigt, dass sich ein Drittel aller erwachsenen Männer in den Vereinigten Staaten und ein Viertel aller erwachsenen Frauen dafür entscheiden würden, *für immer* fünfzehn bis neunzehn Jahre alt zu bleiben: eine lebenslange Verurteilung zur Schule.

Aber geht es *wirklich* um die Schule? Ist es das, was die Seele will, oder sehnt sie sich nach etwas, für das dieses Lebensalter steht? Geht es vor allem um den Drang der Sexualhormone und um feuchte Träume, um die erste Autofahrt, den ersten Schlager, Flirts, Tanzpartys, die Clique, die Jungs, die jungen Leute unter dem alten Volk, die trotzigen Eskapaden, deine Musik, unser Lied? Die Seele sehnt sich nach den Folterqualen früher Schönheit, für welche die Schule stellvertretend ist.

Als reife Eltern in den mittleren Jahren haben wir über die fade Albernheit von Teenagern und ihre Wichtigtuerei gestaunt und auch gestöhnt, wenn wir an die quälende Befangenheit dachten, die typisch für unsere eigene Schulzeit war. Kehren diese Tage jedoch im Alter zurück, betrachten wir sie mit viel weniger zynischer Selbstverspottung, ja, sogar mit sehnsuchtsvoller Zärtlichkeit. Alice, das strahlende, sanfte Mädchen, die im Klassenzimmer über den Gang hinweg saß, kehrt in Träumen zurück wie Botticellis Frühling, und auch Billy, der bei dem Spiel »Fall-tot-um« stets alle übertraf und der uns mit seinem Haar, seinen Augen und seinem wunderbaren Lächeln erschauern ließ. Sie tauchen ungebeten – und mit den Jahren immer häufiger erbeten – in unseren Phantasien auf. Warum kehren sie zurück? Wohin rufen sie uns, wenn sie zu dieser späten Stunde wiederkommen? Was ist denn eigentlich diese »Rückkehr«, die in den letzten Jahren eine so wichtige Rolle spielt? Rückkehr in das alte Land, in die Straßen der Kindheit, zu den Geliebten von gestern, alten Lehrerinnen, ersten Babys.

Die Rückkehr dieser Gefühle bringt den Mythos von der Ewigen Wiederkehr zum Ausdruck. Die großen Dichter der Mythen sagen, es gäbe einen Nichtort oder Utopia – das Paradies, der Himmel, der Garten Eden oder Eleusis – oder, noch vager, ein Jenseits am anderen Ufer des Flusses der Realität, das wir erreichen können, wenn die Wirklichkeit stirbt und der Fluss der Zeit endet. Die Seele sehnt sich danach, aus der Zeit der Uhren, die das Altern des Körpers regiert, auszubrechen, um einen Augenblick von Utopia wieder zu finden. Die Mythen handeln von der Vorstellung, dass die Seele an jenes andere Ufer, von dem sie eine vage Ahnung hat, zurückzukehren beginnt, wenn im Alter die Zeit kürzer wird und die Realität verblasst. Die Rückkehr ist verlockend; kurze Einblicke in einen anderen Ort und eine andere Zeit werden häufiger, lebhafter.

Diese Sehnsucht nach Rückkehr als Todeswunsch, regressive Idealisierung, Rückzug aus der Realität, sentimentale Nostalgie und sinnlosen Wunsch nach Jugend abzutun und zu psychoanalysieren, entwertet die Emotion – die für einen achtzigjährigen Menschen bereits peinlich genug ist! Wir sind gefangen genommen, unwiderstehlich. Das alte Herz besingt diese Sehnsucht voller Hingabe; manchmal bricht sie zum ersten Mal als Satz oder lyrische Zeile eines alten Liedes hervor, als wären diese Worte Botschaften vom anderen Ufer.

Die wichtigsten Boten stammen meistens aus der Schulzeit, so wie Alice und Billy, und erinnern uns an etwas Unveränderliches. Sie sind die Rückkehr des Ewigen, denn Alice und Billy strahlen immer noch wie Idealbilder, auch wenn Alice inzwischen hart und derb geworden und Billy im Irrenhaus an einer Überdosis Rauschgift gestorben ist.

Der Mythos von der Ewigen Wiederkehr beruht auf einer radikalen Prämisse: Zeit ist zyklisch. Was jetzt geschieht, ist bereits früher geschehen und wird auf einer grundlegenden Ebene wieder geschehen, wenn auch nicht bis ins Detail genauso. Diese zyklische Wiederholung spiegelt die ewige Zeit des Kosmos wider. Unumstößliche, heilige Abläufe oder archetypische Kräfte regieren das wechselnde Leben der Welt. Das Leben in der Welt bewegt sich in der säkularen Zeit voran, meistens ohne die mythischen Muster zu bemerken, die es wiederholt und denen es nicht entkommen kann. Wir sehen nicht, dass das Neue das Alte ist, das wieder einmal auftaucht, und dass wir, um das Neue zu verstehen, zum Alten zurückkehren müssen.

Für die Kenner der Mythen stehen sich zwei Zeiten gegenüber: die weltliche und die heilige, die rationale und die mystische, die Zeit, die vorangeht, und die zeitlose Kreisförmigkeit der Zeit. Mir gefällt die Art und Weise, wie mein Lieblingsphilosoph Plotin diese Gegenüberstellung vornimmt, da seine metaphysischen Spekulationen psychologischer sind. Plotin sagt, »Der Körper bewegt sich von Natur aus geradeaus.«[1] Die Seele jedoch bewegt sich in Kreisen. Sie ist »in sich ... und auf sich gerichtet ... Eine Bewegung zu sich selbst, eine Bewegung der Selbstwahrnehmung und des Selbstbewußtseins und des Lebens, die niemals nach außen und zu einem anderen geht, denn sie muss alles umfassen.« Aufgrund dieser unterschiedlichen Bewegungen »hält« die Seele den Körper »fest« und hemmt ihn in seiner Bewegung »in gerader Richtung«, sagt Plotin. Diese hemmende Macht der Seele zeigt sich in den subtilen Unterbrechungen von Augenblicken des Zögerns inmitten der Geschäftigkeit des Lebens.

Diese geometrische Metapher, die Kreise und gerade Linien gegenüberstellt, enthält noch eine weitere wunderschöne, verschlüsselte Botschaft. Wenn Sie möchten, dass sich Ihr Leben nicht zu weit von Ihrer Seele entfernt, müssen Sie ständig winzige Regulierungen vornehmen, damit die Linie Ihres Handelns sich nicht in einer Tangente vom Kreis der Seele entfernt. Mit diesem ständigen Regulieren, mit dem wir dafür sorgen wollen, dass Seele und Körper in Berührung bleiben, ähneln wir dem Seemann, der seine Hand am Ruder liegen hat und den ganzen Tag lang den Kurs korrigiert, mal zu dieser, mal zu jener Seite. Der Seemann weiß, dass er niemals genau auf Kurs ist, sondern ständig leicht abweicht und ständig kleinere Korrekturen vornehmen muss.

Den ganzen Tag lang den Kurs korrigieren: Das ist der Anfang von Weisheit. Es ist eine Übung, ein ruhiges Wahrnehmen dessen, wo man sich tatsächlich befindet, nicht genau auf der richtigen Spur, sondern ein wenig daneben. Das griechische Wort *sophia*, Weisheit (»Philosophie« – die Liebe zur Weisheit), bedeutet ursprünglich die Fähigkeit zu einer praktischen Kunst wie der des Steuermanns. Die Weisheit des Körpers bleibt auf die Seele eingestimmt, indem sie wahrnimmt, wann die beiden voneinander abweichen.

Wenn die kreisende Seele, ihr Leben lebend, sämtliche Dinge erreicht, wie Plotin sagt, dann kann uns alles, was wir in jedem Augenblick erleben, psychologische Einsichten schenken. Wenn die Seele kreist, kehrt sie wieder und wieder zum gleichen zentralen Anliegen des Charakters zurück – Ehre, Würde, Mut, Anmut, Wert. Wenn unser Handeln uns in einer direkten Linie zu weit vorschnellen lässt, überholen wir uns selbst; wir kreisen nicht mehr um die Themen, die für die Seele zentral sind. Dann steigt der tiefe Wunsch auf, zu diesen zentralen Anliegen zurückzukehren.

Deswegen die Schuljahre, wo die Schönheit uns zum ersten Mal tief berührte, wo Gerechtigkeit zum leidenschaftlichen Thema wurde, wo unsere Ehre durch Kompromisse gefährdet war, wo man uns Mut abverlangte ... und wo sowohl Verrücktheit als auch Transzendenz für möglich gehalten wurde.

Ewige Rückkehr bedeutet auch, sich dem Ewigen zuwenden. In vielen Mythen aus vielen Kulturen gilt als ursprüngliches Zuhause der Seele das erwähnte imaginäre Utopia (Nichtort), nach dem wir uns immer sehnen, selbst wenn wir neunzig sonderbare Jahre lang auf dieser Erde verwurzelt waren. Das Wort der griechischen Philosophie für diese Hinwendung zur Quelle lautet *epistrophé* (wandeln, umdrehen, plötzlich wenden). Die Aufgabe des Philosophen bestand unter anderem auch darin, zufällige Ereignisse in Bedeutsames zu wandeln, indem er eine grundlegende Idee anbot, die trockene Tatsachen über ihre Nüchternheit erhob.

Wie die so genannten esoterischen Philosophen betreibe auch ich in diesem ganzen Buch *epistrophé*. Psychologen tun das ständig. Wir begründen sinnlose Symptome durch tiefer liegende Ursachen, indem wir sie zu bedeutungsvollen Quellen in der Psyche zurückverfolgen. Dieses Buch verdreht konventionelle Ideen über das Altern und versucht vieles von dem, was Menschen in späteren Lebensjahren plagt, in intelligente Einsichten umzuwandeln. Wir versuchen für das, was uns widerfährt, ein Zuhause zu finden. Die Tatsachen des Altwerdens werden verständlicher, wenn sie zur Seele zurückgebracht werden, die ihnen Wert verleihen kann. Ein Symptom leidet am heftigsten, wenn es nicht weiß, wo es hingehört.

Die tiefe Sehnsucht nach einem undefinierbaren Anderswo bewirkt, dass wir uns immer ein wenig fremd fühlen, unverwurzelt, unerklärlichen Gefühlen von Verbannung ausgesetzt, welche die Psychologie mit Begriffen wie »Einsamkeit« und »Verlassenheit« versieht. Man sagt den Alten, sie sollten sich stärker einbringen. Doch die Beschäftigung mit anderen Weltenbürgern lindert keine Sehnsüchte, die *nicht von dieser Welt* sind. Diese Sehnsüchte gelten nicht dem Irdischen und werden durch nichts gestillt, was wir irgendwo mit wem auch immer tun. Tatsächlich ergreift dieses Sehnen uns oft ganz plötzlich, mitten unter Freunden und in der Familie oder in den Armen eines Geliebten.

Diese Gefühle stehen für den utopischen Impuls, den Drang der Seele, zurückzukehren, für ihr Heimweh nach einem Reich, das nicht von Logik oder Pragmatismus erfasst werden kann. Trotz unserer skeptischen Urteile und unserer Befangenheit lockt der Ruf nach Rückkehr zur ursprünglichen Schönheit weiterhin das Herz. Da unsere modernen Erklärungsmodelle in Bezug auf die Realitäten der Seele Stille walten lassen, haben wir keine Bilder für das, was diese *epistrophé* will. Wir wissen nicht, wo wir diesen Ort ansiedeln sollen oder wie wir empfangen können, was er uns mitteilt. Uns ist von diesem Ort nur die Schulzeit mit ihren himmlischen Verführungen geblieben; Billy und Alice.

Die spontane Wiederkehr eines utopischen Ortes und einer utopischen Zeit in den Tagträumen unserer Nickerchen mag eine Vorbereitung für den Aufbruch in das Land der Seele sein. Ob es einen solchen Ort *gibt*, ja, ob es überhaupt eine Seele oder ein Zuhause gibt, das deren Quelle und Bestimmungsziel ist, werden wir nie beweisen oder wissen können. Der einzige zurückgekehrte Zeuge, der uns Tatsachen hätte berichten und zu Nachforschungen anregen können, war Lazarus, der vier Tage tot und bereits verwest war, als Jesus ihn ins Leben zurückrief. Aber Lazarus wurde nie zur Besprechung gebeten.

Wir haben unsere Mythen. Mythen nähren die alte Seele mit Geschichten, die noch älter sind als sie selbst. Sie vermitteln uns seltsame Bilder und erstaunliche Anregungen, die Spekulationen fördern, welche wiederum den alternden Geist aktivieren. Über Spekulationen hinausgehen heißt zum religiösen Prediger werden, der etwas über das Leben nach dem Tod erzählen kann, oder zum Metaphysiker, der Energieübertragung, Reinkarnation, karmische Gerechtigkeit, intrauterine Erfahrungen, vergangene Leben und gechanneltes Wissen als gegeben postuliert.

Offenbarungen sind, werden sie wörtlich genommen, immer gefährlich und bleiben als Anekdoten des Wundersamen dennoch gültig und schön. Der Psychologe zieht sich befangener zurück, wenn auch nicht als zynischer Skeptiker, sondern als jemand, der lieber hier auf dieser Erde bei den Fragen verweilen als im Jenseits verschwinden und dort nach Antworten suchen möchte. Um das Anderswo zu beweisen, müssen wir nicht anderswo hingehen. Es geht nicht um Beweisführung, sondern um das Sehnen. Vielleicht *ist* die Sehnsucht ja Beweis genug.

Billy und Alice: Aus dem Blickwinkel der Alten Welt und auch dem mystischen betrachtet, wären die Bilder dieser beiden nichts weiter als rufende Engel. Natürlich lassen ihre Erscheinungen uns dahinschmelzen und erschauern; ihre Verlockung nimmt uns für immer gefangen; natürlich altern sie nicht mit dem Vergehen der Zeit. Natürlich fallen zu ihren Füßen auch psychologische Erklärungen flach und haben keinerlei Macht über sie.

Sagt diese wiederkehrende Macht eines gewöhnlichen menschlichen Wesens von einem gewöhnlichen weltlichen Ort – der Schule –, das als Bild im Medaillon des Herzens noch immer bewahrt wird, etwas über Ihre eigene Bestimmung aus? Könnte es sein, dass auch Sie im Herzen eines Menschen zu jemandem werden, der nach langer Zeit zurückkehrt? Alice und Billy könnten Vorboten der Unsterblichkeit sein – nämlich Ihrer eigenen. Werden Sie einmal wie diese beiden frei sein von jeder lästigen Gebrechlichkeit, zeitlos und ohne dass Ihr Bildnis jemals verblasst, fast unwirklich, eine Person aus dem Nirgendwo, utopisch? Reduziert auf ein bloßes Wispern, ist Ihre Existenz schließlich nicht mehr als ein Charakter im Bühnenstück der anderen, so wie Billy und Alice es in Ihrem sind.

Der französische Autor André Gide stellte sich in seinen späten Lebensjahren die Frage, ob ihm überhaupt noch etwas an Realität geblieben sei: »Gestern im Zug stellte ich plötzlich fest, dass ich mich ernsthaft fragte, ob ich wirklich noch am Leben bin.« In einem anderen Augenblick schrieb er: »Schon lange habe ich aufgehört zu sein. Ich nehme nur den Platz ein, den man für mich hält.«[2] Die ganze Zeit über, während er die weltliche Realität hinter sich lässt und diesen Rückzug beobachtet (den die Psychiatrie als Entpersönlichung bezeichnet), nimmt er als imaginäre Gestalt in der Geschichte der Literatur immer mehr Raum ein – einer jener Autoren, die man einmal als die Unsterblichen bezeichnete.

Gide, der Mann, erfährt eine Art *epistrophé*. Sein menschliches Wesen bekehrt sich zu seinem Ruf. Ist das der Grund dafür, dass alte Menschen zu schrumpfen und sich in Luft aufzulösen scheinen? »Als ich sie das letzte Mal sah«, sagen wir, »war sie nur noch ein Schatten ihrer selbst.« Während Gide, der Mann, abtritt, nimmt Gide, das Bild, seinen Platz ein und lebt weiter; *es* lässt sich für immer in der Wohnstätte der Imagination nieder, ähnlich wie ein Charakter in einem seiner Romane. Der Charakter ersetzt die Person.

DIE KRAFT DES GESICHTS

… ehre das Gesicht des alten Mannes …

LEVITIKUS *19:32*

DIE KRAFT
DES GESICHTS

Denn sein Gesicht verrät euch gleich sein Herz.

SHAKESPEARE, *Richard III*

Baby-Gesicht/Totenmaske. Sofort nach der Geburt, der Säugling wurde kaum entbunden, gebadet und tat seinen ersten Atemzug, wird auch schon in seinem Gesicht nach Hinweisen auf den Charakter geforscht. Das Kind schaut so grimmig, so alt, weise und so friedlich aus und kommt so ganz nach »eurer« Familie ... Und am Ende, still und befriedet auf dem Totenbett, kamen sie mit Gips, um die Totenmaske abzunehmen. Mit dieser Sitte, die vor fast 5000 Jahren in Ägypten begann, fing man über die Gesichtszüge des Toten die Essenz des Charakters ein.

Die Psychologie verliert ihr Gesicht. Sieben maßgebliche Texte über Identität, das Selbst, die Persönlichkeit, das Ich und das Subjekt: keinerlei Erwähnung des Gesichts; «Charakter« ist im Stichwortverzeichnis nicht zu finden.

Ismael betrachtet Quiqueg: Enthüllt das Gesicht den Charakter oder verbirgt es ihn? Ismael übernachtet mit Quiqueg im Gasthaus »Zum Walfisch«, bevor sie mit dem Segelschiff aufbrechen, um Moby Dick, den weißen Wal, zu jagen. Beim ersten Anblick seines Zimmergenossen, eines kannibalischen Harpurnierers, bekommt Ismael es mit der Angst zu tun:

Heiliger Himmel! Welch ein Anblick! So ein Gesicht! Es war von dunkel purpurn-gelber Farbe, hier und da mit breiten schwärzlichen Vierecken beklebt ... Er hatte keine Haare auf dem Kopf, zum mindesten keine nennenswerten – nichts als eine kleine Skalplocke über der Stirn. Sein purpurfarbener Kahlkopf sah jetzt genau wie ein vermodernder Totenkopf aus.[1]

Später dann, als Ismaels Furcht nachgelassen hat, schaut er sich »den Wilden« noch einmal an:

Ich saß dabei und betrachtete ihn sehr aufmerksam. Obwohl er ein Wilder war und im ganzen Gesicht greulich entstellt – wenigstens für meinen Geschmack –, hatte sein Äußeres doch keineswegs etwas Abstoßendes. Seine Seele kann niemand verbergen. Durch die sämtlichen unvorstellbaren Tätowierungen hindurch glaubte ich die Zeichen eines schlichten offenen Sinnes zu erkennen; und im feurigen Schwarz seiner großen ehrlichen Augen funkelte es kühn wie von einem Geist, der es mit tausend Teufeln aufnahm. Zudem lag in der Haltung dieses Heiden ein gewisser vornehmer Stolz, dem selbst sein ungehobeltes Gebaren nicht viel anhaben konnte ... ein Phrenologe (hätte) an diesem Kopf seine helle Freude gehabt.[2]

Tätowierungen, eine merkwürdige Haartracht und die farbige Haut bewirken, dass Ismael am liebsten zur Tür gerannt wäre. Aber er kehrt zurück und betrachtet das Gesicht »sehr aufmerksam«. Er schaut noch einmal hin und leitet damit im wahrsten Sinne des Wortes eine neue »Rück-sicht«, einen unvorbelasteten »Re-spekt« ein. Er beginnt, das »greulich entstellt(e)« Gesicht zu durchschauen oder zu sehen, was es vermittelt. Aber das ist erst möglich, als er sich hinsetzt und beobachtet; erst als er seine Vorstellung von der Seele beschwört, kann seine Imagination Spuren von Form und Wert in dem sichtbaren Kopf ausmachen. Ismael hatte bereits eine *Idee* vom Charakter, deshalb konnte er die Seele, den schlichten Sinn, die Tiefe, den Geist oder die vornehme Haltung dieses Menschen sehen – Worte, mit denen Melville Ismaels Sicht von Quiqueg beschreibt. Um den Charakter sehen zu können, müssen wir bereits eine Vorstellung von ihm haben.

Gesichtscourage. »Ich möchte ohne Facelifting alt werden. Sie nehmen dem Gesicht das Leben, den Charakter. Ich möchte den Mut haben, zu dem Gesicht zu stehen, das ich geschaffen habe«, sagte Marilyn Monroe.[3] Das ist eine Form von Mut. Eine andere Art Mut wird deutlich, wenn Joyce Nash, Ph.D., ihr Facelifting detailliert beschreibt: »Die meisten Patientinnen unterschätzen, wie groß der Schmerz und das körperlicher Trauma sind, die mit einem kosmetischen Eingriff verbunden sind. Sie sind auch nicht vorbereitet auf die Depressionen, die sich anschließend einstellen können.«[4]

Trauma? Neben den akuten Schmerzen unmittelbar nach der Operation, die mit der Zeit abklingen, gibt es auch langfristige Auswirkungen. Nash hatte Schwierigkeiten, Ohrringe zu tragen, weil man ihre Ohrläppchen an die angrenzenden Haut genäht hatte. Die Brille hielt nicht mehr hinter den Ohren. Ihr Kinn war ständig blass, und sie hatte das Gefühl, dass unter ihrem Kinn und über ihrem Schädel ein enger Riemen festgeschnallt war.

Depressionen? »Was ich sah, war beunruhigend. Ich sah nicht aus, wie ich selbst, und fühlte mich nicht wie ich selbst. Etwas war verloren gegangen. Ein Gefühl von Traurigkeit stieg in mir auf ... Die Stirnfalten, das schläfrige Aussehen, die hängenden Wangen und der schlaffe Hals waren verschwunden.«

Die American Academy of Cosmetic Surgeons (amerikanische Akademie für Kosmetische Operationen) berichtet, dass 72 Prozent der Menschen, die sich wegen eines kosmetischen Eingriffs beraten lassen, ihr Gesicht richten lassen möchten. 1996 ließen mehr als eine halbe Millionen Menschen eine kosmetische Operation im Gesicht vornehmen. Hier sollten wir unterscheiden zwischen der plastischen kosmetischen Chirurgie, mit der vor allem Alterungserscheinungen behoben werden sollen, und der plastischen Unfallchirurgie, die Patienten nach einem verstümmelnden Unfall oder bei Geburtsfehlern bei ihrer Sozialisierung unterstützen will.

Nash ließ sich aus kosmetischen Gründen operieren. Sie fasst das Ergebnis wie folgt zusammen: »Das Gesicht, das ich im Spiegel sehe, straft mein tatsächliches Alter Lügen und spiegelt besser wider, wie ich mich innerlich fühle. Im Austausch für das bessere Aussehen habe ich all das akzeptiert, was mich ständig an meinen Eingriff erinnert.«[5] Für Nash bedeutet »besseres Aussehen«, dass ihr Äußeres mit ihrem Inneren übereinstimmt und sie nicht mehr so alt aussieht, wie sie ist. War die frühere Diskrepanz ein Fehler des Äußeren oder eines Inneren, das mit ihrem Gesicht nicht Schritt gehalten hat? Sie hatte den Mut, die Operation durchzustehen, aber nicht den Mut, zuzulassen, dass das Alter ihr Gesicht durch das zeichnete, was der Philosoph Emmanuel Levinas als »passive Synthese« bezeichnete.[6] Sie konnte sich nicht der »begrifflichen Ordnung« (Roland Barthes' Terminus) überlassen, die das Alter erlangt.[7] Für sie bedeuteten die künstlichen Verzerrungen, die der Eingriff bewirkte, dass sich ihre Stirnfalten glätteten und ihr schläfriges Aussehen verschwand.

Barthes traf die nützliche Unterscheidung zwischen dem *chronos* der Biologie und dem *chronos* der Leidenschaft, wie wir ihn in Rembrandts späten Selbstportraits sehen, deren dargestellte Verwüstungen weniger auf das Vergehen der Zeit als auf gelebte Leidenschaft verweisen. Diese Auswirkungen im Gesicht, dieses Übertragen der Charakter-Leidenschaften auf das Gesicht, meinte die Monroe, wenn sie sagte, sie möchte den Mut haben, sich ihnen zu stellen. Sie meinte nicht das biologische Gesicht, das ihr gegeben war, sondern das Gesicht, »das ich geschaffen habe.« Anna Magnani, die große italienische Nachkriegsschauspielerin der Leidenschaft, soll zu einem ihrer Maskenbildner einmal gesagt haben: »Nimm nicht eine einzige Linie weg. Ich habe für jede bezahlt.«

Wenn Nash vom »besseren Aussehen« spricht, verfährt sie mit dem Gesicht wie mit einem neuen, verbesserten Produkt, das nicht nur der größeren Jugendlichkeit, die sie empfindet, sondern auch den normierten Vorstellungen vom Aussehen entspricht. Ihr Erscheinungsbild nach der Operation passt sich der konventionellen Vorstellungswelt an; doch ist es auch das Bild ihres Charakters? Hat sie ihre Einzigartigkeit aufgegeben, ihre Seele verkauft?

Die der Operation folgenden Depressionen machen deutlich, wie die Seele die Veränderung des Gesichts, den Verlust ihrer besonderen, wenn auch erschlaffenden Individualität empfindet. Nash verbindet die Traurigkeit mit dem Verlust ihres alten Gesichts. Die Depressionen geben jedoch auch Kunde von dem, was sie gewann: ein Gefühl für die Realität der Seele, das mit Traurigkeit einhergeht und das registriert, was wir unserem Gesicht antun.

»Lächeln, immer schön lächeln ...« Um den Charakter zu bilden, »tue etwas aus keinem anderen Grund, als um seiner Schwierigkeit willen«, sagte William James.[8] Schwierigkeiten beanspruchen das Gesicht; sie bewirken, dass sich die Brauen runzeln, die Augen verengen, die Lippen schürzen. Sammlung, Konzentration, Anstrengung. Zu Zeiten von James zeigten Familienfotos und Gruppenportraits todernste Gesichter. »Wisch dir das Lächeln vom Gesicht«, sagte man nicht nur zu Soldaten. Dann begann die Fotografierwut, und das Lächeln wurde zum Muss.

Das Gesicht lächelt lieber. Denn die gerunzelte Stirn und der finstere Blick nehmen mehr Muskeln in Anspruch. Doch das Gesicht der gegenwärtigen Kultur hat sich langsam zu einer Kopie seiner lächelnden Fotografie entspannt. Wenn Konzentrations- und Lernstörungen zunehmen, sollten wir uns einmal fragen, was das kleine gelbe »Smiley-Gesicht« dazu beiträgt. Die Konzentration, die wir zum Lernen brauchen, fängt wohl kaum mit dem Befehl an: »Einen schönen Tag auch!«

Ausdruck, ein ästhetisches Phänomen. Nicht aufgrund von Kosmetik und Chirurgie ist das Gesicht ein ästhetisches Phänomen, sondern biologisch betrachtet. Außer den Muskeln, die wir für das Kauen, Küssen, Schnuppern, Schneuzen, Blinzeln, Zwinkern oder Vor-einer-Fliege-Wegzucken brauchen, dienen die meisten der 45 Gesichtsmuskeln ausschließlich dem emotionalen Ausdruck. Diese brauchen wir also nicht, um zu essen, einen Feind zu besiegen, den Nachwuchs zu versorgen oder sexuell aktiv zu werden. Der Bauchredner beweist, dass sie für das Sprechen nicht nötig sind. Und auch für das Atmen, Hören oder Schlafen sind sie nicht wesentlich. Die verschwenderische Gesichtsmuskulatur dient ausschließlich dem Ausdruck der wichtigsten Emotionen, ja; doch sogar mehr noch merkwürdigen Feinheiten der Zivilisation wie hochmütiger Verachtung, trockener Ironie, großäugigem Kriechertum, kalter Gleichgültigkeit, Lächeln und Hohn.

Mit Hilfe dieser Muskeln schafft unser Gesicht Bilder. Die Psyche stellt ihre Seelenzustände ästhetisch zur Schau. Charakterzüge werden zu verständlichen Darstellungen; und doch ist jeder Ausdruck charakteristisch anders, und je komplexer der Charakter, desto individueller der Ausdruck. »Am Ausdruck ist nichts Durchschnittliches. Er ist grundlegend individuell. Wenn das Durchschnittliche dominiert, verblasst der Ausdruck.«[9]

222

Wenn wir den Gesichtsausdruck lediglich so wahrnehmen, wie Darwin es tat, dann ist er ein evolutionäres Überbleibsel präverbaler Kommunikation. Wenn wir Whitehead folgen, sind »grundlegende« Emotionen wie Angst, Überraschung und Ärger die am wenigsten individualisierten, die durchschnittlichsten – und damit auch *die ausdruckslosesten*. Ästhetische Präzision verlangt ein vielfältiges Gesicht.

Diese Idee taucht in einem ästhetischen Prinzip auf, das der englische Philosoph T.E. Hulme postuliert hat: »Man könnte Kunst definieren als leidenschaftlichen Wunsch nach Genauigkeit.«[10] Angst, Überraschung und Ärger drücken nur »jene Emotionen aus, die uns allen gemein sind. Wenn Sie imstande sind, die tatsächliche Individualität der Emotion zu beobachten, dann lässt Sprache Sie unzufrieden« – und auch die Darwin'sche Reduzierung befriedigt nicht mehr. Selbst wenn Sprache die animalische Grundlage von Ausdruck festhalten mag, geht sie an der individualisierten Ausdruckskraft der Psyche vorbei. Außerdem bleibt die Frage nach dem Ursprung jenes Ausdrucksspektrums offen, das der Tierwelt gar nicht zur Verfügung steht, weil ihr die entsprechenden Gesichtsmuskeln fehlen: lachen und weinen; orgastische, mystische und sadistische Ekstase; paranoides Misstrauen.

Der Charakter sickert durch die Risse. Wird sein Kinn zittern, eine Träne sich davonstehlen? Werden sich seine Augen abwenden oder leicht verengen? Wir suchen das Gesicht nach verräterischen Anzeichen ab. Portraits aus den Empfangshallen der Firmenwelt und ihren Jahresberichten zeigen glatte Gesichter ohne Risse. Nichts sickert durch. Gibt es nichts, was durchsickern könnte, oder enthüllt dieses Gesicht, das nichts enthüllt, den grundlegenden Charakter wirtschaftlicher Macht?

Das Gesicht animiert. Halloween ist in Wirklichkeit ein heidnisches Fest, wie ernsthafte Christen erklären und daher das kostümierte Vergnügen aus vielen Schulen verbannten. Heidnisch nicht wegen der Hexen, sondern wegen der Kürbisse, deren Gesichter im inneren Licht flackern. Animismus: der Charakter im Nichtmenschlichen, Gemüse mit Seele.

Verunstaltung. Ein Unfall, Verbrennungen, eine Kriegsverletzung oder eine Teillähmung aufgrund eines Schlaganfalls – und das Gesicht erleidet radikale Veränderungen. Hat sich der Charakter verändert, weil das Gesicht ein anderes geworden ist?

Zwei Romane – *Der Mann mit der eisernen Maske* und *Der Elefantenmensch* – spielen darauf an, dass sich die Kräfte des Charakters dem Blick entziehen. Was man sieht, ist keinesfalls das, was auf einen zukommt. Während ihre Gesichter verschlossen, erstarrt oder grob verzerrt sind, scheint ihr Charakter sich trotzdem zu vertiefen und eindeutiger zu werden. Wenn Gesicht und Charakter nicht zwangsläufig übereinstimmen, wie sollen wir dann ihre Beziehung zueinander sehen? Nicht als eine der Identität – sondern als Wechselspiel. Altern vertieft die Partnerschaft. Im hohen Alter heiraten sie.

Das unsichtbare Gesicht. Der Fehler der Phrenologie liegt darin, dass sie versucht, den unsichtbaren Charakter im sichtbaren Gesicht einzufangen und zu messen. Doch Form als gestaltendes Prinzip und Form als sichtbare Gestalt bedingen sich gegenseitig, ohne identisch zu sein. Die grundlegende Realität des eigenen Bildes gleicht eher einem Engel oder einem Dämon, nicht empirisch, nicht messbar, nicht sichtbar, nur vorstellbar. Selbst J.K. Lavater aus Zürich, der Begründer der Schädellehre im 18. Jahrhundert, bestand darauf, dass es eine begabte Imagination brauche, um nach den von ihm aufgestellten Regeln den Charakter entschlüsseln zu können. Jedes Gesicht ist anders – nicht nur aufgrund seiner Individualität, sondern aufgrund seiner fundamentalen Unsichtbarkeit.

Dem Alter ins Gesicht sehen. Wenn wir sehr alt werden, wandert unser Geist meist zwischen Bildern umher, doch unsere Gebrechlichkeit und die aufmerksame Zuwendung oder Vernachlässigung von anderen holt uns in unseren Körper zurück. Wenn unser Körper schrumpft, werden wir zu unserem Gesicht. Füße, Oberschenkel, Arme und Schultern verlieren ihre Wohlgestalt, während das Gesicht immer ausgeprägter und sogar schön wird. Der alte nackte Körper ist unansehnlich, doch sein nacktes Gesicht ist Gegenstand langer Betrachtungen. Am Körper erzählen die erschlaffende Haut und das Geflecht der Venen nur vom Alter, während sie im Gesicht in die künstlerische Gestaltung des Portraits eingehen und zu seiner Bedeutung, manchmal auch zu seinem Zauber beitragen. Das Gesicht macht die Metamorphose von Biologie in Kunst sichtbar.

Definition. »Ein Gesicht ist der Ort, wo der Geist als Einheit am Ende zum Bild wird.«[11] Was geht ein in diese Einheit? Ein Zusammenschluss flimmernder Sichtbilder: die Urkräfte der Genetik, die Geschichte persönlicher Leidenschaften, die Verwüstungen von Schicksal, geografischen und klimatischen Umständen, dämonische Absichten und gesellschaftliche Verschwörungen.

Das nackte Gesicht. »Jedem besonderen Ausdruck und sämtlichen besonderen Ausdrucksformen ... geht die Nacktheit und der völlige Mangel an Ausdruck als solchem voran, das heißt, die extreme Entblößung, Schutzlosigkeit, Verletzlichkeit selbst, eine mysteriöse Verlorenheit.«[12] »Das Gesicht des Menschen ist das Medium, durch welches das Unsichtbare sichtbar wird und gesellschaftlichen Umgang mit uns pflegt.«[13]

Laut Emmanuel Levinas, dem radikalsten, seelenvollsten und zutiefst positiven unter den französischen Denkern der letzten fünfzig Jahre, trägt das menschliche Gesicht als archetypisches Phänomen eine Botschaft: äußerste Verletzlichkeit. Deshalb wird das Gesicht verkleidet, bedeckt, geschminkt, chirurgisch korrigiert – oder ihm werden sämtliche Möglichkeiten des Verbergens genommen, wie im elenden Zustand des Gefangenen, des Unterdrückten und des Opfers.

Das ist auch der Grund dafür, warum es so schwierig, ja, fast unmöglich erscheint, unser Gesicht zu akzeptieren: Wir starren in die »Verletzlichkeit selbst«. Im Gesicht ist unsere Verlorenheit, unser Exil. Das Alter hat damit nichts zu tun. Teenager suchen die plastischen Chirurgen in Scharen auf, weil sie ihr Gesicht verändert haben möchten – jene jungen Gesichter, welche die Alten so gern wiederhätten! Sie kommen in Scharen zusammen, um aus dem Exil zurückzukehren, eins zu sein mit dem Volk und dem Zustand der extremen Entblößung ein Ende zu bereiten; sie möchten das Gesicht korrigieren, das angefangen hat, ihre einzigartige Individualität nach außen zu tragen.

Auch wenn der Teenager es noch nicht weiß – jene Verletzlichkeit, jene Nacktheit ist der größte Reiz des Gesichts, seine wahre Schönheit. Schauen Sie sich Marilyn Monroe an, deren Anziehung nicht in den Proportionen ihrer äußeren Erscheinung begründet war, sondern in der mysteriösen Verlorenheit, die ihr Gesicht enthüllte. Selbst wenn ein Gesicht froh gestimmt ist, gestrafft und seiner Entblößung enthoben wird, bleibt es das Antlitz des Mysteriums. Es ist die Seele, präsent als Bild, die Seele in all ihrer Verletzlichkeit. Für Levinas drückt das Gesicht eine heilige Macht aus.

Genau hier, beim Gesicht, beginnt die Ethik und Levinas' Philosophie des radikalen Altruismus. Das Gesicht des anderen, das zur Antwort aufruft, ist die Quelle ethischer Existenz. Auf dieses Gesicht antworten wir instinktiv, archetypisch, und fühlen uns dafür verantwortlich. Es verlangt, erkannt zu werden; wir müssen uns ihm zuwenden, ihm begegnen. Ein Gesicht bietet sich dar, gibt sich und fordert mich auf, aus mir herauszugehen. »Genau durch die Art und Weise, wie das Gesicht mich ruft, wird der andere zu meinem Nächsten«, sagt Levinas.[14] Im Gegensatz zu Descartes, der mit seinem persönlichen inneren Ich anfängt (»Ich denke, also bin ich«), beginnt Levinas mit dem Gesicht des anderen. »Das Antlitz öffnet die ursprüngliche Rede, deren erstes Wort Verpflichtung ist«[15], und daraus folgt die Ethik von Gerechtigkeit, Mitgefühl, Scham und Aufrichtigkeit. »Wenn der andere mir sein Gesicht zuwendet, bin ich wahrscheinlich ehrlicher, als wenn ich allein für mich nachdenke.«[16]

Das Gesicht des anderen ist ein Appell an meinen Charakter. Statt zu denken, mein Charakter zeige sich in meinem Gesicht und mein Gesicht sei mein nach außen gekehrter Charakter, fordert Levinas uns auf zu denken, dass der Charakter das Gesicht des anderen braucht. Dessen durchdringende Provokation verlangt uns jedes nur mögliche ethische Potential ab. Mit schlechtem Gewissen wenden wir uns ab von dem Gesicht im Rollstuhl, dem Gesicht des Bettlers; wir verbergen das Gesicht des zur Hinrichtung Verurteilten unter einer Kapuze und ignorieren die Gesichter der sozial Verfehlten und der hierarchisch unter uns Stehenden, so dass sie selbst dann »unsichtbar« werden, wenn wir auf der Straße neben ihnen gehen.

Levinas Gedanke weist uns auch darauf hin, dass Ethik dem Charakter nicht durch moralische Verordnung eingeflößt, beigebracht oder antrainiert werden und auch nicht durch das Vorbild überlegener Meister vorgeführt werden kann. Der Charakter ist bereits als solcher ethisch und wartet nur darauf, sich durch die Begegnung mit dem verletzlichen Gesicht des anderen nach außen hin zu zeigen. Beispiel: Quiquegs Gesicht bringt Ismaels Tugenden ans Licht.

Das Gesicht Gottes. Der biblische Gott ist in seinem Gesichtsausdruck präsent. Jüdische Gebete wiederholen oft die folgenden Sätze aus den Psalmen und Bibelabschnitten: »Es segne dich der Ewige und behüte dich … Es lasse der Ewige sein Antlitz leuchten über dir und sei dir gnädig … Es wende der Ewige sein Antlitz dir zu und gebe dir von seinem Frieden«, heißt es in der Liturgie.[17] Und doch wird in der jüdischen Tradition oft gesagt, Gottes Gesicht könne nicht gesehen werden (außer von Moses); oder, wie es bei den Christen später hieß, Gottes Gesicht spiegele sich in der Natur wider. Wenn das der Fall ist, dann können noch so viele Tugenden und Kräfte seinen mannigfaltigen Charakter nicht so gut darstellen wie das Gesicht, das der mailändische Maler Arcimboldo (1527-1593) gemalt und aus Blumen, Blättern und Gemüsen aller Arten komponiert hat.

Die jüdischen Mystiker sagen, dass Gott sein Gesicht verbirgt, weil die unmittelbare Kraft seines Glanzes die Schöpfung verbrennen würde. Er muss verborgen bleiben (*Deus absconditus*), unerkennbar und zurückgezogen (*tsim tsum*), um Raum für die Schöpfung zu lassen. Deshalb sitzt ihm zur Seite auf dem Thron Metatron, der erste der Engel, »der Prinz des göttlichen Gesichtes« (*sar ha-panim*).[18] Wenn wir nach Gottes Ebenbild erschaffen wurden, dann müssen wir wie er grundlegend unsichtbar sein. Dann kommen wir der Entdeckung unseres gottähnlichen Bildes am nächsten, da der Engel des Gesichtes Gottes Thron am nächsten steht.

Dieser Engel verleiht dem Gesicht seine Kraft, »die › Kraft‹ «, sagt Levinas, »die sogar die überzeugt, › die nicht hören wollen.‹ «[19] Engel verkünden, berichten und übermitteln Botschaften. Das ist die Bedeutung der griechischen Wortwurzel *aggelos*. Mein Gesicht verkündet meine Präsenz, berichtet von meiner Natur, und vor allem vermittelt es anderen eine Botschaft, indem es nach außen blickt. Engel blasen Trompeten. Sie rufen die Menschen auf zu erwachen. Und das tut auch das Gesicht; es fordert eine Antwort. Mythen und *midrashim* dieser Art bilden den Hintergrund von Levinas' ethischer Metaphysik.

Hamlet zu Gertrude: »Ihr sollt nicht ... gehen, bis ich Euch einen Spiegel zeige / Worin Ihr Euer Innerstes erblickt.«

Das Gesicht offenbart den Charakter. Der Spiegel lügt nicht. Und doch behauptet Eliot, ein weiterer aufmerksamer Dichter, das Gesicht sei genau der Ort, wo wir uns verbergen können und das auch tun: »Es ist noch Zeit, es ist noch Zeit / Dich zu wappnen gegen jedes Antlitz, das dich streift«.[20]

Das Gesicht tut beides, es enthüllt und verbirgt. Wir können zwar die Enthüllungen um eines erwünschten Effekts willen kontrollieren; aber sind das dann wirkliche Enthüllungen oder, was doch wahrscheinlicher ist, Manipulationen? Marilyn Monroe sagte: »Ich kann mein Gesicht alles tun lassen, was ich will.«

In hochzeremoniellen Traditionen, seien es »Stammestraditionen« oder »zivilisierte Traditionen« – die königliche Förmlichkeit arabischer Gesellschaften, das Frankreich des 18. Jahrhunderts, der Hof der Mandarins –, zeigt das Gesicht niemals, was im Innersten des Menschen vorgeht. Es muss stillschweigen. Die Kontrolle des Gesichts bedeutet Selbstbeherrschung; Unterwerfung der innersten Regungen, die als lasterhaft, bestialisch oder zumindest unzivilisiert gelten. Re-

serviertheit steht für Überlegenheit.[21] Modische Ausstaffie-
rungen sind nicht hauptsächlich Mode, Ausschmückung um
der Attraktivität oder gar des Ausdrucks willen. Sondern Pe-
rücken, Puder, Schleier und Kopfbedeckungen, gepflegte Ge-
sichtsbehaarung und Schönheitspflaster dienen dazu, das Gesicht unter Kontrolle zu halten, damit das Innerste nicht sichtbar wird. Vor allem Diener werden uniformiert – die Männer
rasiert, die Frauen unter Hauben versteckt. Die Kunst des Gesichts als die Kunst der Verkleidung, ein Triumph der Perso-
na, Bedeutungen, die den Bedeutenden verbergen.

Die Romantik befreite das Innerste und brach mit diesem
Gesichtsstil, wie auch die Hippies in den sechziger Jahren; mit
ihren langen, wilden Haarmähnen, dem unrasierten Kinn
und den ungeschminkten Lippen boten sie der klassisch geprägten Welt der Business-Anzüge, der gepflegten Dauerwel-
len und militärischen Kinns das Gesicht.

Klassisch gegen romantisch; Kontrolle gegen Ausdruck.
Aber was ist mit dem Innersten?

Die Durchlässigkeit der Emotionen, die über das Gesicht
der norwegischen Schauspielerin Liv Ullmann glitten und
von Ingmar Bergmann so entlarvend aufgenommen wurden,
galt ganz der Kamera. Es waren *gespielte* Emotionen. Hat sie
ihre innersten Regungen sichtbar gemacht? Oder hat sie
»hauptsächlich« einen Charakter gespielt? Und – sofern ihr
Charakter sie rief, Schauspielerin zu werden – hat sie ihr Gesicht nicht, wie Marilyn Monroe, benutzt, statt es zu offenbaren? Und gab es nicht auch innerste Seiten, die ihrem Gesicht
nicht zur Verfügung standen? Wie bei der Prostituierten, die
ihre Jungfräulichkeit bewahrt, indem sie ständig eine Seite,
ein Wort, eine Geste oder ein Gefühl ihres tiefsten Innern zurückhält und sie somit unberührt lässt.

Hamlet, von Proust korrigiert. »Das menschliche Gesicht ähnelt wirklich dem eines jener orientalischen Götter: eine ganze Gruppe von Gesichtern, auf verschiedenen Ebenen nebeneinander gestellt; es ist unmöglich, sie alle gleichzeitig zu sehen«, sagte Proust. Wir müssen ein Gesicht im Lauf der Zeit beobachten, in wechselndem Licht, in vielen Situationen. Niemand hat nur »ein« Gesicht. Gertrudes Innerstes kann nicht von einem einzigen Spiegel eingefangen werden. Das alte Gesicht zeigt die Überblendung mit der »ganzen Gruppe von Gesichtern«. Alle sieben Lebensalter ziehen vorbei und tauchen wieder auf, ein Gefüge, das zwischen den Zeilen entschlüsselt werden muss. Selbst das Gesicht eines Babys deutet sich in dieser Reihe an; flüchtige Eindrücke von nicht verwirklichten und doch möglichen Veranlagungen.

Swift stimmt Hamlet zu. In der Predigt »On the Difficulty of Knowing One's Self«, die Jonathan Swift zugeschrieben wird, heißt es, wir bräuchten einen Spiegel, der uns reflektiert, um Selbsterkenntnis zu erlangen: »Ein Mann vermag weder sein eigenes Herz noch sein eigenes Gesicht anders zu kennen als allein durch Spiegelung.« Für Swift beruht diese Spiegelung auf der Beachtung durch andere.

Wilde stimmt weder mit Swift noch mit Hamlet überein. »Der Mensch ist am wenigsten er selbst, wenn er in der eigenen Person redet. Gib ihm eine Maske (keinen Spiegel), und er wird die Wahrheit sagen.«

Goethe pflichtet Wilde bei. »›Sich kennen?‹ Wenn ich mich kennen würde, liefe ich davon.«

Den Spiegel zerbrechen:

Nachdem ich morgens
kalt geduscht habe,
– welch ein Fehler! –
schaue ich in den Spiegel.
Da, ein lustiger Kerl,
graues Haar, weißer Bart, faltige Haut,
– wie schade! –
Armer, schmutziger, alter Mann!
Das bin nicht ich, auf keinen Fall.

Land und Leben,
fischen im Meer,
in Wüsten mit den Sternen schlafen,
einen Unterschlupf bauen in den Bergen,
das Land bestellen nach uraltem Brauch,
mit den Koyoten
gegen den Atomkrieg singen –
ich werde des Lebens niemals müde.
Jetzt bin ich siebzehn,
ein charmanter junger Mann.

Ich setze mich ruhig in den Lotussitz,
meditiere um nichts.
Und plötzlich erreicht mich eine Stimme:

»Um jung zu bleiben,
um die Welt zu retten,
zerbrich den Spiegel.«[22]

Spieglein, Spieglein an der Wand. Was der Spiegel zeigt, ist meistens nicht das Innerste, sondern das äußere Gesicht des Alterns. Das im Schaufenster erhaschte Spiegelbild, das Gesicht, das wir im Spiegel aus einem ungewohnten Blickwinkel sehen, bringt »die erste beunruhigende Erkenntnis, alt zu werden.«[23] Freud hatte diese beunruhigende Erkenntnis: Als er mit dem Zug reiste, betrat plötzlich ein ältlicher Mensch sein Abteil. Aber es war Freud selbst. Er hatte im Abteilspiegel hinter der Tür, die durch eine plötzliche Bewegung des Zuges aufflog, einen Blick auf sein Gesicht erhascht. Er empfand sein eigenes Spiegelbild als abstoßend. Ähnliches berichtet Wagner: Er wies das, was sein Blick in einem Schaufenster erhaschte, ärgerlich zurück: »Ich erkenne mich nicht wieder in diesem Graukopf!«[24]

Warum der Schock? Ist es lediglich die Weigerung, die Tatsache des Alters zu bezeugen, oder die Abwehr gegen etwas anderes? Gegen das Gesicht selbst? Sehe ich plötzlich meine Mutter? Aber *ich* bin es, oh Gott! Nicht meine Mutter, nicht meine Schwester, wirklich ich, oh Gott! »Ab einem gewissen Alter«, sagte Proust, »treten die typischen Züge der Familie in dem Maße deutlicher in uns hervor, wie wir *wir selbst* werden.« Uns unser eigenes Gesicht aneignen = ein ausgeprägteres Individuum werden = uns unsere Ahnenschaft aneignen. In jedem Lebensalter hält der Spiegel die gleiche Überraschung bereit: »Ich wusste nicht, dass ich so aussehe!« Ich zerreiße den Schnappschuss, zerstöre das Video über ein am Rande geführtes Gespräch. Ich möchte, dass das aufgenommene Bild mit dem unsichtbaren Bild, das »ich« nach meinem Gefühl bin, übereinstimmt und dieses auch bestätigt.

Es sind also nicht die Zeichen des Alters als solche, die ich nicht ertragen kann zu sehen, sondern die dokumentierte Enthüllung der von mir gehüteten Illusion: dass mein Gesicht meinen Charakter darstellt. Ich möchte, dass das unsichtbare Bild von »mir« wirklich im Spiegel präsent ist. Der Spiegel lässt zu viel aus. Spiegel können nicht die ganze Wahrheit erzählen, und deswegen lügen sie immer.

Die ganze Wahrheit. Was lassen Spiegel aus? Warum kann das gespiegelte Bild einfach nie stimmen? Yeats sagt dazu:

> *»Von Spiegel zu Spiegel*
> *Nicht Eitelkeit ist's dann:*
> *Ich suche mein Gesicht, das war*
> *Eh noch die Welt begann.«*[25]

Das ursprüngliche Bild, das Ihren Charakter ganz umfasst, bleibt unvollständig, weil Sie immer noch lebendig sind und dieses Bild immer noch Gestalt annimmt. Der Charakter kann sich niemals ganz zeigen. Das einzig wahre Bild ist das, das vorübergehend auftaucht. Also schauen und schauen wir immer wieder »von Spiegel zu Spiegel«.

Gesichtslose Charaktere. Viele Schriftsteller verzichten bewusst auf eine Beschreibung der Gesichter ihrer Charaktere. Der Leser setzt sich die Charaktere aus deren Namen, Verhalten, Gesprächen und der Sicht anderer zusammen. Der Roman kann sich entfalten, ohne dass der Autor sich um den zarten Teint der Heldin oder die zusammengekniffenen Augen und die Zahnstümpfe des Schurken Gedanken machen muss. Die Figuren, die Geschichten bevölkern, werden durch die Imagination zu Charakteren. Durch unsere Vorstellung lassen wir sie sichtbar werden, aber ihre Essenz ist ein komplexes, unsichtbares Bild.

Wird der Roman verfilmt, stimmt das sichtbare Gesicht niemals ganz mit der Vorstellung vom Charakter überein.

Ganz gleich, wie großartig Audrey Hepburn in *Krieg und Frieden* die Natascha spielt, wir gehen aus dem Kino und haben Audrey Hepburn gesehen, nicht Natascha. Die literarische Fiktion gibt sich der literarischen Verfilmung niemals ganz preis. Keiner von uns, die wir unseren Auftritt und Abgang auf der Bühne der Welt darstellen, kann den Charakter ganz sichtbar machen, ohne die Unsichtbarkeit zu gefährden, die für die Faszination des Charakters wesentlich ist und die uns zwingt, ihn zu imaginieren.

»Gesichter müssen benutzt werden.« »Ein Gesicht ist etwas Unvollständiges, ein in der Entstehung begriffenes Werk ... Gesichter müssen benutzt werden, denn sie sind keine fertigen Bilder«, sagt der Kunsthistoriker James Elkins aus Chicago.[26] Altern als Fortschritt des Gesichts. Wenn Sie Ihr Gesicht lediglich als einen weiteren Körperteil betrachten, dann wittert, knittert, fleckt es dahin und zerfällt wie andere Körperteile auch. Stellen Sie sich jedoch vor, Ihr Gesicht sei ein Phänomen, dem eine andere Bedeutung, ein eigenes Schicksal zukommt, dann ist alles, was dort vor sich geht, vor allem nach dem 60. Lebensjahr, ein in der Entstehung begriffenes Werk, das Schaffen des Bildes, das Vorbereiten eines Gesichts, das wenig zu tun hat mit den Gesichtern, denen Sie begegnen. Was dann vor sich geht, ist eher die fortschreitende Entstehung eines Porträts, ausgerichtet auf eine Erinnerung.

»Gesichter müssen benutzt werden.« Wie? Auf nach draußen, die Haut wittern und gerben lassen im aktiven Austausch mit der Welt? Sollen wir uns von Angesicht zu Angesicht konfrontieren, uns gegenseitig ins Gesicht springen? Ein anderer Weg das Gesicht zu benutzen ist das Altern. Das Altern benutzt das Gesicht täglich, und diese Spuren der Benutzung sind es, welche die kosmetische Chirurgie beheben will. Ohne jede Anstrengung von unserer Seite, ganz passiv, selbst in der Abgeschiedenheit einer Mönchszelle, selbst in einem immungeschützten Raum, wird das Gesicht älter. »Der Prozess des Alterns«, sagt Levinas, »ist vielleicht das vollkommenste Modell einer passiven Synthese.«[27] Oft gegen unseren Willen wird das Gesicht als Zeuge unseres Charakters geschaffen.

Jung und Freud. Jung ging über die Relativierung von Freuds Theorien über Kindheit, Sexualität und Entwicklung weit hinaus. Er relativierte die Macht des Analytikers, indem er die Analyse für das Gesicht öffnete. Er nahm den Stuhl des Analytikers hinter dem liegenden Klienten weg und stellte ihn vor den sitzenden Klienten hin. Zwei Stühle, Klient und Analytiker, von Angesicht zu Angesicht. Verborgenheit und Enthüllung verlagerten sich auf den gegenseitigen momentanen Blick. Das Unbewusste war jetzt in der erschreckenden Schwierigkeit der Begegnung präsent.

Wenn das Gesicht kein fertiges Bildnis ist, dann kann die Psychoanalyse helfen, es zu vollenden, am Gesicht zu arbeiten. Der Klient sucht ein Gesicht freizulegen oder zu schaffen, das den in der Analyse sich verändernden Charakter nicht behindert. Das freudsche Gesicht jedoch scheint ein fertiges Bild zu sein, wie die Büste von Freud auf dem Kaminsims des Sitzungsraumes, wie das Foto von Freud, das an der Wand zwischen den Diplomen hängt, wie der Bart des männlichen Analytikers. Wenn Analytiker hinter dem Klienten sitzen und Freuds gesichtslose Methode anwenden, nehmen sie das Bild Freuds an, *Imitatio dei*, und praktizieren eine Methode, die dem internationalen Stil der Architektur entspricht, universell funktional und jedem Klienten zu Diensten.

Jungs Gesicht. Eine Gruppe Studenten am Jung-Institut in Zürich besuchte Jung in seinem Haus, um mit dem Ahnherrn unserer Disziplin ein Gespräch zu führen. Jung war damals über achtzig. Jemand stellte ihm eine abstrakte Frage über den Schatten. Er konterte sofort, indem er seine Hand aufs Kinn legte und sagte: »Er befindet sich genau hier.« Der Schatten ist keine Idee, keine Theorie, lauert nicht hinter dem Vorhang: er ist eine lebendige Kraft im Gesicht.

Das Gesicht der Welt. »Die Welt lebt, um die Linien in ihrem Gesicht zu entwickeln«, sagt T.E. Hulme.[28] Noch einmal: in *ihrem* Gesicht. Nicht nur wir Menschen haben Gesichter. Sie gehören nicht alle uns. Der Mann im Mond, Wolkengesichter, Felsenprofile, Augen, die uns aus Baumstümpfen, Mohrrüben und Kartoffeln anstarren ..., auch Gebäude zeigen ihre Fassaden, Oberflächenhaut; sie stehen sich in den Straßen der City von Angesicht zu Angesicht gegenüber. Die Alten Ägypter stellten sich den Himmel als riesiges Gesicht vor, Sonne und Mond als dessen Augen. Die Navaho sagen, dass etwas uns immer beobachte.

Wenn wir uns nicht mehr vorstellen, dass »die Gegenstände zurückstarren«, dann entzündet unsere Umgebung keine ethische Herausforderung mehr in uns und verliert ihren Reiz. Es gibt keine Dialogpartner mehr, zwischen denen eine Ich-Du-Beziehung besteht. Und hat die Seele der Welt erst einmal ihr Gesicht verloren, sehen wir eher Dinge als Bilder. Dinge verlangen von uns lediglich, dass wir sie uns aneignen und benutzen, dass sie zu Besitztümern werden.

Das verloren gegangene Gesicht der Welt wird von den Umweltschützern nicht erwähnt. Wie ihre Gegner, die Raffer, die Ausbeuter und Entwicklungsplaner, interpretieren sie die Welt ganz im Sinne ihres Anliegens. Erhalt, Bewahrung und Wiederherstellung sind edle Programme, aber auch hier hat der Mensch die Oberhand, und die Welt ist lediglich die Arena, in der wir unsere Pläne umsetzen. Umweltschützer müssten stattdessen die Linien im Gesicht der Welt lesen und jeden Teil der Welt auf seinen Charakter hin erforschen, um die Entwicklung der Welt zu studieren und von ihrer Wehrlosigkeit ins Herz getroffen zu werden.

Wenn wir aufmerksam, einfach nur aufmerksam wären, würden wir langsamer handeln. Deshalb gelangen Umweltuntersuchungen nur langsam zu Schlussfolgerungen. Wir können die Linien im Gesicht der Welt nicht schnell lesen. Jedes kleine Stück muss mit der beharrlichen Aufmerksamkeit des Porträtisten, des Landschaftsmalers betrachtet werden. Sie lesen die Linien und zwischen den Linien. Ist das der Grund dafür, dass Constable, Cézanne und Monet so wichtig sind? Jeder widmete dem Gesicht eines kleinen Teils der Welt, einer Mini-Bioregion, viele Jahre. Kunsthistoriker sehen sie als Begründer des Impressionismus, des Kubismus; ich sehe in ihrem Werk die Anfänge der Umweltmalerei. Jeder war ein Charaktermaler auf der Suche nach dem unsichtbaren Bild in den sichtbaren Linien des Gesichts der Welt.

In Amerika das Gesicht verlieren. Wenn das Gesicht der Ort ist, wo die Ethik der Gesellschaft beginnt, was passiert dann mit einer Gesellschaft, in der das alternde Gesicht chirurgisch verändert, kosmetisch beherrscht und sein erworbener Charakter verfälscht wird? Welcher ethische Schaden wird angerichtet, wenn die Gesichter der Ältesten nur selten zu sehen sind? Oder wenn die alten Gesichter, die man zu sehen bekommt, gepflückt, eingesteckt und mit der Kamera festgehalten wurden, nur um ein Produkt zu beglaubigen? Oder wenn es jene sind, die nicht repariert wurden und die erbärmlich genug scheinen, um uns sentimental werden zu lassen?

Sollte kosmetisches Facelifting zum Wohle der Gesellschaft verboten werden? Ist es ein Verbrechen an der Menschheit? Was Sie Ihrem sichtbaren Bild antun, hat soziale Folgen.

Ihr Gesicht ist für alle übrigen »der Andere«. Wenn es seine fundamentale Verletzlichkeit nicht mehr entblößt, dann geht die ursprüngliche Grundlage für fürsorgliches Verhalten, für die Forderung nach Ehrlichkeit und den Ruf nach Antwort verloren, auf denen der gesellschaftliche Zusammenhalt beruht.

Diese Ursache für die Krise der amerikanischen Integrität ist niemals diskutiert worden. Und doch mag das Vertuschen des alternden amerikanischen Gesichts ein stärkerer Grund für den ethischen Verfall sein als die Befreiungsbewegung der sechziger Jahre, von der es heißt, dass sie familiäre Werte korrumpiert und das moralische Rückgrat Amerikas zu seinem heutigen »pervertierten« Zustand verbogen habe. Doch statt sich moralisch zu erheben und die Fehler in ihrer Umgebung bloßzulegen, täte die ältere Generation besser daran, die verpfuschten Linien im eigenen Gesicht zu entblößen.

Die Alten haben selbst in der Hand, was sie für die Gesellschaft tun können: Sie können helfen, sie können geben, sie können anleiten. Und sie haben es auch in den Füßen: Sie können marschieren, sie können wählen, sie können Lokalversammlungen besuchen. Und am meisten haben sie es in ihren Gesichtern – wenn sie den Mut aufbringen, sich sehen zu lassen.

Wir haben so wenige fertige Bilder von der zwingenden Intensität der Seele. Es gibt so wenige Gesichter, auf die wir verweisen können, keine sichtbaren Ahnen, um die Gemeinschaft zu verankern. Welches der Gesichter im Fernsehen trifft uns bis in die Seele? Wenn wir einen Charakter sehen wollen, muss jemand Lincoln mimen! Welche öffentliche Figur kann eine Nation allein durch die Kraft des Charakters, wie sie sich in einem älteren Gesicht zeigt, wieder auf ihren Weg zurückbringen?

Ohne solche Ältesten bleiben uns nur die maßregelnden Maulhelden und die predigenden Hysteriker, deren Gesichter jene Tugenden, die sie bekunden, Lügen strafen. Häuptlinge, Schamanen, Älteste, Rabbis, Edelmänner, Dogen, Mönche und Priester, Bischöfe und die alten Meister strenger Schulungen geboten den Respekt ihrer Gemeinschaften durch die Präsenz des Charakters, der sich in ihren Gesichtern zeigte. Nicht alle, nicht immer – aber zumindest verkörperten sie die Idee, dass das Gesicht des alten Menschen der Gruppe gehört.

Um die verbündeten Truppen für sich zu gewinnen, musste ein neuer Kaiser in Rom sich unter sie mischen und sich ihnen zeigen. Durch Worte, Taten und Fototermine kann der Charakter nicht vollständig erfasst werden; wir müssen lange hinsehen und oft. Wir schauen den anderen an, um in ihn hineinzusehen. Natürlich fällen wir falsche Urteile und folgen falschen Wahrnehmungen, aber diese Fehler heben die Idee nicht auf, dass Bürger die Pflicht haben, ihr Gesicht öffentlich zu machen. Nur Gott mag erlaubt sein, sein Gesicht zu verbergen.

TEIL III

WAS BLEIBT

»Die Nacht bricht schnell herein«, sagte Goff,
»es wird bald ziemlich dunkel sein.«
»Dann werden wir alle nach Hause gehen«,
sagte Herr Hackett.

SAMUEL BECKETT, Watt

KAPITEL 17

VOM »GEHEN« ZU DEM, »WAS BLEIBT«

Nehmen wir an, Sie würden das Wort »gehen« durch das Wort »sterben« ersetzen und für das Wort »altern« das Wort »vorbereiten« benutzen. Dann ist das, was wir in unseren letzten Jahren erleben, die Vorbereitung auf unseren Abgang. Dies ist der einfachste Weg, sich den Übergang vom »Gehen« zu dem, »was bleibt«, vorzustellen. Wir machen langsamer und durchforsten die Dinge im Geiste, weil es so viele Vorbereitungen zu treffen gilt. So wie die Seele langsam in die Welt kommt und all die Jahre der Kindheit braucht, um sich auf das Leben hier einzustellen, so verlässt sie diese Welt auch langsam und braucht Jahre des Alterns, um zu packen und sich auf den Weg zu machen.

Ich finde diese Art Denken keinesfalls hilfreich. Die simple Machart dieser Logik betrügt das menschliche Leben um die Komplexität seiner späten Jahren und ist außerdem in ihrer Simplizität schlichtweg gefährlich. Gefahren lauern von drei Seiten: Erstens, wenn wir alle Gedanken über das Gehen mit dem Tod in Zusammenhang bringen, denken wir nicht mehr über das Leben nach. Zweitens spaltet dieses Denken unsere Neugier auf das Abenteuer dieses Lebens, so dass sich ein Teil dieser Neugier metaphysischen Fragen nach dem nächsten Leben zuwendet – dem Leben nach dem Tod, Reinkarnation, Himmel und Hölle und anderen vermeintlichen

Zeichen vom anderen Ufer des Flusses. Und drittens wird überhaupt nicht mehr gefragt, was bleibt, wenn *Sie* gegangen sind.

Verweilen wir deshalb am diesseitigen Ufer und schauen wir uns näher an, »was bleibt«. Im Englischen ist das Wort »left« (das hier mit »was bleibt« übersetzt wurde, aber, wie im Folgenden sichtbar wird, noch viele weitere Bedeutungen hat, Anm.d.Ü.) das Partizip Perfekt von »leaving« (gehen) und kann zweierlei ausdrücken; entweder wir sagen »*has* left« oder »*is* left«. Ersteres bedeutet, »nicht hier, gegangen«; das zweite besagt: »noch hier, bleibt«. Können wir gegangen sein und trotzdem bleiben?

Wir könnten sagen, dass der Körper bleibt und die Seele geht; oder dass der Körper verwest, während die Seele unvergänglich ist. Weil es nicht leicht ist, sich beides gleichzeitig vorzustellen, trennen wir es an einer uralten falschen Scheidelinie, die unserer Kultur zugrunde liegt: an der Spaltung von Körper und Seele. Bleibt der Körper in einer Urne voll Asche, während die Seele wegschwebt in ein ewiges Reich? Oder bleibt nichts, wenn Sie erst einmal gegangen sind? Über das, was *bleibt*, gibt es immer wieder die gleichen Streitereien – die Entsorgung des Körpers, das Vermögen. Und über das, was *gegangen ist*, ebenfalls. Wohin sind Sie gegangen; wo befinden Sie sich jetzt? Gibt es ein anderes Leben? Können Sie zurückkommen; und werden Sie tatsächlich zurückkommen?

Können wir »gehen« und »bleiben« verbinden? Können wir uns beides zusammen vorstellen?

Ich schlage vor, dass wir den zu stark vereinfachten Gegensatz von Körper und Seele aufgeben und uns stattdessen einen einzigartigen Charakter vorstellen, der in Bildern verkapselt ist. Diese Bilder haben eine körperliche Gestalt und wirken wie körperliche Kräfte. Sie können in den Ohren klingen und durch Ihre Träume spazieren. Und ihre dauerhafte

Stärke kann Ihre Gewohnheiten, Ihren Geschmack und Ihre Entscheidungen auch dann noch beeinflussen, wenn die Person, welche die ursprüngliche Quelle dieser Bilder war, schon seit Jahren von der Bühne abgetreten ist. Ein Charakter wird durch Elemente von Körper und Seele lebendig und ist auf keines von beiden reduzierbar, ja, nicht einmal auf beide. Der Charakter ist ein unabhängiges Gefüge; er ist weder der Körper im Grab, noch die Seele auf dem Weg zu ihrer theologischen Bestimmung.

Sagen wir, Ihre Mutter – oder ein Ehemann, ein Geliebter, ein Lehrer, eine sehr enge Freundin, eine Person, die Sie nur flüchtig kannten – ist gegangen: Als Kraft ihres Charakters wird sie dennoch bleiben. Die Bilder von Menschen überleben deren Hinscheiden und haben dann manchmal noch mehr Macht.

Diese Bilder sind nicht einfach nur Erinnerungen, die ausschließlich und subjektiv *Ihnen* gehören; sie besitzen eine verblüffende Autonomie. Sie stellen sich uneingeladen ein; mitten in einer Entscheidungsfindung wispern sie uns einen Rat, Missbilligung oder Kritik zu. Sie inspirieren uns. Sie bringen uns durch Sehnsucht in Versuchung. Sie lassen uns an Meinungen festhalten, die wir vielleicht schon längst aufgegeben hätten. Sie zwingen uns, unser Herz an belanglose Dinge zu hängen, die in unseren Schränken und Schubladen Platz wegnehmen. Doch sie wirken auf uns ein wie Relikte jenes Charakters, die durchtränkt sind von seiner bleibenden Macht. »Ich kann das einfach nicht wegwerfen!« Und wenn wir es schließlich doch tun, fällt uns dieser Schritt schwer und gestaltet sich zeremoniell wie ein Ritual.

Wenn Sie sich Ihre Erinnerungen an einen Menschen einfach nur anschauen, werden Sie die Fülle seines Charakters vielleicht kaum vermuten. Nehmen wir an, Ihr Vater ist gegangen: Doch sein Charakter wird bleiben, sich ständig weiterentfalten und Sie fahren fort, etwas über ihn zu erfahren und von ihm zu lernen. Er kommt Ihnen in Rückblenden und Tagträumen fortwährend wieder in den Sinn. Wenn Sie altern und ihm immer ähnlicher werden, haben Sie oft das Gefühl, dass er Ihnen näher ist. Ein kurzer Blick in den Spiegel, ein Gericht im Restaurant, ein Witz in einem alten Film, und bestimmte Züge von ihm, die Sie nie zuvor bemerkt haben, werden deutlich. Bei genauerer Untersuchung legen die Bilder immer mehr offen, verändern den Nachruf, verleihen bestimmten Eindrücken neue Nuancen und fahren fort, Ihnen etwas beizubringen.

Lange, bevor Sie gegangen sind, umfassen Sie bereits ein Gewirr von Bildern, die Ihre Komplexität zu einem »Charakter« verdichten und mit ihrer bildhaften, lebendigen Kraft andere Menschen beeinflussen. Weil wir uns das Bild, das andere empfangen, nicht vorstellen, wissen wir kaum etwas über den Einfluss unseres eigenen Charakters. Bilder dieses Charakters wandern in die Träume und Gedanken anderer Menschen, entzünden Reaktionen, wecken Gefühle, lösen Fragen aus, als würden sie sie zu etwas rufen.

Was also bleibt, wenn Sie gegangen sind? Der Charakter, das Schichtbild, das von Anfang an Ihr Potential und Ihre Grenzen bestimmt hat. Die späteren Jahre definieren diesen Charakter klarer, als würden die wiederholten Geschichten und erotischen Phantasien, die Nachtwachen und die gehetzte Suche in den Hallen der Erinnerung uns die Einzigartigkeit unseres Charakters aufzwingen. In einem Stuhl sitzen gelassen, auf einer Bank abgesetzt, unsere Reichweite beschränkt, unsere Kräfte ungewiss, werden wir immer mehr auf diejenigen Bilder reduziert, zu denen wir geworden sind, jenem »Bild, das auf Bild gebeugt / Noch neue Bilder zeugt.«[1]

Zurückbleiben. Diese Möglichkeit bedroht jede intime Verbindung, vor allem die enge Freundschaft, zu der sich eine Ehe entwickeln kann. Phantasien, die Person zu sein, die verlassen wird, die übrig bleibt, die der andere zurückbleiben lässt, die allein bleibt, schleichen sich von Anfang an in eine Ehe ein und klingen in den Worten an, die in den Gelübden enthalten sind: »Krankheit«, »verlassen«, »Tod«, »scheiden«. Die Vereinigung bringt die Möglichkeit der Trennung, der Täuschung, des Verlassenwerdens und der Scheidung mit sich. Noch bevor das Abstandnehmen beginnt, kann der archetypische Zustand des Zurückbleibens uns in quälende Spannung versetzen. Diese Ängste sind nicht reduzierbar auf jene Kindheitsängste vor dem Verlassenwerden. Zurückbleiben ist ein Zustand, der ganz und gar dem Erwachsenen vorbehalten ist, den eine Ehe als Möglichkeit birgt und dessen Wahrscheinlichkeit mit der Zahl der Hochzeitstage zunimmt.

Die Mythen und Kulte der griechischen Göttin der Ehe, Hera, handeln direkt von diesem Leid. Hera nahm drei grundlegende Gestalten an, die den drei Phasen des Mondes – zunehmend, voll und abnehmend – entsprachen sowie den drei Landschaften ihres Kultes (in Stymphalos) – Berg, Stadt und Sumpfsee. Die drei Gesichter Heras – Jungfrau, Frau und Gattin, Witwe – entsprachen dem Gelände ihres Kultes.[2]

Die abnehmende Phase, die metaphorisch dem Sumpf des Flachlandes und dem gedämpften Mondlicht entspricht, steht direkt für den Zustand des Zurückbleibens. »Chera« – einer von Heras Namen[3] – und ihre Artverwandten haben sämtliche folgenden Bedeutungen: »Witwe« und »Witwer«; »beraubt«, »hinterblieben«; »weggehen, verlassen«; »in Einsamkeit leben«; »Exil«; und auch »Bedürfnis« und »bedürftig«. Heute könnten wir hinzufügen »obdachlos« und »Stadtstreicherin«. Diese Phantasien, die auf das hohe Alter projiziert werden, können uns jedoch in jedem Alter überfallen.

Eine Ehe bietet dem Heimatlosen kein wirkliches Zuhause. Sie ist eine durchlässige Festung, denn ebenso wie Hera ihre Begründerin ist, gehört *chera* in ihre Grundmauern. Also versuchen wir, die Ehe mit festen Mauern zu umgeben, um ein solides Zuhause zu errichten, vollgestopft mit gemeinsamen Anschaffungen. Zeugen unser physischer Wohnort und seine Einrichtung von unserem Versuch, *chera* aus unseren vier Wänden nach draußen auf die Straße zu verbannen, so dass nur eine vage, aber keine akute Bedrohung bleibt? Hera selbst fand Gefallen an Häusern. *Domos* (Haus) und Domestizität waren ihr Gebiet. So wie das Bauen eines Hauses mit der Hoffnung auf Sicherheit verbunden ist, löst ein Umzug enorme Ängste vor dem Verlust von Bindung und Veränderung der häuslichen Routine aus. Wenn wir nur hier wohnen bleiben könnten, könnten wir zusammenbleiben und werden niemals verlassen.

Wo immer Hera auftaucht, ist auch *chera*. Neben dem unterwürfigen, kuhäugigen Mädchen, das in der Seele der Ehe niemals stirbt, und der Frau in der herrschenden Stellung, die alles zusammenhält und der gedient werden muss, gibt es die immer bedürftige ewige Verlassene. So wie diese Göttin sämtliche drei Zustände unlösbar miteinander verbindet und in ihrer einen Gestalt vereint, sind auch die drei Potentiale in ihrer Institution gegenwärtig. Die Phantasie, verlassen zu werden, beschäftigt ein Paar auch dann, wenn der Mond am vollsten ist. Wenn wir heiraten, heiraten wir *chera*, auch wenn wir an jenem Tag nur *Hebe* sehen, Heras jüngere, lächelnde Gestalt.

Im Englischen gibt es – neben »gegangen« und »zurückgeblieben« – noch eine weitere Bedeutung des Wortes »left«. Ohne dass sie mit der Metaphysik des Sterbens zusammenhängt, hat sie doch für das Verständnis des Alterns und des

Charakters viel zu bieten. Hier geht es um die »political left«, die politische Linke, die Linke, die nicht rechts ist; die in Frankreich *gauche* ist, was auch »linkisch« heißt, in Italien *sinistra*, was auch »schaurig« bedeutet, und in Spanien *izquierdo*, was auch »gekrümmt« heißt. Im Altenglischen haben Worte, die mit »left« verwandt sind, die Bedeutung »Leiden«, »Lähmung«; im Holländischen »schwach« und »wertlos«; im Mittelenglischen »verkrüppelt«, »angeschlagen«, »unbeholfen«.

Wir sollten uns nicht darüber wundern, dass der rechte Flügel gradlinig denkender politischer Patrioten die Politik des linken Flügels nicht dulden kann, oder dass die politische Rechte, die sich noch weiter nach »rechts« bewegt, damit vom leisen Misstrauen gegen die Linke zur bösartigen Intoleranz übergeht. (Vor noch gar nicht langer Zeit waren die Pädagogen überzeugt davon, dass Linkshändigkeit den Kindern an den Schulen ausgetrieben werden müsse, weil sie die Charakterentwicklung negativ beeinflussen würde.)

In unseren späten Jahren neigen wir häufig zur Linken (left), da wir oft vergessen (left out) und zurückgelassen (left behind) werden. Schwach, angeschlagen und unbeholfen, nimmt mein Körper bereits linkische Gewohnheiten an und mein Geist beginnt, sich auf gekrümmten Pfaden zu bewegen und sich auf merkwürdige Begegnungen mit rebellischen Gedanken und Gefühlen einzulassen. Ich stelle fest, dass ich zum Weggefährten der Unterdrückten, der sozial Schwächeren und der Randfiguren werde.

Mal angenommen, wir würden im Alter den Gürtel enger schnallen. Der Geizhals wird zum Standardbild des Kleinlichen; eine alte Hexe frisst Kinder zum Abendessen; die Trägheit des zum Tode geweihten alten Königs vergiftet das Reich. Politische Cartoons der letzten hundert Jahre zeigen die Alten als Monopolisten und Imperialisten, fette Wall-Street-Katzen, pompöse Prälaten, betagte Admirale in

Golfkleidung. Meinungsumfragen scheinen diesen Rechtsruck im Alter zu verstärken, da die älteren Mitbürger, die tatsächlich wählen, dazu neigen, sich für die moralisch strikten, knickerigen, hartherzigen Konservativen zu entscheiden. So will man uns glauben machen.

Doch das Herz folgt seiner eigenen Ordnung, die auf seiner Art des Altwerdens beruht. Individuen – und selbst jene aus der politischen Rechten – scheinen sich nach links zu wenden. Wir werden zu Wohltätern, gebärden uns milder, teilen Lob aus. Stiftungen, die auf Dankbarkeit beruhen; Schenkungen, um das Leid der Armut, Unwissenheit und Schmerz zu lindern – ein vorherrschendes Thema der späteren Lebensjahre ist das Zurückgeben. Wir lernen zu schätzen, wie weit wir gekommen sind und wie sehr uns geholfen wurde. Wir sind berührt von Freundlichkeit und treten Vereinen bei, um historische Schreine, alte Tiere und natürliche Landschaften zu retten. Wir wenden uns schriftlich an den Herausgeber, um einen Fall zu verteidigen, und schließen uns dem Protest an. »Das Talent entwickelt sich in Einsamkeit«, sagte Goethe, »der Charakter hingegen im Strom des Lebens.«

Auch wenn wir persönlich immer mehr abbauen mögen, entwickeln wir fortschrittliche Visionen, um Dinge zu verbessern. Die Behinderten, die alten Soldaten, die langsam Lernenden und die rückfälligen Täter – das sind wir. Wir überwinden unsere Trägheit, um im Museum Bilder aufzusuchen, die uns nur weinen lassen, und wir ertränken unsere Vorurteile in den großartigen Melodien der Musik. Gehen die Alten vor allem deswegen in die Kirche, weil der Tod über ihnen schwebt, oder auch um zu beten, Stille und Schönheit zu finden? Wir schlagen Krach, aber wir lächeln auch dankbar, rufen einen kränkelnden Freund an, füttern kleine Vögel.

Ich glaube, die wahre Ordnung der Alten ist die Ordnung der Linken: mehr Gerechtigkeit, weniger Profit; mehr Restauration und weniger Entwicklung; öffentliche Versorgung statt mehr Rezepte; Naturschutz statt noch mehr Ausbeutung der Natur; weniger Rangeleien um die Gesundheitsfürsorge für Rentner und mehr echte Pflege; mehr öffentliche Verkehrsmittel und weniger privaten Grundbesitz; investieren in den Schulunterricht für die Jungen, und nicht noch mehr Gefängnisse, in denen sie verkümmern; mehr zwischenmenschliche Freundlichkeit statt benutzerfreundliche Haushaltsgeräte; Frieden statt Gewehre.

Eines der Ziele der Alchemisten bestand darin, ein »Elixir« zu brauen, ein Allheilmittel, das sämtliche Krankheiten heilen und das Leben verlängern würde. Diese Zaubersubstanz hatte viele Namen, von denen der umfassendste *lapis philosophorum*, Stein der Weisen, lautete.

Wir wollen einmal hören, was ein Alchemist empfiehlt, um diesen Stein zu *erweichen*, denn diese Beschreibung widerspricht unseren eingefleischten Denkgewohnheiten in Bezug auf Steine und unserer Überzeugung, dass der sicherste Weg zu einem langen Leben darin bestehe, ein Charakter zu werden, der hart ist wie Stein.

Sir George Ripley, ein englischer Alchemist aus der zweiten Hälfte des 15. Jahrhunderts, schreibt:

Diese Steine müssen an einem warmen oder zumindest trockenen Ort aufbewahrt werden, dort, wo Sie auch Zucker aufbewahren würden, denn sie bestehen aus einer so zarten und öligen Substanz, dass sie sich an jedem feuchten Platz leicht auflösen würden.[4]

Ripley präsentiert uns eine radikal ungewöhnliche Idee von dem, was am Ende bleibt: ein Zustand der Süße und Zartheit, besänftigend wie Öl und, wie es in einem anderen Abschnitt heißt, »wie Wachs«, das heißt, ziemlich formbar.

Solche charakteristischen Züge fließen automatisch in die üblichen Beschreibungen alter Menschen ein: »Dieser alte

Mann ist schnell gerührt.« »Was für eine süße alte Dame!« »Ich löse mich beim geringsten Anlass in Tränen auf«. »Dieser Enkel kriegt mich immer weich.« »Er ist jetzt wie Wachs in meinen Händen.« »Sie hat ihre Ecken und Kanten verloren und ist nicht mehr so bitter.« Statt zäh, scharf und hart wie Stein ungezwungen, freundlich und locker.

Die französische Psychiatrie des 19. Jahrhunderts schrieb dem alternden Charakter »Gehirnerweichung« zu, eine Idee, welche die amerikanische Medizin und die populären Vorstellungen von Schwachsinn beeinflusste. Wo die Pathologen damals im Schädel des Kadavers Weiches vorfanden, stoßen sie heute auf Schrumpfendes. Diese Pathologien bringen zwei verschiedene Ängste in Bezug auf den alternden Geist zum Ausdruck. In einem Jahrhundert der starrköpfigen positiven Vernunft bedeutete Erweichung Verrücktheit und Tod; in Zeiten des grandiosen titanischen Expansionismus fürchten wir uns vor dem Kleinen. Ganz egal, welches Jahrhundert, wir können daraus die gleiche Lektion lernen: Die körperlichen Fakten, auf die wir stoßen, wurden von der Imagination oft vorbereitet, wenn nicht gar vorausgesagt.

In seinen späteren Jahren machte sich Wallace Stevens, ein Dichter aus Connecticut, Gedanken über George Santayanas letzte Jahre in Rom, die er in einem Konvent verbrachte mit »Nicht mehr als einem Bett, einem Stuhl und Nonnen, die kamen und gingen.« »Wie leicht«, heißt es in Stevens' Gedicht, »verwandeln die fliegenden Fahnen sich in Flügel ... / Das Gebrabbel des Zeitungsjungen / wird zu einem anderen Murmeln; der Geruch / von Medizin, ein Wohlgeruch.« Der Philosoph existiert »in zwei Welten«, und die Schwelle zwischen ihnen weicht auf. »An der Schwelle zum Himmel werden die Gestalten auf der Straße / Gestalten des Himmels ... Zwei Parallelen werden eins.«[5] Kathleen Woodward, die sich als literarische Kritikerin auf das Altern von Autorinnen und

Autoren konzentriert, denkt über Stevens Gedanken nach. Sie bezeichnet diesen Übergang vom Gehen zu dem, was bleibt, als »Transsubstanzialität«. Dieser Prozess ist ein Abfall von drei Dimensionen zu zweien – lebendige Existenz geht über in Schattensubstanz und damit in das Sein eines Bildes. Nur ein Bild, nicht mehr als ein Bild und doch ein Ganzes und vollständig wie ein Bild.

Bei Ripley ist nicht vom Stein der Weisen, sondern von »Steinen« die Rede – nicht das eine und einzige Resultat, ein einziges Ding, geschaffen und getan; sondern eine kleine Sammlung. Sie wissen nicht, welches »Du« antwortet und wer zu Hause ist, und Sie wissen auch nicht, ob das, was heute verlangt wird, morgen von einem anderen »Du« gewollt wird. Bezeichnen Sie diesen Zustand als Verfall, aber bezeichnen Sie ihn auch als Fülle des Charakters, in der die Vielschichtigkeit seines Wesens zum Ausdruck kommt.

Das vielschichtige Wesen des Alters ist auch ein Grund für die zahlreichen verschiedenen Erklärungen des Alterns. Könnte eine einzige Theorie sämtliche Steine erklären? Manche altern vielleicht aufgrund des beschleunigten Stoffwechsels, andere, weil ihre Zellen aufgehört haben sich zu teilen, wieder andere weil ihre Telome (Grundorgan fossiler Urlandpflanzen, Anm.d.Ü.) zu lang, zu kurz oder unkoordiniert sind. Manche konnten vielleicht nie den Schaden beheben, den ein früheres Trauma angerichtet hat; andere haben Pflichten zu erfüllen und müssen um jeden Preis noch bleiben; manche leben, weil Gott sie noch nicht haben will; und wieder andere haben ihre letzte astrologische Krise noch vor sich – ihr Faden wurde von der Schicksalsgöttin noch nicht durchgetrennt. Dann gibt es welche, die aufgrund der Statistiken noch nicht gegangen sind – aufgrund ihres geografischen Standorts, ihrer ökonomischen Situation, ihrer Beschäftigung und ihrer Gewohnheiten.

Ich kann mir vorstellen, dass jeder Stein seine eigene Geschichte darüber zu erzählen hat, warum er zum Stein geworden und Stein geblieben ist. Eine Geschichte passt nicht für alle. Warum sollten wir uns in eine einheitliche Theorie des Alterns oder des Charakters zwängen?

Unsere Persönlichkeitszüge passen nicht zusammen; die menschliche Natur ist keine schmelzende Mischung. Stellen Sie sich vor, Ihre sämtlichen acht Ur-Großeltern würden sich zum Essen an einen Tisch setzen. Würden sie eine gemeinsame Sprache finden oder alle an denselben Speisen Geschmack finden? Am Ende bleiben unüberbrückbare Klüfte. In den späten Jahren sind wir ganz durchlöchert. Öffnungen.

Öffnungen? Vielmehr scheint es, als wäre der Charakter eines jeden Menschen, der ein gewisses Alter erreicht hat, von einer Kruste aus Miesmuscheln überzogen. Wie oft halten wir alte Leute für völlig »unzugänglich«. Unsere Vorstellungen von ihnen machen jede Annäherung zunichte; wir haben eine Abneigung gegen ihr Aussehen, ihren Geruch, ihre merkwürdigen Gewohnheiten. Angenommen jedoch, der Panzer der Schildkröte sieht dicker und gröber aus, weil sie ihn härtet, um das innere Weichwerden zu verdecken, ihren gemilderten Stolz und die zunehmende Nachgiebigkeit des Willens. Die Weichheit der Alten ist es, die sie hart werden lässt.

Ripleys Beschreibung der Geschmeidigkeit und Zartheit der erfüllten Seele fühlt sich also »unnatürlich« an – oder, wie die Alchemisten vom Ziel sagen, wie ein *Opus contra naturam*, ein Werk gegen die Natur. Ein natürlicher Stein weicht nicht aus dem Weg und verändert seine Form nicht, um aufzunehmen, was man gegen ihn presst. Ein wächserner Stein hingegen passt sich der warmen Hand an und ist empfänglich für Eindrücke. Und ebenso leicht können wir die Eindrücke ausradieren, ohne dass sie Spuren hinterlassen. Anders als gehärtete Tontafeln und in Stein gemeißelte Prinzipien hat der Stein der Weisen einen Charakter, der sich Umständen und Temperaturen anpasst; seine kostbarste Eigenschaft ist seine feuchte Zartheit.

Am Ende bleibt kein simples Stück Natur übrig, sondern eine besondere Mischung aus Seele und Natur, eine Komposition, die sowohl psychologisch empfänglich als auch auf natürliche Weise resistent dagegen ist, zu sein, was sie nicht ist. Wir sind fähig aufzunehmen, uns bewegen und berühren zu lassen, und trotzdem bleiben wir unserer gegebenen Natur unbeirrbar treu.

Dieser weicher gewordene Charakter entwickelt sich im Verlauf von körperlichen Prüfungen, die in die Klischees über den natürlichen Verfall seelische Qualitäten einbringen. Bodenständig, abgebrüht und scharfäugig sein reicht letzten Endes nicht aus; diese Eigenschaften sind keine Bestätigung für die Einzigartigkeit des Charakters, da sich darin lediglich allgemein erwartete Stärken zeigen. Der bequeme Weg zum Altwerden besteht darin, ein durch nichts zu bewegender Brummbär mit dickem Fell zu werden, ein alter Bussard, eine Kampfaxt. Weich und süß zu werden ist der schwierigere Weg.

Der Charakter wird im Laboratorium des Alterns geläutert. Wir bekommen ihn nicht gleich beim ersten Mal richtig hin. Jeder Tag bringt eine neue Gelegenheit, die richtige Mischung zu treffen – weder zu weich noch zu fest, weder zu süß noch zu trocken – und dem alten Charakter seine Macht zu verleihen, ihn mit unbeugsamer Zartheit zu segnen.

Von dem legendären Philosophen Demokrit erzählt man folgende Geschichte: Im Alter von 109 Jahren begann er, sich von den Freuden des Lebens zu verabschieden, indem er Tag für Tag ein weiteres Nahrungsmittel wegließ. Am Ende blieb ihm nur noch ein Topf Honig. Er sog dessen süßen aromatischen Duft ein und verschied.

KAPITEL 18

DER CHARAKTER, PHILOSOPHISCH BETRACHTET

D er Charakter starb im 20. Jahrhundert. Ihn wieder zu beleben wird nicht leicht sein. Ihm ist schon vor Jahrhunderten die Lebenskraft genommen worden, als er für die höheren Betrachtungen von Philosophie und Wissenschaft irrelevant wurde. Weder die Gesetze, welche die Natur regieren, noch die Prinzipien, in denen der menschliche Geist wurzelt, erfordern eine Idee vom Charakter. Er ist abgeschoben worden in die Moraltheologie, die Sozialethik, die persönliche Psychologie und die Kindererziehung.

Ersatz für ihn tauchte scharenweise auf: der Wille, das Individuum, das Subjekt, die Persönlichkeit, das Ich. Jedes bietet die Möglichkeit, von einem charakterlosen, einheitlichen, subjektiven Stellvertreter zu sprechen. Diesen objektiven Beobachter halten wir für das Zentrum unseres Bewusstseins. Was als Ersatz für den Charakter dienen soll, kommt leer daher und ist bewusst abstrakt, während die alte Idee vom Charakter reiche und erkennbare Eigenschaften präsentierte, eine Fülle von Qualitäten.

Wenn der Kern des Bewusstseins den Charakter nicht mehr einschließt, müssen Eigenschaften wie Gier, Inbrunst, Kampfbereitschaft, Zerstreutheit und Pedanterie ... usw. ein anderes Zuhause finden. Sie endeten im Unbewussten des 20. Jahrhunderts als Komplexe, die an bestimmte Syndrome gebunden waren, oder als unabhängige, frei fließende Symptome. In jüngster Zeit hat man sie den Genen angehängt.

Der Fall vom Gipfel ins Tal, die Abwanderung vom Zentrum zur Peripherie erklärt allerdings auch die Rückkehr des Charakters in die Philosophie auf dem Umweg über die Psychoanalyse. Hier wurden Charakterstörungen und Charakteranalysen niemals vom Wesen des Bewusstseins getrennt. Das Ich mag leer sein, aber es ist nicht allein; es ist immer bevölkert von der Dynamik des Charakters und ihr ausgesetzt.

Norman Mailer bemerkte einmal, »›Ich‹ ist das große Wort des 20. Jahrhunderts«. Er meinte damit mehr als aufgeblasene egozentrische Eitelkeit. Er spielte auf die Leere an, die sich in der Begründung dieser geschichtlichen Phase verbarg: Mister Objektiver Beobachter.

Diese charakterlose Abstraktion leitet Unternehmen, bestimmt den internationalen Stil der Architektur, schreibt die Sprache offizieller Berichte. Sie verschafft den Methoden wissenschaftlicher Forschung Geltung, mag Systeme lieber als Menschen und Zahlen lieber als Bilder. Sie legt die Erziehungsrichtlinien fest und auch deren Prüfungsanforderungen. Es ist ihr auch gelungen, die praktischen Aktivitäten von Gesetz, Wissenschaft, Medizin und Handel vom Charakter ihrer Betreiber zu trennen. Sie begünstigt die erfundenen Namen, welche die Diagnose und die sich daraus ergebende Medizin bestimmen sowie die Akronyme der Finanzwirtschaft, Institutionen und Waffen. Und die gleiche charakterlose Abstraktion ermöglichte den Gulag und die Konzentrationslager. Der eine Tod, der im vergangenen Jahrhundert so viele Tode nach sich gezogen hat, ist der Tod des Charakters.

Der Leichnam lädt ein zur Autopsie. Es ist jedoch schwer, eine einzige Todesursache auszumachen. Sicherlich ist Schopenhauers und Nietzsches Betonung der Abstraktion des »Willens« als Macht eine Ursache. Und eine weitere ist mit Sicherheit die psychoanalytische Vorstellung vom Ich als rein funktionellem Vermittler, einer Art Manager oder Politiker, der zwischen der rebellischen Linken mit ihren fordernden Instinkten und der moralistischen Rechten und ihren nach unten erteilten Befehlen schiedsrichterlich schlichtet. Eine weitere Ursache für den Tod des Charakters ist ein Schöpfer von Charakteren, Henry James. Anders als Romanciers vor ihm – Dickens, Tolstoi, Austen – hält er sich seinen eigenen Werken fern; er ist hauptsächlich ein schwebender Mittelpunkt von Bewusstheit, ein objektiver Beobachter, der den Fall als solchen vorführt.

Hinter all diesen Gründen liegt die primäre Ursache, die sich immer noch in den Schulen der westlichen Philosophie verbirgt: Kants »transzendentale Einheit der Apperzeption«. (Wie Kant sagte, liegt der Geschmack nicht im Wein, sondern in unserer bewussten Wahrnehmung desselben.) Wir werden stehen gelassen mit dem gesichtslosen Funktionialismus des reinen Bewusstseins, »ohne Zähne, ohne Augen, ohne Geschmack, ohne alles.«

Die Idee des Bewusstseins, das über allen Phänomenen schwebt, ohne an eines gebunden zu sein, liefert das philosophische Fundament für den objektiven Beobachter der Wissenschaften, den objektiven Erzähler in der Literatur und für die Verdichtung des Bewusstseins zum Ich in der Psychologie. Dieser kühle, abstrakte Agent ist das Subjekt, das die Welt beobachtet, das sein Handeln der Welt aufzwingt und potentiell mit jeder anderen Subjektivität an jedem anderen Ort austauschbar ist (da es transzendent ist, ist es auch ohne Raum und Zeit). Wahres Bewusstsein wäre somit reines Bewusstsein, jenseits eines qualitativen Charakters welcher Art auch immer.

Reinheit ist Armut. Die Reinigung des Bewusstseins führt zu einer Verarmung der Wahrnehmung des Charakters. In der Renaissance – als der Charakter herrschte – haben Rabelais, Boccaccio, Shakespeare und viele andere eine flammende Sprache erfunden, um Menschen zu beschreiben. Unsere oberflächlichen Beobachtungen von heute dagegen zeugen von unserer Gleichgültigkeit. Die Charaktere von Menschen fesseln unsere Aufmerksamkeit nicht mehr. Menschen sind, was sie *tun* – mehr nicht. Wir sehen und behandeln uns gegenseitig als Funktionen.

Was fällt uns denn wirklich auf, wenn wir für die Beschreibung von Personen Worte benutzen wie »interessant«, »tief«, »kreativ«, »schrecklich«, »attraktiv«, »stark«, »großartig«, oder wenn wir Menschen abtun als »komisch«, »schrullig«, »trottelig«, »bedürftig«, »zickig«, »eingebildet« oder als »Arschloch«. Diese kommunikativen Gepflogenheiten liefern kaum genaue Bilder des Charakters. Aus dem Trümmerhaufen der Abstraktion, welche die Leere als Bewusstsein der Menschheit in deren Mitte gestellt hat, muss der Charakter neu geboren werden.

Sowohl als Idee als auch im Verhalten resultieren gegenwärtige Charaktermängel aus der Erkenntnistheorie, dem Studium der Frage, wie wir zu Erkenntnissen gelangen. Wenn der Charakter des Erkennenden für das Erkennen unwichtig oder sogar störend für wirkliche Erkenntnis ist, dann gehört er nicht in den Zuständigkeitsbereich der Philosophie. Dann können die Erkenntnis und die Methoden, mit denen sie gewonnen wird, ungestört durch den Charakter des Erkennenden oder Themen von Wert, die mit der Idee des Charakters unausweichlich verbunden sind, voranschreiten. Das Resultat: Erkenntnis ohne Wert; wertlose Erkenntnis und damit beschönigend zugerichtete »Objektivität«.

Wenn die Philosophie die Wichtigkeit des Charakters für den Wert des Erkennens ignoriert, ist die Folge ein moralischer Verfall, und die moralische Wiederbelebung hängt von einer philosophischen Richtigstellung ab. Die Rechtschaffenen und die Rechte, die sich über den moralischen Verfall der Gesellschaft beschweren, richten ihren Blick auf die Familie, weil sie meinen, dort die Ursache zu finden und Abhilfe schaffen zu können. Sie sollten ihre nachträgliche Leichenschau etwas gründlicher betreiben. Dann würden sie ihre Klagen der Philosophie vortragen und der überlasteten, schuldgeplagten Familie eine Ruhepause gönnen.

Der erkenntnistheoretische Fehler ist, kurz gefasst, folgender: Um die Welt »da draußen« zu erkennen, konstruierte die Philosophie ein erkennendes Subjekt »hier drinnen«. Da die Welt letzten Endes als charakterlose Abstraktion von Zeit, Raum und Bewegung wahrgenommen wurde, musste der Erkennende ebenso transzendent sein und entsprechend objektiviert, das heißt, sämtlicher charakteristischer Züge beraubt werden. Die Methode, zu Erkenntnissen über die Welt zu gelangen, musste gereinigt werden; sonst wären unsere menschlichen Beobachtungen allzu menschlich, qualifiziert durch individuelle Subjektivität, hauptsächlich anekdotenhaft und deswegen unzuverlässig und deswegen unwahr. Der ideale Erkennende der Wahrheit musste ein leerer Spiegel gereinigten Bewusstseins sein.

Einige Denker würden den Begriff »Bewusstsein« am liebsten ganz verwerfen. Sie sprechen stattdessen vom »Geist in der Maschine«; sie behaupten, die Beziehung zwischen Bewusstsein und Gehirn sei ein unlösbares Problem, oder sie sagen, das Problem ergebe sich aus der falschen Frage. Sie haben Recht – solange das Bewusstsein völlig unbefleckt von Eigenschaften und eine reine Abstraktion ist. Wird das Bewusstsein als Energie betrachtet, die sich selbst wahrnimmt, macht das die Sache noch schlimmer. Dann wird eine Abstraktion mit Hilfe von drei weiteren Abstraktionen definiert: Energie, Bewusstheit und Selbst.

Diese charakterlose, sinnlose Welt ohne Farbe, Geschmack oder Klang abbauen heißt zulassen, dass sie in ihre zahlreichen verschiedenen Eigenschaften zerfällt. Das bedeutet die Welt so nehmen, wie sie ist, ein Füllhorn von Phänomenen und die Phänomene vor Abstraktionen retten. Die Natur verabscheut tatsächlich jedes Vakuum. Eine Welt, die durch ihre Eigenschaften definiert und als Fülle von Eigenschaften wahrgenommen wird, verlangt die gleiche Fülle bei ihren Beobachtern. Gleiches kennt Gleiches. Wenn die Welt eine chaotische Vielfalt ist, dann folgt die Definition des Bewusstseins einer, die bereits zu Beginn des 20. Jahrhunderts von dem französischen Philosophen Henri Bergson vorgeschlagen wurde: »qualitative Multiplizität.«

Der Erkennende wird zur Bündelung von Persönlichkeitszügen und Fähigkeiten, wobei die Fähigkeit zur Abstraktion nur eines von vielen Potentialen ist, ebenso wertvoll wie die anderen. Die innerste Natur dieses Erkennenden, der Charakter, könnte nicht länger in einem einzigen zentralen Kern enthalten sein. Auch er würde imaginiert als Zusammenspiel vieler Charakteristiken. Das Bewusstsein würde nicht länger als klares Licht betrachtet, das über der äußeren Erscheinung der Tiefe schwebt und jedes Ding auf dessen Art wahrnimmt. Vielmehr würde das Licht sich brechen, fluktuieren, Vielfarbigkeiten zeigen, welche die Charakteristiken der Welt widerspiegeln, auf die unser Bewusstsein antwortet. Wir würden das Bewusstsein als ebenso vielfältig wahrnehmen wie die Welt, ein Mikrokosmos des Makrokosmos: wie innen, so außen. Statt davon auszugehen, wir seien nach dem Bildnis eines einzigen transzendenten Gottes erschaffen worden, würden wir uns als vielfältige Bilder der Welt betrachten.

Wenn wir alt werden, ist der Charakter der Welt für uns präsenter, ihre »Wunder nehmen kein Ende«. Das Bewusstsein der späten Jahre, das sich trübt und aufblitzt, kommt und geht, entspricht der pulsierenden Mannigfaltigkeit der Welt. Die Sonne steht niemals still, und ihr Licht scheint nicht auf alle gleich. Wahre Einsicht dringt wie durch ein dunkles Glas zur erstaunlichen Verschiedenartigkeit der Dinge vor, von denen jedes durch die Linien seines Charakters auf einzigartige Weise schattiert ist.

Was würde geschehen, wenn der Charakter *philosophisch* zurückkehrte? Unser Sprechen würde sich radikal verändern, denn es würde von uns und der Welt so erzählen, wie wir uns zeigen. Charakteristiken brauchen Beschreibungen, Gesichter haben ihre Eigenarten, Phänomene stellen Bilder dar. Die Sprache kann darauf eingehen, indem sie beschreibender, bildhafter wird.

Da das Bewusstsein immer vom Charakter geprägt ist, gilt dies auch für das Unbewusste. Auch das würde charakterisiert und nicht länger als allgemeine Verteidigung grober und dummer Taten gelten, die eine weitere Maske der Ignoranz darstellen. Wir wären unwissend, vergesslich, grausam, launenhaft, aufgebracht, gleichgültig, dumm, überstürzt – aber nicht »unbewusst«.

Statt »den Willen« als abstrakte Komponente einer Person und »wollen« als Verb in variierenden Stärken zu betrachten, würden wir vom willentlichen, bereitwilligen, unwilligen oder zögernden, freiwilligen, aggressiven Handeln sprechen ... Das Verb »denken« würde sich in viele verschiedene Formen von Bedächtigkeit auflösen – unbedacht, bedacht, wohl durchdacht, gedankenlos. Ein Gedanke würde niemals allein reisen; er würde begleitet von Adjektiven wie »dunkel«, »klar«, »scharf«, »verwickelt«, »rigoros«, »umfassend«, »brillant«,

»verworren«, »logisch«, »durchdringend«, die ihn näher bezeichnen ... Auch der reine Gedanke würde sich einer genaueren Charakterisierung unterwerfen.

Wir würden geistige Aktivitäten ähnlich benennen, wie viele Eingeborene und kleine Kinder es tun. Wir würden Personen und Orte, göttliche oder natürliche Kräfte nicht mit einzelnen Abstraktionen, sondern immer mit beschreibenden Adjektiven, Adverbien und präpositionalen Kombinationen bezeichnen: Sitting Bull (Sitzender Bulle, Indianerhäuptling, Anm.d.Ü.), die Katze im Hut, Aphrodite Kallipygos, Weiß-dehnt-sich-hügelabwärts-zum-Wasser (Name der Apachen für einen Ort).

Wir würden wieder anfangen zu sehen, was wir sahen, bevor Abstraktionen unseren Geist eroberten: Das gelebte Leben ist durch und durch charakterisiert. Adjektive und Adverbien sind die eigentlichen Kräfte, die bei der Wahrnehmung der Welt und in unserem Verhalten auf uns einwirken. Unsere Sprache würde wieder Verbindung aufnehmen mit der Welt, in der Wolke, Strauch, Maus nicht rein und eigenschaftslos sind, sondern jede Wolke hat eine Form, steht still oder bewegt sich, steht in Beziehung zum Land unter sich und zu anderen Wolken; jeder Strauch gehört einer bestimmten Art an und ist ein besonderes Exemplar; diese besondere Maus macht ihre Sache auf ihre ganz einzigartige Weise. Sprache würde kreativ imaginiert, um der Imagination der Schöpfung zu gleichen. Im Folgenden zitiere ich eine prägnante Erläuterung dieses Stils, die von dem Anthropologen Keith Basso stammt:

Denken geschieht in Form von »Bildern« ... sprechen heißt Sprache benutzen, um diese Bilder den Mitgliedern einer Zuhörerschaft so »darzustellen« und zu »vermitteln«, dass diese, indem sie die Worte des Sprechers »hören« und »behalten«, die Bilder vor ihrem eigenen inneren Auge »sehen« können. Denken, wie die Apachen es sich vorstellen, besteht darin, sich für sich ein Bild zu machen und sich diesen Bildern persönlich zuzuwenden .... Apache-Zuhörer müssen diesen gesprochenen Bildern ... immer mit Bildern, die sie selbst entwerfen, etwas »hinzufügen«. Dieser Prozess wird damit verglichen, dass einer halb fertigen Mauer Steine hinzugefügt oder auf die Grundmauern eines Hauses weitere Backsteine gelegt werden.[1]

Anders als abstrakte Definitionen, die Sprache ausmachen, ähneln durch Bilder charakterisierte Gespräche eher »Projekten, die es zu beenden gilt, Einladungen, die Vorstellungskraft zu üben«, sagt Basso.[2] Imaginieren üben heißt auch durch unseren Beitrag dazu einladen, das Gespräch fortzuführen, statt nur gegensätzlicher Meinung zu sein. Im Gespräch Bilder zu erfinden macht sicher mehr Spaß als Information zu vermitteln. Umständliche Langsamkeit vermittelt möglicherweise genauere Informationen. Bilderreiche Kommunikation kann langfristig ökonomischer sein als Abstraktionen, die immer weitere Spezifikationen erfordern. »Sie ist eine gute Mutter«, »ein schwer arbeitende Mensch«, »ein treuer Freund« – das ist viel zu allgemein, um genaue Informationen zu vermitteln. Der französische Anthropologe Lucien Lévy-Brühl schreibt: »Bei den meisten Sprachen der nordamerikanischen Indianer sticht besonders hervor, wie sehr sie darauf achten, konkrete Einzelheiten zum Ausdruck zu bringen, die in unserer Sprache unverstanden oder unbenannt bleiben.« Er gibt folgendes Beispiel:

Ein Ponka-Indianer muß, um zu sagen, »ein Mensch hat einen Hasen getötet« sagen: »ein Mensch, er, einer, beseelt, aufrecht (im Nominativ) hat absichtlich getötet, indem er einen Pfeil abschnellte, den Hasen, ihn, einen, beseelt, sitzend (im Akkusativ); denn die Form eines Zeitwortes › töten ‹ muß unter mehreren gewählt werden. Das Verbum ändert durch Flexion oder durch Einverleibung von Partikeln seine Form, um die Person, die Zahl, dann das Genus (ob beseelt oder unbeseelt) ... zu bezeichnen ... die Form eines Verbums drückt auch aus, ob die Handlung des Tötens zufällig oder mit

Vorbedacht, ob sie mittels eines Projektils geschehen ist ... und wenn es sich wirklich um ein Projektil handelt, ob mit einem Bogen und Pfeil oder einem Gewehr.«[3]

Jeder Zentimeter charakterisiert. – Die zeitgenössische Kultur, deren Bewusstsein durch Abstraktion definiert ist, schaut auf Menschen herab, die so sprechen. Vor weniger als 50 Jahren wurden sie noch als »Primitive« bezeichnet. Die Psychopathologie betrachtet diese bildhafte, charakterisierte Sprache immer noch als diagnostisches Anzeichen für Umständlichkeit und naives Denken. Sicherlich verläuft die Kommunikation verlangsamt. Auch Sie müssen langsam machen, wenn Sie erzählen, wo Sie leben, indem Sie Ihr Haus und Ihre Straße beschreiben, statt einfach nur Straßennamen und Hausnummer zu nennen, selbst wenn der Name völlig allgemein ist – Lincoln-, Ahorn- oder Hauptstraße – und die Nummer wie Millionen anderer Nummern auch. Wir treiben Leute an, »in die Gänge zu kommen«, uns »die Details zu ersparen« und die Sache »endlich auf den Punkt zu bringen.« Wir entwöhnen Kinder von Charakterisierungen, bringen ihnen Abstraktion bei und betrachten diesen Schritt als Maßstab für ihre Intelligenz.

Und die ganze Zeit über verpassen wir die Welt, wie sie ist, und die Komplexität unseres Charakters, wie er sich in der Welt bewegt, eine Komplexität, die sich einfach darin zeigt, wie wir den Hasen geschossen haben.

Das philosophische Fazit? Beim Erzählen vom Erschießen des Hasens verschmelzen Bewusstsein und Charakter. Jäger, Hase, Jagdinstrument, Körperhaltung und Absicht verdichten sich zu einem Augenblick der Zeit, einem Bild. Die bewusste Präzision charakterisiert jedes kleinste Detail des Bildes: wie Hase erstarrt, wie Jäger innehält, wie Pfeil fliegt und Hase fällt.

KAPITEL 19

DER TUGENDHAFTE CHARAKTER ODER DER CHARAKTER, MORALISCH AUSGELEGT

Aus den hohen Hallen von Wissenschaft und Philosophie ausgeschlossen, nahm das Studium des Charakters Quartier bei den Moralisten und die Idee des Charakters litt unter deren Einfluss. Die ganze Vielfältigkeit des Charakters wurde in zwei Säcke einsortiert: gut und schlecht. Auch als Thema verfiel der Charakter. Einst als Gegenstand reifen Denkens für wert erachtet, wurde er zur simplen Ermahnung für brave Jungen und Mädchen.

Ursprünglich wurde der Charakter nicht gebeugt, um sich moralischer Kritik zu fügen. Die ersten »Charakterologen« sprachen in Bildern. Sie erfanden fiktive Figuren und beobachteten das Leben mit scharfem Blick und gewitzter Zunge, wie heute die Romanciers und Humoristen. Das erste Buch zu diesem Thema, *Charaktere*, vom Nachfolger Aristoteles' an dessen Schule, Theophrastus von Lesbos (ca. 371-287 v.Chr.), porträtiert eine Reihe von imaginären Gestalten, die aus den Akten einer Casting-Agentur stammen könnten: eingebildeter Stolz, Verdrießlichkeit, Schmeichelei, Geschwätzigkeit, Taktlosigkeit, Feigheit, Dummheit, Verleumdung. Insgesamt 30.

Diese Eigenschaften werden nicht verdammt, noch werden Tugenden wie Aufrichtigkeit, Anmut, Ehrlichkeit oder Großzügigkeit beschrieben. Theophrastus' Skizzen dienen mehr als Leitfaden für Kenner der Straßenszene, als Lebensaufklärung oder als Rollenanleitung für die Stücke der Saisontheater als der Erziehung von Kindern zu tugendhaften Menschen. Er sagt uns niemals, dass es schlecht ist, gemein zu sein, sondern begnügt sich damit, die Erscheinungsformen der Gemeinheit zu porträtieren:

> wenn er Freunde zu einem Fest einlädt, ihnen nicht genug Brot vorsetzt; sich etwas von einem Fremden leiht, der sich in seinem Haus aufhält; beim Schneiden des Fleisches sagt, dass der Fleischschneider eine doppelte Portion verdiene; und wenn er seinen Wein verkauft, ihn seinem Freund mit Wasser verdünnt verkauft.

Und ebenso verfährt er mit Unflätigkeit:

> seine Nase bei Tisch schneuzen; an seinen Nägeln kauen, wenn er mit dir zusammen opfert; spucken, wenn er mit dir spricht ... dir ins Gesicht rülpsen. Er geht mit seiner Frau ins Bett, ohne sich die Hände zu waschen und behält die Schuhe an.

Klassische Autoren wie Plutarch und Sueton studierten das Leben außergewöhnlicher Menschen und beobachteten deren Stärken und Schwächen, aber erst zur Zeit des Christentums wurde der Charakter moralisch befrachtet. Biblische Gestalten wurden zu exemplarischen Figuren: Ruth, die treue Nachfolgerin; Abraham, der gehorsame Patriarch; Aaron, der Bruder; Martha, Peter, Judas ... Die Heiligen lieferten Bilder für das Nacheifern und Anbeten, damit der Gläubige jene Tugenden erlangte, die sie verkörperten. In der Renaissance kehrten Machiavelli, Pico della Mirandola und weitere Studenten des Charakters zum klassischen Stil zurück. Ihre Leidenschaft war mehr psychologischer als moralischer Natur, sie fragten, wie wir *hier* auf der Erde sind, und nicht, wie wir sein sollten, um ins Himmelreich zu gelangen.

Die Viktorianer legten den Charakter durch und durch moralisch aus. So wie Profit und Verlust, Ruhm und Versagen die Pole auf unserem heutigen Kompass sind, waren es damals Tugend und Laster. Ihr Kompass befand sich im Charakter selbst, spaltete ihn, machte ihn zum Schlachtfeld, auf dem »der Kampf für das Gute« ausgefochten werden musste. Der amerikanische »Krieg zwischen den Staaten« beispielsweise intensivierte den inneren Konflikt und bestärkte mit seinen kämpferischen Werten den selbstbewussten Protestantismus in seinen Tugenden. Der Charakter wurde zur Provinz der Moralisten, des groß geschriebenen WILLENS und mannhafter Männer: Francis Parkman, Oliver Wendell Holmes Jr., Emerson und zuletzt der Reformer Theodore Roosevelt, der die Idee des Charakters energisch von der politischen Plattform verkündete.

Emerson beginnt seinen Aufsatz »Charakter« mit vier Abschnitten über Moral, von denen drei mit eben diesem Wort beginnen. »Der Wille macht den Menschen aus«, schreibt er. Hierin unterscheidet sich Emerson wenig von dem einflussreichsten der viktorianischen Philosophen, John Stuart Mill: »Ein Charakter ist ein völlig durchgeformter Wille«. Wie wird dieser Wille geformt? Durch Gewohnheit, wie William James sie in seinen *Talks to Teachers* (1899) erläutert. Der Wille entwickelt die Gewohnheit von Gewohnheiten. »Halten Sie das Vermögen der Anstrengung in sich lebendig, indem Sie täglich freiwillig üben.«[1] »Wir müssen so früh wie möglich so viele nützliche Verhaltensweisen zur automatischen Gewohnheit machen, wie wir vermögen.«[2]

Diese Zeile taucht wieder auf bei William Bennett, der sein Material für die Erziehung des Charakters oft aus Werken bezieht, die »etwa aus der Zeit der Wende zum 20. Jahrhundert« stammen. Kinder entwickeln »gute Gewohnheiten ... durch wiederholtes Üben.« Tugenden müssen Kindern beigebracht werden, denn sie »werden nicht mit diesem Wissen geboren.«[3]

Die Ermahnungen der Moralisten wenden sich an die Jugend. »So früh wie möglich«, schreibt William James. Der moralisierte Charakter spart die späten Jahre aus, in denen der Körper mit den Gewohnheiten der Konformität bricht und der Charakter durch die Risse sickert. Der moralisch ausgelegte Charakter hat nichts über das Altwerden zu sagen, noch hat das Alter mehr über den Charakter zu sagen, als die Jugend zu mahnen, nicht den falschen Weg einzuschlagen. Doch für alte Kundschafter, die zu fremden Ufern aufbrechen, gibt es nichts Unwichtigeres als die tugendhaften viktorianischen Platitüden.

Die Moralisierung des Charakters ist nicht einfach Vergangenheit. Wenn es heißt, das ist »eine Frage des Charakters«, geht es eher um Gewohnheiten, die von kirchlichen Kanzeln herab und von pedantischen Politikern angeprangert werden, als um die grundlegende Bedeutung von »Charakter«: nämlich die besonderen Kennzeichen der Identität, durch die Menschen sich voneinander unterscheiden. Das Wort »Charakter« verweist in vielen westlichen Ländern auch heute noch auf eindeutige viktorianische Tugenden: Rückgrat, kein Geschmackssinn; Faust, nicht Seele. Dieser Charakter ist mit Sicherheit nicht unter der Gürtellinie angesiedelt.

Da wir Urteil meist vor Neugier setzen, erklären wir ein Phänomen immer noch für gut oder schlecht, bevor wir Interesse daran zeigen. Damit schützen wir unsere Unschuld, denn wir lassen uns nicht tiefer ein. Wir haben gute und schlechte Träume; sie ist ein gutes Kind, er ein schlechtes. Genug gesagt. In jedem Hausflur hängt sozusagen der schwarze Hut des Puritaners. Lob oder Tadel verstärken die moralische Vorstellung vom Charakter, und diese Urteile lassen auch die tugendhafte Moralität unseres eigenen Charakters deutlich werden.

Doch der Charakter hat ein besseres Refugium, sein ältestes, weit weg von den Militärakademien, den Kanzeln und Waisenhäusern: die Astrologie. Hier gedeiht er noch heute. Die populäre Lebendigkeit der Astrologie zeugt vom Bedürfnis nach einer Psychologie des Charakters für die Lebensführung.

Die Astrologie stellt für Charakterzüge eine Sprache zur Verfügung. Sie kann in die Falle pseudowissenschaftlicher Zahlenberechnungen geraten und auf das Niveau der praktischen Forderungen des Ich nach Gewinn und Erfolg, der großen Liebe und der Vermeidung von Schwierigkeiten herabsinken. Die Haupttugend der Astrologie besteht jedoch darin, dass sie eine himmlische Fülle von Charakteristiken bietet, welche die individuelle Seele auf archetypische Mächte verweisen. Ihre mythische Imagination verbindet gewohnheitsmäßige Tendenzen mit tiefer greifenden Notwendigkeiten. Sie spricht in Bildern vom Charakter.

Wenn Ihr Zeichen zum Beispiel viel vom Element Wasser enthält und die Fische dominieren, kann Ihr Charakter eine Neigung zur Auflösung und Tiefe, wenn nicht Kühle haben. Vielleicht sind Sie sensibel für die winzigsten Wellenschläge in Ihrer Umgebung und es fällt Ihnen schwer, aus nächtlichen Träumen zu erwachen. Sie vermeiden unwiderrufliche Entscheidungen und bevorzugen eine fluktuierende Ambivalenz; Sie genießen heftige Stürme und den Sog der Gezeiten, denn Sie können in den unsichtbaren Strömungen unter Wasser gedeihen.

All das kann ohne jede moralische Vorhaltung gesagt werden. Keinerlei Vorwurf. Das Muster sagt nicht voraus, dass Sie ein Trinker, eine Krankenschwester, ein träger Zauderer, ein romantischer Geigenspieler, ein Masochist, ein intuitiver Kunsthändler oder ein schnüffelnder Detektiv werden, der sich auf indirekte Ausstrahlungen einstimmt. Kein Programm für moralische Verbesserungen; einfach nur metaphorische Einsichten, mit deren Hilfe der eigene Charakter intelligenter gelebt werden kann. Die Astrologie benutzt zum Lesen des Charakters eine subtile Bildersprache; der moralisierte Charakter hingegen braucht kaum mehr als »gut« und »schlecht«.

Zur Moralität des Charakters eröffnet die Biologie einen weiteren Weg. Statt davon auszugehen, dass ewige Wahrheiten von der Offenbarungsreligion stammen oder auf den Einschärfungen von jahrhundertelanger Tradition beruhen, forscht die heutige Wissenschaft nach der Genetik moralischer Empfindungen. Der namhafte Biologe E.O. Wilson schlägt eine empirische Attacke auf das Mysterium der Moral vor und meint, wir müssten die Erblichkeit ethischen Verhaltens messen und die ihm zugrunde liegende Anordnung der Gene identifizieren.

Auf die grundlegendere Frage, »Warum existieren moralische Empfindungen überhaupt?«, antwortet Wilson: »Wahrscheinlich haben sie in den langen Perioden der prähistorischen Zeit, in denen sie sich genetisch entwickelten, zum Überleben und zur gelungenen Fortpflanzung beigetragen.«[4]

Der Wert der Moral liegt in ihrer Nützlichkeit; Wilsons Position ist die des Utilitarismus. Diese Ethik würde behaupten müssen, dass Mitgefühl, Großzügigkeit, Freundschaft und andere Tugenden gut sind, weil sie vermutlich der Evolution gedient haben. Aus einem anderen Blickwinkel betrachtet, sind Charakterzüge primär für die Seele und deren

Leben erforderlich, denn dieses kann ohne Werte, Ideale und moralische Dilemmas nicht befriedigend gelebt werden. Wenn moralische Tugenden überhaupt nützlich sind, dann für den Charakter des Individuums; ihr Wert jedoch liegt nicht in ihrer Nützlichkeit jetzt oder vor Millionen von Jahren, sondern im Stil ihrer Darstellung.

Wie anders nähern wir uns dem Charakter auf den Seiten dieses Buches! Wir versuchen ihn sowohl von der Religion als auch von der Wissenschaft zu befreien, indem wir seine Psychologie vertiefen und feststellen, dass der Charakter weniger durch moralische Tugenden als durch individuelle Eigenarten bestimmt wird. Diese persönlichen Eigenschaften mögen sich den Programmen der Religion nicht fügen und für das Überleben der Gene keine guten Dienste leisten, und trotzdem können sie die imaginative Fülle des Lebens bereichern.

Mit meiner Betonung des Charakters als Bild, das sich in bestimmten Eigenschaften enthüllt, setze ich die klassische Tradition der geschriebenen, gemalten, symbolisierten Charakterbeschreibungen von Theophrastus bis zur Renaissance fort. Moralische Tugenden bilden nur einen Teil dieser Beschreibungen und des Charakterinhalts.

Wichtiger als Umfang und Ausprägung jedes anderen Inhalts ist die imaginative Intelligenz, die einst als Scharfsinn oder weise Voraussicht bezeichnet wurde. Diese Form von Einsicht beruht auf einem intuitiven Gefühl für die Bilder, die in unserem eigenen Leben ihre Wirkung entfalten. Solche Bilder sind unsere tatsächlichen persönlichen Wahrheiten. »Wahrheit« nicht als Doktrin oder Prinzip – sondern Wahrheit als Instinkt. Denn der Charakter agiert als unterschwelliger Instinkt, der die Bewegungen, die wir machen, und die Worte, die wir äußern, treffend hervorhebt und ihren Stil prägt. Er ist eine imaginierende Kraft, und wir brauchen eine imaginative Intelligenz, um seine Spur zu verfolgen.

Ein intuitives Gefühl bewahrt uns Menschen davor, zu weit vom Kurs abzuweichen oder über unsere Grenzen hinauszugehen und uns auf Welten einzulassen, die für unsere Natur nicht authentisch sind. Dieser instinktive Sinn gleicht den Reaktionen der Abgrenzung, die wir bei der Artenvielfalt und vielleicht auch in allen Dingen vorfinden und die dafür sorgen, dass wir die Form wahren, die uns wirklich entspricht.

Wir Menschen können mit dem, was wir sind, sehr weit kommen. Vielleicht ist unsere Eigenart unser beständigster langfristiger Vorteil, aber wir können kein einziges nicht authentisches Körnchen hinzufügen ohne zu riskieren, dass der tragende Instinkt zusammenbricht und wir den Zorn der Götter auf uns laden. Die einschränkende Wirkung des eigenen inneren Bildes verhindert jene Aufgeblasenheit, dieses Überschreiten der Schwelle oder die Hybris, welche die klassische Welt als schlimmsten aller menschlichen Fehler betrachtete. Auf diese Weise agiert der Charakter als leitende Kraft.

Die instinktive Einschränkung kann sich als leise, kleine Stimme des Bewusstseins äußern oder als hemmendes Symptom, als moralisches Prinzip, das als Pflicht empfunden wird, als Beharrlichkeit oder gesetzestreue Ehrlichkeit. Sie zeigt sich schon früh im Leben und verleiht selbst dem kleinsten Kind die Stimme, um jenes erste unerbittliche, unerschütterliche »Nein!« zu sagen.

An dieser Stelle müssen wir uns daran erinnern, dass der Charakter immer qualifiziert ist. Er besteht aus Eigenschaften, Bildern, Qualitäten. Er entspricht per Definition den unterscheidenden Merkmalen, durch die sich ein Ding erkennbar von anderen Dingen unterscheidet. Jeder Charakter bleibt sich treu durch die Qualitäten, die ihm zu eigen sind. Er wird durch seine eigenen Qualifikationen zwangsläufig begrenzt. Ein »schlechter« Charakter könnte nur auf einen völlig leeren Charakter verweisen, eine Person ohne deutliche Charakterzüge welcher Art auch immer, ohne irgendwelche Qualitäten, eine Leerstelle. Wenn beispielsweise Sünden Ihre einzige Qualität sind, dann sind Sie vielleicht ohne jede Moral, aber nicht ohne Charakter.

Deshalb ist ein Mensch von Charakter nicht zwangsläufig eine moralische Person, noch macht ein Haufen verwerflicher Sünden einen schlechten Charakter aus. Ein schlechter Charakter würde auf eine Person verweisen, die wenig Einsicht zeigt, die zwischen den Ereignissen umhertreibt, sich an steife Tugenden klammert, ohne in ihrem eigenen Bild verankert zu sein und ohne eine Ahnung von der eigenen Einzigartigkeit zu haben. Ein schlechter Charakter ist einfach einer, der sich nicht vorstellt, wer er ist – kurz gesagt, ein unschuldiger Charakter. Dass er untreu, schamlos, verantwortungslos, nicht vertrauenswürdig und zügellos ist – das alles sind Makel, die von Anfang an einfließen. Unschuld wird von nichts anderem regiert als von Ignoranz und Verleugnung.

Ich folge hier einer Tradition, die mit Sokrates beginnt und die Ignoranz – vor allem die Ignoranz der Seele – als Übel betrachtet und die primäre Aufgabe menschlicher Wesen darin sieht, sich der Erleuchtung zu widmen. Diese Tradition besteht darauf, dass ein »guter« Charakter eine psychologische Erziehung erfordert, die in nichts anderem besteht als darin, ihm die Unschuld zu nehmen. Diese Arbeit findet im Schatten statt. Sokrates und Freud mühten sich in derselben Höhle ab.

Ich unterscheide mich insofern von ihnen, als ihr Pfad zur Einsicht ein analytischer, meiner hingegen ein imaginativer ist. Diese Einsicht vermittelt, dass Sie sich nicht *kennen*, sondern sich *entdecken*. Sie erhaschen einen kurzen Einblick, erkennen eine typische Reaktion, eine Vorliebe. Trotz der Berg- und Talfahrten Ihrer Stimmungen sehen Sie die Beständigkeit Ihres Bildes. Und wenn Sie Ihr Gesicht finden wollen, brauchen Sie andere, die Sie aufwecken. Selbsterkenntnis kommt und geht in Form von Einsichten ins Spiel des Lebens.

Da wir, um den eigenen Charakter differenziert zu verstehen, ein ganzes Leben brauchen, kann die Erziehung des Charakters keineswegs in jüngeren Jahren abgeschlossen werden. Positive Gewohnheiten mögen ein guter Anfang sein, aber mit der Zeit werden sie zu rostigen Ketten und Fesseln für die instinktive Weiterentwicklung des Charakters. In der Jugend mag man uns Moral beibringen und Lektionen über den Charakter, aber nur die gereifte Imagination kann das Lernen bestätigen. Ob früher oder später: Scham, Schuld und geringe Selbstachtung sind für die Charakterbildung notwendig, weil sie die Unschuld untergraben.

Scham ist laut Eliot eine der »Gaben, die dem Alter vorbehalten sind«. Er fährt fort, Scham zu beschreiben als:

> *... die Qual, abermals zu durchleben,*
> *Was man getan und was man war; die Schmach*
> *Der wahren Beweggründe, bloßgelegt, das Wissen*
> *Von schlechtem Tun, zum Schaden andrer,*
> *Was man sich einst als Tugend angerechnet.*[5]

Selbsttäuschung ist die Maske der Unschuld im Alter, ähnlich wie Unschuld sich in frühen Jahre als Verleugnung tarnt. Scham, die den Körper dazu bewegen kann, zu erröten und sich zu winden, bestätigt die instinktive Abscheu des Charakters vor Unschuld.

Wir geben der Herrschaft des Instinkts ehrbare Namen. Wir sagen: »Das ist unter meiner Würde«. »Das ist eine Frage der Selbstachtung«. »Mein Stolz verbietet mir das.« Wir lehnen ein verlockendes Angebot mit edlen Reden ab, wobei die Wahrscheinlichkeit viel größer ist, dass uns die Angst zurückhält – Angst, unsere Grenzen zu überschreiten, unseren Instinkt zu verraten und von den Göttern verlassen zu werden.

Wenn wir nicht damit aufhören, uns den Charakter als Funktion des Willens zu denken und ihn nicht in der instinktiven Seele ansiedeln, dann fahren wir fort mit unseren Ermahnungen: Mach es besser! Streng dich mehr an! Wie Marinesoldaten im Rekrutenlager, die noch nie von einer der grundlegenden Wahrheiten der Psyche gehört haben: Je höher der Baum, desto größer sein Schatten. Gute Gewohnheiten können böse Stürze nicht verhindern.

Und hier entsteht der moralische Fehler. Ethik ist nicht etwas, das man dem Charakter einflößt, indem man ihn gegen Sünde impft und seine Immunität stärkt, damit er vor Versuchungen bewahrt bleibt. Moral, so betrachtet, ist hauptsächlich ein Packen guter Dinge, die der Wille einkauft und als Gewohnheit praktiziert. Doch selbst die Gewohnheit von Gewohnheiten kann uns vor den unangenehmen Zügen des Charakters nicht retten. Die Unterdrückung des Unerwünschten hat nur eine begrenzte Reichweite und dauert nur begrenzte Zeit; dann kehrt das Unterdrückte rachsüchtig zurück.

Diese universale Lektion stammt nicht nur von Freud. Die bleibende Kraft des Unmoralischen und Amoralischen wird uns auch von der Weltgeschichte und ihrer Literatur nahe gebracht. Von De Sade und Dostojewski bis zu Sinclair Lewis, Sherwood Anderson und Fernsehserien wie *Dallas* empfangen wir eine gemeinsame Botschaft: Der Schatten weiß ebenso viel über die Seele wie jedes »Buch der Tugenden«. Die zehn Tugenden, die William Bennett auflistet, lesen sich, als seien sie von hart gesottenen Männern aus dem letzten Jahrhundert aufgeschrieben worden, bevor der Keller der Seele erneut geöffnet wurde von Baudelaire, Marx, Nietzsche, Freud und dem Ersten Weltkrieg, der sich von alledem ohnehin verabschiedete. Der Charakter, wie er im 19. Jahrhundert begriffen wurde, ist unverwundet durch die Geschichte; er stinkt nach Scheinheiligkeit. Was er fördert ist regressiv, repressiv, sentimental und grundlegend verdreht, weil seine guten Absichten das berstende Dilemma der Moral nach Hitler zupflastern.

Ethik tritt im Charakter nicht als Tugend oder Laster in Erscheinung, sondern als Besonderheit und Eigenart jedes Charakters. Jeder Charakter bringt sein eigenes Bündel von Werten und Eigenschaften mit – und die bleibende Kraft des Unbrauchbaren. Kain überlebte Abel, und Mister Hyde ist ebenso zäh wie Dokter Jekyll. Da der Charakter beides umfasst, Gutes wie Schlechtes, ist er jenseits von beidem. Seine Integrität besteht hauptsächlich im Muster seiner verwobenen Teile, selbst wenn dieses Muster so spannungsgeladen und doppelt gewirkt ist wie Jekyll und Hyde.

Die moralische Vorstellung vom Charakter hindert uns, den Charakter zu sehen. Wir sehen Moral. Wenn ein Teenager blonde Haare hat, zu Hause lebt und keine Urkunde gewonnen hat, machen wir uns dazu unser Bild und lassen es dabei. Wenn Hitler für seine Nation große Ideale hatte, die Protokolle zum Gesetz erhob und Staatsverträge unterzeichnete, sahen die anderen politischen Führer der damaligen Zeit nicht weiter. Michael Milken, Ivan Boesky, J. Edgar Hoover und Edwin Meese bekleideten verantwortungsvolle Posten, die Findigkeit und Selbstdisziplin verlangten. Ihr Charakter wurde nicht weiter untersucht – bis Mister Hyde zum Vorschein kam. Eine Gesellschaft, welche die Dr. Jekylls durch Bücher der Tugenden fördert, begünstigt in Wirklichkeit vielleicht die Mister Hydes.

Ein Teil dessen, was ich mit »*Kraft* des Charakters« meine, ist die Beharrlichkeit jener nicht korrigierbaren Abweichungen, jener Eigenschaften, die Sie weder verbessern noch verbergen und akzeptieren können. Beschlüsse, Therapie, Wandlung, die Reue des Herzens im Alter – nichts kommt gegen diese Charakterzüge an, nicht einmal das Gebet. Und wir müssen schließlich erkennen, dass der Charakter tatsächlich eine Kraft ist, die der Macht des Willens nicht unterworfen werden kann und die der Gnade nicht zugänglich ist. Die Kraft seiner Mängel verhöhnt sämtliche tugendhaften Bücher, und deren Bemühungen, ihn zu erleuchten, sind Kerzen im Wind.

Wir können das Geschäft mit dem Charakter neu planen, indem wir uns weniger auf die Kinder und auf das, was sie wissen sollten, konzentrieren, sondern auf uns Alten und auf das, was wir wissen. Was ich nicht kontrolliere, zwingt mich und treibt mich in die Enge. Der Charakter nötigt mich, jedes Ereignis auf meine ganz eigene Art und Weise zu betrachten. Er zwingt mich, anders zu sein als die anderen. Ich gehe auf seltsame Weise durchs Leben. Niemand geht so wie ich, und das ist mein Mut, meine Würde, meine Integrität, meine Moral und mein Verderben.

KAPITEL 20

DER IMAGINIERTE CHARAKTER

Die Idee des »Bildes« durchzieht dieses Buch wie ein roter Faden. Ich habe behauptet, dass Menschen zu Bildern geformt werden und immer mehr zu ihren Bildern altern. Unsere Erinnerungen an sie sind ebenso Produkte der Imagination, wie aus dem Fundus der Tatsachen zu schöpfen. Wir sahen die Auflösung ins Bild, wie Gide sie in Kapitel 16 in einem Absatz beschreibt. Wir sahen in Kapitel 2, wie Jung mit Bildern der Natur verschmolz, »Pflanzen, Tieren, Wolken«, während sein Bild in der Imagination der Öffentlichkeit fortdauert. Die Geschichte von der Frau, die wegfuhr und ein bleibendes Bild hinterließ, bot ein weiteres Beispiel. Und alles, was wir im Kapitel »Zwischenspiel« über das Gesicht entdeckten, stützte die These, dass Charakter und Bild unlösbar miteinander verbunden sind.

Auch wenn unsere Erinnerungsbilder an den Charakter von Menschen ebenso Produkte der Imagination sind, wie aus dem Depot der Tatsachen zu schöpfen, bedeutet das nicht, dass unsere Bilder rein persönliche Phantasien sind und die Imagination eine Funktion ist, die von jedem Schädel privat umschlossen wird. Für mich ist die Imagination keine rein geistige Fähigkeit.

Hier schließe ich mich den Romantikern an, welche die Macht der Phantasie aus dem Kopf direkt in den Kosmos verlagerten. »Jesus, die schöpferische Phantasie!«, rief Blake aus und meinte damit die kosmische, schöpferische Kraft der Welten- »Seele« oder *Anima mundi*, welche jene Bilder hervorbringt, die wir wahrnehmen – und empfangen. Die Bilder kommen zu uns in Träumereien, Träumen, plötzlichen klaren Einsichten und beim langen Ringen um gründliches Denken. Sie kommen von der Imagination der Welt zu uns, die unserer Imagination entspricht und auf der – selbst laut Skeptikern und Rationalisten wie Hume und Kant – unser Verständnis der Welt beruht. »Ohne die Einbildungskraft hätten wir von nichts und niemandem ein Wissen, doch sind wir uns (dessen) nur selten jemals bewußt«, sagte Immanuel Kant.

Da das Bewusstsein mit der Sinnesgabe der Sicht gleichgesetzt wurde, verbinden wir inzwischen die Fähigkeit, »ein Bild zu sehen«, mit einer optischen Erfahrung. Statt als Präsentationen von Bedeutung oder gar Präsenzen sind Bilder eher als visuelle Repräsentationen aufgenommen worden. So wie wir Gefühle fühlen, Empfindungen empfinden und Gedanken denken, bilden wir uns Bilder ein. Wir müssen sie nicht *wirklich* sehen. Weder Bilder in Gedichten oder Charaktere in Romanen, ja noch nicht einmal Bilder in Gemälden sehen wir konkret vor uns. Wir »sehen« Bilder mit der Imagination und ebenso sehen wir auch den Charakter. Er ist wie die Präsenz einer Person.

Um das Auge zu schulen, imaginativ zu sehen, könnten wir nichts Schlimmeres tun, als an der Universität Seminare in Psychologie zu besuchen oder uns mit einem diagnostischen Handbuch den Eigenarten zu nähern, die als abnorm bezeichnet werden. Das Studium des Charakters taucht im Lehrplan der Psychologie nicht auf; geeignetere Forschungsmethoden finden wir in anderen Bereichen – Film, Theater, Literatur, Biographien, politische Wissenschaften, Militärgeschichte und Kunstgeschichte – und in der Rechtssprechung, denn die Gerichte rufen immer noch Zeugen des Charakters in den Zeugenstand. Um die Fähigkeit der Imagination zu schulen, müssen wir uns dorthin begeben, wo wir ermutigt werden, sie praktisch anzuwenden.

Noch mehr als eine Fähigkeit ist die Imagination – wie Liebe, Ordnung, Schönheit, Gerechtigkeit, Zeit – eines der großen archetypischen Prinzipien. Wir spüren, wie diese Prinzipien in uns leben und halten sogar ihre Zügel in unseren Händen. Und gleichzeitig sind sie auch jenseits von uns und wir haben sie nie in der Hand. Nicht wir bringen Schönheit, Liebe oder Ordnung in die Welt, sondern wir finden sie dort vor und antworten darauf als kleinere Entsprechungen dieser größeren Mächte.

Dies gilt auch für die Imagination. Sie bringt endlose Möglichkeiten hervor, die unsere Vorstellungskraft empfängt und weiterentwickelt. Wir entwerfen kleine menschliche Versionen von Ordnung, messen unsere Zeit, stellen schöne Dinge her, entwickeln ein System für Gerechtigkeit und beweisen unsere Liebe. Und die ganze Zeit über wissen wir, dass Gerechtigkeit, Schönheit und Liebe von den entsprechenden menschlichen Institutionen niemals ganz erfasst werden können. Warum sollte das nicht auch für die Imagination stimmen? So, wie wir Liebe nicht befehlen und Schönheit nicht ohne Glück oder Inspiration hervorbringen können, so können wir uns die Imagination nicht gefügig machen. Phantasien gleichen eher dem Geist. Sie wehen hin, wohin sie wollen, und wir haben Glück, wenn eine uns nahe genug kommt und lange genug dauert, um sie ergreifen zu können.

Wir sind durch und durch Teil dieser Welt. Unser Körper besteht aus dem gleichen Kohlenstoff, Sauerstoff und Salzwasser wie sie, und wir nehmen als Bilder an ihrer Imagination teil. Auch wenn die Elemente mit Formeln aus Zahlen und Buchstaben umschrieben werden, wie CO_2 und H_2O, bergen sie eine reiche symbolische Bilderwelt. Der französische Physiker, Chemiker und Philosoph der Imagination, Gaston Bachelard, zeigte in einem Buch nach dem anderen auf, wie geistige Vorstellungen unser Denken über die Naturelemente prägen, auch wenn wir uns dessen, wie Kant sagte, »nur selten jemals bewußt« sind.

Unser Körper ist sowohl eine anatomische als auch eine imaginative Struktur. Was am Ende bleibt, sind die Knochen des Körpers und die Linien des Charakters, welche Bilder gestalten oder durch Bilder gestaltet wurden. Wir sind wie materialisierte Gedichte, fähig zu großer Freude und tiefem Leid. Dieser imaginative Körper ist Stoff für Tanz und Skulptur und gibt die Rhythmen von Rede, Musik und Schreiben vor.

Jeden Atemzug, den wir nehmen, empfangen wir vom Kosmos. Wir atmen seine Luft ein; wir sprechen mit seinem Atem; sein Pneuma ist unsere Inspiration. »Kosmos« meint eine Welt, die von der Ästhetik gestaltet wurde. Der Begriff »Kosmetik«, der auf *kosmos* zurückgeht, verweist auf die früheren Bedeutungen dieses griechischen Wortes, als es noch mit der Kleidung der Frauen zusammenhing und so viel hieß wie schmücken und verschönern, zu allen Dingen passen, in Ordnung sein, eingerichtet, arrangiert, und auch ethische Begriffe wie Schicklichkeit, Anstand und Ehre einbezog. Die ästhetische Imagination ist die primäre Form, den Kosmos zu erkennen, und die ästhetische Sprache eignet sich am besten, um die Welt zu formulieren.

Das Charakteristische bleibt als Bild erhalten. Urgroßvater bei Tagesanbruch in seiner riesigen alten Restaurantküche, ungekämmt, in Hausschuhen und Nachthemd, steckt seine Nase in die Töpfe mit den Resten. Was wurde gestohlen, was vergeudet? Urgroßmutters vorspringendes Kinn, ihre blitzschnellen Augen, ihr stechender Blick. Vielleicht hat sie den

Verstand verloren, nicht aber ihren Witz; ihr Gleichgewicht verloren, nicht aber ihr energisches Gebaren. Diese Eigenschaften werden zu selbstständigen Variablen, die kommen und gehen. Und sie blitzen als Bilder wieder auf, je älter wir werden. Die Individualität der Person wird zum ständig wechselnden Kaleidoskop, jeder von uns wird immer einzigartiger, unbeständiger, vielschichtiger. Die Forschung kommt zu dem Schluss, dass »mit wachsendem Alter die Vielfalt unter Individuen zunimmt.«[1]

»Das Denken in der letzten Lebensphase ist komplex«, schließt ein weiterer Altersforscher.[2] Es ist komplex, weil es imaginativ ist – methaphorisch, vielschichtig, voller Andeutungen. Es birgt eine andere Form von Intelligenz als die Gescheitheit der Jugend und die vernünftige Pragmatik der mittleren Jahre. Um einen Satz von Robert Bly auszuborgen: »Das Bild ist eine Form von Intelligenz.«

Ich kann mir vorstellen, welchen Zweck die Komplexität des Denkens in den späten Lebensphasen hat: Eine neue und notwendige Intelligenz bildet sich heraus. Hades, dem mythischen Gott der Unterwelt (welche die Seelen nach dem Leben aufsuchen und in der sie als Bilder weiterexistieren), wurde von Sokrates (in *Kratylos*) eine äußerst feinsinnige Intelligenz zugeschrieben. Das ist der Grund dafür, so Sokrates, dass Seelen nicht zurückkommen. In Hades' Gesellschaft wird ihnen ihr größter Wunsch erfüllt: endloses intelligentes Philosophieren in einer Welt, die ganz aus Bildern besteht.

Wenn der Charakter eines Menschen aus vielschichtigen Bildern besteht und ich Sie kennen lernen möchte, dann muss ich Sie imaginieren, muss Ihre Bilder in mich aufnehmen. Um die Verbindung zu Ihnen zu halten, muss ich ein imaginatives Interesse an Ihnen bewahren, nicht im Prozess unserer Beziehung oder meiner Gefühle für Sie, sondern in meinen Vorstellungen von Ihnen. Die Verbindung durch die Imagination erzeugt eine außergewöhnliche Nähe. Wo sich die Imagination bewusst auf den Charakter des anderen konzentriert – wie es bei gegnerischen Generälen, Wächter und Gefangenem, Analytiker und Klient der Fall ist –, folgt die Liebe.

Vielleicht kommt die Mahnung, sich zu lieben, menschlichen Verbindungen zugute – aber damit eine Beziehung lebendig bleibt, reicht Liebe allein nicht aus. Ohne Imagination verkommt Liebe zum bloßen Gefühl, zu Pflicht und Langeweile. Beziehungen gehen nicht deswegen in die Brüche, weil wir nicht mehr lieben, sondern weil wir bereits vorher aufgehört haben zu imaginieren.

KAPITEL 21

GROSSELTERNSCHAFT

Wie können wir gute Eltern sein? Anleitung dazu finden wir in jedem Bücherregal unter dem Stichwort »Selbsthilfe«. Aber was ist *Groß*elternschaft, und wie gehen wir von der Elternschaft zu etwas Größerem über?

Diese Frage beantworten heißt die Frage wieder aufgreifen, die am Anfang dieses Buches gestellt wurde: »Warum leben wir so lange – vor allem Frauen, die nach Beendigung ihres fruchtbaren Zyklus noch bis zu fünfzig Jahre weiterleben können?« Für die Theorie vom egoistischen Gen kommt das Ei vor dem Huhn, denn »die einzige Aktivität und das einzige Ziel von Genen besteht darin, günstige Bedingungen für ihre eigene Reproduktion zu schaffen.«[1] Eier benutzen Hühner, um neue Eier zu produzieren. Doch warum entledigt sich diese Theorie nicht uns Menschen, sowie uns die Eier ausgegangen sind? Wie erklären wir uns das Weiterleben zäher alter Vögel?

Die Weiterexistenz älterer Frauen bedeutet mehr für die Fortpflanzung der menschlichen Rasse als lebensfähige Eier und das Gebären von Kindern. Könnte eine »Großmutter-Hypothese« die alles platt machende Dampfwalze des genetischen Reduktionismus aufhalten, so wie die Moskauer Großmütter, die sich vor die russischen Tanker hinstellten und sie zum Anhalten brachten?

Ältere Frauen sind eine Bereicherung für die Gesellschaft und unterstützen den Fortbestand der Spezies, indem sie sich um die Jungen kümmern sowie Schwangeren und stillenden Müttern beistehen. Mit ihrer Fürsorge helfen sie, die Säuglingssterblichkeit zu verringern, auch wenn sie selbst unfruchtbar sein mögen. »Großmütter gaben der menschlichen Rasse die Kraft, sich zum dominanten Tier des Planeten zu entwickeln«, schreibt Theodore Roszak in seiner Ausführung der »Großmutter-Hypothese«.[2] Außerdem sind die alten Frauen Trägerinnen kulturellen Wissens.

Wir können uns ältere Damen auch ohne Eizellen denken und uns stattdessen vorstellen, dass sie bis an den Rand voll sind mit Memen. Meme sind die kulturelle Entsprechung der Gene. Wie Gene sind auch sie unabhängig von ihren Trägern. Sie übermitteln kulturelle Elementarteilchen von Generation zu Generation. Daniel Dennett beschreibt sie: Sie sind hinterlegt in kulturellen Produkten wie »Bildern, Büchern und Aussprüchen« als »die komplexen Ideen, die selbst *eigenständige Erinnerungseinheiten* bilden« (Hervorhebung von Dennett). »Ein Mem ist mit seiner Existenz auf eine greifbare Verkörperung in einem bestimmten Medium angewiesen.«[3] Warum nicht Großeltern als diese Verkörperung, dieses Medium betrachten?

Großmütter und Großväter halten Rituale und Traditionen aufrecht, haben einen ganzen Vorrat an ursprünglichen Geschichten angelegt, lehren die Jungen und pflegen die Erinnerung an die Ahnengeister, die über die Gemeinschaft wachen. Großeltern hören sich deine Träume an und sagen dir, was ein neues Wort bedeutet; sie können eine Krawatte binden, einen Köder am Haken befestigen und wissen, wo der beste Platz ist. Sie leben zwischen seltsamen Dingen, die sie in Ehren halten, und unvergesslichen Gerüchen. Sie haben nicht mehr viel Zeit und doch viel Zeit übrig.

Der verwickelte, subtile Prozess, der aus der Seele langsam ein menschliches Wesen macht – die praktischen Kenntnisse, die in der Natur und auf der Straße erworben wurden,
das Wissen über Träume, Fähigkeiten, Sitten, Geschmäcker
und das, was vor der jetzigen Zeit passierte und lange, lange
her ist –, erfordert die Intelligenz der Ältesten, die sich anderen Anliegen widmen, als einfach nur zu funktionieren. Die
Tage des Jagens und Sammelns, die Zeiten, in denen sie Kinder zu Welt brachten und stillten, sind Vergangenheit, und
doch dauert ihre Zeit fort, weil sie ebenso wichtige Pflichten
haben: die Kultur.

Ich würde Roszaks Großmutter-Hypothese lediglich Folgendes hinzufügen: Großelternschaft beginnt beim Charakter
des älteren Menschen, der ein Auge auf den Charakter der
Jüngeren wirft und deren umfassendere Möglichkeiten erkundet. Großeltern können sich großartigere Visionen leisten,
als es die schwierige und pflichterfüllte Alltagsroutine Eltern
ermöglicht. Auch wenn die Augen des alten Mannes getrübt
sind, kann seine Sicht klar und deutlich sein, unter anderem
auch deshalb, weil er die Zuneigung des Kindes bekommt. In
vielen Eingeborenengesellschaften überspringen die tief grei-
fenderen, lehrreichen und liebevollen Verbindungen eine Generation. Da sowohl Großeltern als auch Großkinder eher am
Rande der Gesellschaft stehen, tut der junge Phantast sich
gern mit dem alten Exzentriker gegen einen gemeinsamen
Gegner zusammen – die Generation der Erwachsenen zwischen ihnen.

Großeltern, die wenig Kultur »hinter sich« haben, können
auch kaum Kultur in die Zukunft tragen. Vielleicht entledi-
gen sie sich mit zunehmendem Alter ihrer Dinge, ohne aber
den Rucksack voller Wissen und Geschichte abzustellen. Dieses Wissen und diese Geschichte finden wir nicht in Büchern
oder auf der Leinwand. Es muss von Personen verkörpert

und in Worte gefasst werden, die nicht mehr üblich sind, sich in einem Stil zeigen, der nicht länger modern ist, präsent in Gesichtern, die nichts verbergen können. Die Ältesten sind wie lebende Meme, Elemente des kulturellen Erbes, die – um mit Roszaks Worten zu sprechen – »die höhere Evolution ermöglichen.«[4]

Großeltern brauchen großartigere Ideen, vor allem, was die Rolle betrifft, die sie für die Entwicklung spielen. Altruismus fördert diese größere Elternschaft, die für die Älteren zur motivierenden Kraft werden kann. Die »höhere Evolution« kann die ganze Welt als Dienstleistungsorganismus imaginieren, der durch menschliche Anständigkeit stillschweigend erhalten wird.

Es ziemt sich nicht für einen reifen Menschen, der anderen rät und die Zukunft der Zivilisation fördert, sich an der zu stark vereinfachenden Genwissenschaft zu orientieren und zu glauben, wir alle würden von unseren Genen gesteuert und deren Selbstverewigung sei auch noch der Ursprung unseres selbstlosen Handelns. Diese Theorie berücksichtigt die Großzügigkeit nicht und denkt, sie fördere indirekt den Genpool der Spezies. Sie ignoriert auch unseren Wunsch, es möge anderen gut gehen und Natur und Geschichte mögen erhalten bleiben. Für sie ist Selbstaufopferung nichts anderes als eine Manipulation des egoistischen Gens zum Zwecke seines eigenen Überlebens. So denken auch Psychopathen, und daraus ziehe ich als Ältester den Schluss, dass die Theorie vom egoistischen Gen, selbst wenn sie die Evolution fördert, dem egoistischen Individualismus der seelischen Abnormität maßgeblich den Rücken stärkt und in Wirklichkeit selbst psychopathisch ist.

Weil Großeltern nur noch wenig Zeit haben, genießen sie meist diese Welt und deren Schönheit. Und doch stehen sie mit einem Fuß in einer anderen Welt; sie können den Engel im

Kind sehen und seinen Ruf hören. Sie können sich Vorstellungen von dem Kind machen, die über seine Kindheit hinausreichen. Und selbst wenn diese Einsicht mit reizbarem Eigenwillen einhergeht, ist die dahinter stehende *Idee* kostbar, denn sie bestätigt, dass der Engel, der Ruf, der Charakter und das Schicksal Wirklichkeit sind und erhebt das Kind von seinen Spielsachen in höhere Gefilde. Auch Inspiration gehört zur Großelternschaft.

Die Sorge nicht. Das Schlimmste, was wir tun können, ist uns zu sorgen. Das ist ein schleichenderes Gift, als wenn wir das Kind wegen seiner Fehler tadeln oder Erfolg von ihm fordern. Unsere Sorge gibt dem Kind nichts; sie macht lediglich sein Leben und alles Leben unsicher.

Hinter der »Großmutter-Hypothese« stehen die mythischen Großmütter Kybele, Gaia, Rhea, Isis, Nut – Bürginnen dieser Erde und der ganzen weiten Welt. Eine Hymne an Kybele preist diese als »Mutter all dessen, was existiert«, Gaia ist die »Grundlage von allem«, »die älteste«.[5] Nut streckt als schützender Himmel ihre Arme über die ganze Erde aus. Rhea, die Großmutter von Dionysos, fügte seine zerstückelten Teile zusammen und rief ihn ins Leben zurück. Sinnbild für die Großmutter von Jesus, die Heilige Anne, die älter ist als Maria, ist eine Tür. Großmutter selbst mag ans Haus gefesselt sein, aber sie eröffnet uns die Welt auf sichere Weise. Wenn auch nicht blind. Eine Hymne an Rhea bezeichnet diese als »hinterlistige Retterin«. Sie hatte den rettenden Durchblick, denn sie wusste um die dunklere Seite der Dinge und konnte uns so vor dieser bewahren.

Die mythischen Großmütter geben uns Erdung. Sie sorgen für Trittsicherheit bei den ersten abenteuerlichen Schritten, und ihr Geben ist beständig, unzerstörbar und bedingungslos. Großelternschaft impft das Kind gegen Paranoia. Allein die Art und Weise, wie eine alte Dame die Straße überquert oder mit einem Fremden spricht, zeigt jene Zuversicht und führt jüngeren Menschen vor, dass sie unbesorgt vorwärtsgehen können.

Dieses instinktive Vertrauen in die Welt gleicht animalischer Zuversicht. Der Himmel wird nicht auf die Erde fallen, der Boden unter unseren Füßen nicht weichen. Darin zeigt sich unser Vertrauen in die Fähigkeit des Kindes, seinen Weg zu finden, statt zu hoffen, dass es verwirklicht, was wir investiert haben. Großeltern vermitteln: »Ja, du gehörst hierher; die Welt hat viele Orte, wo du stehen und dich wohl fühlen kannst. Mach dir keine Sorgen – aber sei auch nicht dumm.«

Wir behindern die Evolution und die Entwicklung der menschlichen Spezies, wenn wir gealterte Menschen vernachlässigen. Und wir werden erst damit aufhören, wenn wir erkennen, dass der Charakter der Alten die Zivilisation vor ihrem eigenen räuberischen Wahn bewahren kann. Das ist Roszaks Gedanke, mit meinen Worten ausgedrückt. Und damit werden nicht nur die Alten von zwei alten Männern derselben Generation, sondern auch die Werte der Zivilisation verteidigt – gegen die zerstörerische Kraft und verengte Imagination der Gentechnik, den außer Rand und Band geratenen Kapitalismus, die Vorherrschaft der Technokratie und den als Retter auftretenden Fundamentalismus, der die Schönheit dieser Welt in seiner Eile, die nächste zu erreichen, überspringen würde.

Was bleibt, wenn wir Alten gegangen sind, ist Schönheit – das Erbe der jüngeren Generationen. Bevor wir gehen, müssen wir unseren Part des Paktes zur gegenseitigen Unterstützung von menschlichem Leben und dem Leben des Planeten einlösen, wir müssen zurückgeben, was wir genommen haben, und sicherstellen, dass es uns überdauert.

KAPITEL 22

DIE ALTE ZANKTEUFELIN

Weil eine bestimmte Aufgabe von Großeltern so aus der Mode gekommen ist, finde ich es notwendig, sie gesondert zu erläutern. So wie die Strenge von Lehrern und Erziehern, die über den Fingerknöcheln des Schuljungen einen Zeigestock zerbrachen oder jungen Mädchen den Mund mit Seife auswuschen (weil sie gelogen oder »schmutzige« Worte gebraucht hatten), sind die Standpauken und Strafen von alten Zankteufeln lediglich schlechte Erinnerungen.

Nun, nicht ganz. In einer kleinen Touristengruppe, der ich mich vor einigen Jahren in Griechenland anschloss, tauchte solch eine alte Zankteufelin auf. Die meisten Teilnehmer waren Amerikaner, einige Europäer. Eine Frau, die auf die vierzig zuging, lachte zu oft und zu hysterisch. Sie lächelte jeden innerhalb und außerhalb der Gruppe an und versuchte mit jedem in Kontakt zu kommen, selbst wenn wir in dem steinigen, Schweigsamkeit gebietenden, heiligen Gelände herumwanderten. Sie nannte sich Debbie.

Die älteste Frau in der Gruppe, die aus der französischen Schweiz stammte, hielt Debbie vor einigen anderen aus der Gruppe eine Standpauke. Im Wesentlichen sagte sie: Debbies Lachen sei zu kindisch, und außerdem könne sie sich inzwischen ruhig bei ihrem vollen Namen nennen, einem schönen Namen biblischen Ursprungs, Deborah.

Die alte Zankteufelin – nennen wir sie Madame Lafarge – stammte aus der Stadt John Calvins und schien in seinem Namen Zensur auszuüben. Madame Lafarge hatte eine rigide Art, war anderen gegenüber kühl und feindselig in ihrem Tadeln. Sie hatte Debbie eine Lektion beizubringen: Ein Frau von 40 Jahren ist kein junges Mädchen mehr. Sie muss sich überlegen, was ihr über die Lippen kommt. Sie muss wissen, wann es angemessen ist, in Kontakt zu gehen, wen sie anlächelt und wie sie sich beherrscht. Freundlichkeit gegen alle und jeden ist nicht freundlich, sondern unbedacht. So lautete der Inhalt von Madames Lektion.

Ich lernte von ihr noch mehr. Ihr Einmischen als solches war für mich eine Lektion: Ein älterer Mensch kann es riskieren, offensiv zu werden, um wichtige Werte zu verteidigen – Werte, die einige der anderen Amerikaner nicht verstanden. Sie sahen nur den Zusammenprall von Kulturen – die Schweizer waren Puritaner, die Franzosen boshaft, die Europäer im Grunde immer noch Snobs, als seien sie etwas Besseres ...

Obwohl wir uns in Griechenland befanden, wurde für diese Amerikaner nicht sichtbar, dass es hier um einen noch viel älteren kulturellen Zusammenprall ging, wie er im Laufe der Geschichte immer wieder in verschiedenster Form stattgefunden hat. Madame Lafarges Gefühl für Benehmen stammte aus tieferen Quellen als von »Frau Benimm«. Hier lebte der Kampf der Athener gegen die Barbaren wieder auf. Hinter der alten Zankteufelin stand die Zivilisation, die versuchte, die Zivilisiertheit zu erhalten. Athene selbst, Mutter der Zivilisation, musste Madame Lafarge mit ihrem richtenden Geist beflügelt haben. Kein Wunder, dass wir voller Ehrfurcht für diese Schimpfrede vor der kleinen alten Dame standen: Athene hat eine verheerende Macht. Kein Wunder, dass Debbie zusammenklappte.

Ich erhielt noch eine zweite Lektion: Madame Lafarge behielt ihre persönliche Irritation nicht für sich. Sie hätte auch ihren Mund halten und sich der Gruppe anpassen können. Sie hätte sich ihren Ärger als eigenen Fehler zurechtlegen können, als Folge ihres Alters, ihrer Verdauung, ihrer Müdigkeit. Stattdessen erhob sie ihre Gereiztheit von der Ebene des Trivialen und Persönlichen zu einer kulturellen und wichtigen Anklage.

Sie protestierte nicht einfach gegen Sitten oder die Sittlichkeit sozialen Verhaltens. Sie protestierte auch nicht gegen Debbies Aufmerksamkeit heischenden Narzissmus. Es war, als wäre Debbie mit dröhnenden Lautsprecherboxen in einem Olivenhain aufgetaucht und hätte die falsche Musik gespielt. Madame Lafarge nahm ihren Platz als Älteste ein und machte deutlich, dass es hier unter anderem auch um ästhetisches Urteilsvermögen geht. Schicklichkeit, Angemessenheit, Einfühlungsvermögen – ästhetische Überlegungen sind ebenso Teil des Verhaltens wie das richtige Wort finden, um den Rhythmus einer Gedichtzeile zu halten.

Schimpfen ist ein poetischer Akt: das englische Wort für schimpfen, »scold«, stammt von *Skald*, dem norwegischen Wort für Poet. In früheren Zeiten war solch ein Zankteufel kein Calvinist, sondern eine ordinäre, aufdringliche, streitsüchtige Frau. Die schimpfende Poetin weist die Gemeinschaft zurecht. Wie bei Jeremias ist ihr Schimpfen eine ständige Warnung und sie wird missverstanden wie Kassandra. Man findet sie verrückt, angriffslustig; sie stört die Harmonie der Gemeinschaft, deshalb wird eine Zankteufelin häufig als Besserwisserin betrachtet, eine, die so lang nicht nachgibt, bis sie Recht bekommt.

Die stillschweigende Komplizenschaft der Gruppe mit Debbies Benehmen unter dem Pakt harmonischer Gleichheit trieb Madame Lafarge zu ihrem exzentrischen, aufrüttelnden Verweis. Sie wurde zur alten Zankteufelin, so, als habe sie die Zeit zurückgedreht und sei in das Wort selbst eingegangen.

Eine der Aufgaben des Poeten besteht darin, eine Gemeinschaft zur Vernunft zu bringen oder aufzuwecken und zu diesem Zweck ästhetische Mittel zu benutzen, die sich vom moralischen Schelten kaum unterscheiden. Wenn die familiären Regeln Gotteslästerung und Obszönitäten verbieten, wird ein Kind, das abfällig redet und Gott lästert, wegen unmoralischen Verhaltens bestraft. Aber wenn die Sprache der Situation nicht angemessen, das Verhalten unsensibel und beleidigend ist und ein Mensch sich gehen lässt, dann ist seine Beleidigung eine ästhetische. Madame Lafarge fühlte sich ästhetisch beleidigt; Debbie hatte einen schlechten Geschmack.

Aber war es nicht auch geschmacklos von Madame Lafarge, einer Frau Vorhaltungen zu machen, die keinen wirklichen Schaden angerichtet hatte? Die ältere Frau hackte jedoch nicht auf Debbies Rattenschwänzchen, ihrer schlabbernden Kleidung, ihrer ständigen Nascherei oder anderen Eigenarten herum. Altern war das Thema, altern als wesentlich für den Charakter – wenn jemand bei der einen Sache nicht authentisch ist, ist er es auch bei der anderen nicht. Madame Lafarge fand Debbies Verhalten *grundsätzlich* unangemessen und deswegen war es auch nicht im Einklang mit dem Kosmos. Sich nicht seinem Alter entsprechend zu verhalten, nicht sein Alter zu *sein*, ist ein so radikaler Fehler, dass alle weiteren daraus entstehen.

Das spätere Nachdenken über den Vorfall bescherte mir noch eine dritte Lektion: eine über Autorität. Was autorisierte diese ältere, eher stille und bescheidene Frau, die körperlich keinesfalls dominierte (und mit dem Tempo der Tour nicht immer Schritt halten konnte), sich mit solcher Heftigkeit hervorzutun? Sie war mit Sicherheit in der Minderheit, ohne Unterstützung in der Gruppe. Und doch, ob durch Calvin, Athene oder die Zivilisation selbst, sie war autorisiert. Sie besaß Autorität, obwohl sie machtlos war.

Vielleicht lag die Quelle dafür einfach in der Anzahl ihrer Jahre. Hatten diese Jahre ihr die Intelligenz beigebracht, die unseren tief empfundenen Emotionen innewohnt, und sie gelehrt, dass Angriffe, die ins Herz treffen, ein Aufruf sind, Charakter zu zeigen? Sie verleugnete die Leidenschaft ihres Urteils nicht und ging auch dem Risiko des Schimpfens nicht aus dem Weg, selbst wenn alle anderen in der kleinen Gruppe der Meinung sein mochten, dass Madame im Unrecht war.

Aber nicht jeder fand das. Ein junges Paar erzählte mir einige Tage später, wie beeindruckt sie von dieser Schimpfrede waren. Debbie hatte ihnen den Ausflug verdorben. Sie hatte die persönlichen abendlichen Gespräche der anderen an sich gerissen, die sich daraufhin um Tratsch statt um Griechenland drehten. Doch statt wie sie über andere herzuziehen, hatte Madame Lafarge öffentlich geschimpft und die ganze Gruppe wieder ins Lot gebracht. Sie bewunderten ihren Schneid. Sie hatte ihnen einen wirklichen Dienst geleistet.

In Debbies Augen jedoch war Madame Lafarge herzlos. Und was ich heute als Autorität bezeichne, bezeichneten einige Psychologen, die an der Tour teilnahmen, als Machtkampf zwischen zwei Generationen. Sie sahen zwei Antagonistinnen mit gleichberechtigten Meinungen, die um die Vorherrschaft wetteiferten: Wessen Stil würde sich in der Gruppe durchsetzen? Der Inhalt der Rüge war für sie nebensächlich. Das »Problem« war ein gruppendynamisches, und Debbie unterwarf sich, weil sie nicht viel Selbstachtung hatte. Sie konnte nicht für sich einstehen. Nach den Überlegungen, zu denen mich dieses Buch gebracht hat, verstehe ich jetzt, was Debbie instinktiv wusste: Ihre Persönlichkeit war vom Charakter der älteren Frau besiegt worden.

In meiner Vorstellung hat Debbie diesen Vorfall nicht vergessen. Er wird noch anhalten, wenn die alte Zankteufelin längst gegangen ist und ihre Belohnung empfangen hat, wie immer diese aussehen mag. Ich stelle mir vor, dass Debbie weitergibt, was sie gelernt hat; vielleicht lehrt plötzlich sie mit überraschenden Worten. Wir alle können uns an einen Schauspiellehrer, an Musiklehrer, Ladeninhaber oder an einen alten Onkel erinnern, die uns hart zugesetzt haben, die mit Spott und Hohn im Namen von Werten, die anerkannt, verteidigt und weitervermittelt werden mussten, zu unserem Charakter vorgedrungen sind. Die alte Zankteufelin als Werkzeug der Tradition: auch das ist Großelternschaft.

Großelternschaft bedeutet Elternsein für etwas Größeres als für unseren persönlichen Nachwuchs. Gelegenheiten, so zu handeln wie Madame Lafarge, gibt es überall. Die Zivilisation steht immer auf dem Spiel, Barbaren lauern immer an den Toren oder auf den Richterstühlen, bemäntelt von den Roben der Kanzlei.

KAPITEL 23

DIE TUGENDEN DES CHARAKTERS

Außer dem Altwerden Wert und Sinn zu verleihen, hat der Charakter noch weitere Tugenden. Wir können diese im Folgenden ziemlich der Reihe nach benennen und damit die Idee des Charakters nochmals näher erläutern.

1. Die Idee des Charakters beruht auf der archetypischen Vorstellung des Unterschieds. Im Wörterbuch wird der Charakter einfach definiert als »jedes wahrnehmbare Anzeichen, Qualität oder Besitz, durch die sich ein beliebiges Ding, eine Person, eine Spezies oder ein Ereignis erkennbar von anderen *unterscheidet*« (Hervorhebung von mir).[1] Damit bestätigt der Charakter das Einzigartige, Einmalige, Eigenartige und singt sogar ein Loblied darauf. Da der Charakter Individualität in den wahrnehmbaren Anzeichen des Unterschieds ansiedelt, ist Exzentrizität für ihn eine Notwendigkeit.

2. Auch körperliche Gegebenheiten sind symbolische Darstellungen des Charakters und sollten bei dessen Erforschung nicht ausgeschlossen und in die Charakterpsychologie abgeschoben werden. Der Charakter umfasst Psyche und Soma; er ist eine psychosomatische Idee.

3. Der Charakter stellt sich dar. Er erfordert eine beschreibende Sprache – Adjektive wie »knauserig«, »scharf«, »eigensinnig«; Adverbien wie »langsam«, »gründlich« , »bedacht« -, die Bilder vermittelt und Gefühle weckt. »Fürchte Abstraktionen«, schrieb Ezra Pound, »benutze keine Adjektive, die nichts enthüllen.« Der Charakter bereichert das psychologische Denken um die 17.953 Eigenschaften, die das »Harvard Psychological Laboratory« aufgelistet hat. Jede dieser Eigenschaften gibt genauere Aufschlüsse über eine bestimmte Form des menschlichen Verhaltens. Indem sie den Charakter genau und verständlich umreißt, geht die poetische Sprache weit über die Sprache der Verhaltenswissenschaft hinaus.

4. Der Charakter ist eine Ansammlung von charakteristischen Eigenschaften. Wir erwarten vom Charakter nicht, dass »er strikt einheitlich ... (ist). Der Charakter ist die gesamte Struktur, ohne dass wir die einzelnen Züge als Schichten betrachten, die von einem Kern zusammengehalten werden«, schreibt die Philosophin Amélie Rorty.[2] Da sich die Idee des Charakters vereinfachenden Reduktionen widersetzt, erfordert die gründliche Erforschung des Charakters eine komplexe Form von Intelligenz. Diese schätzt es, wenn die Schichten als poetische oder gemalte Bilder nebeneinander gestellt werden und gibt die Suche nach einem einheitlichen Kern auf.

5. Der Charakter ist als Bild wahrnehmbar. Er zeigt sich als Stil, Gewohnheit, Geste, Veranlagung, Zustand, Haltung, Gebaren und Präsenz. Das Gesicht enthüllt den Charakter und appelliert an ihn. Als Bild muss der Charakter sowohl imaginiert als auch wahrgenommen werden.

6. Der Charakter wurde immer unterschieden von Talent, Befähigung, Gaben und messbaren Eigenschaften. Er kann

durch Unzulänglichkeiten gelähmt und in Fixierungen befangen sein, während er zugleich mit Talenten und Fähigkeiten glänzt. Der Charakter unterwirft sich normierten Leistungsanforderungen nicht. Die charakteristische Einzigartigkeit eines Stils entzieht sich der Analyse.

7. Der Charakter entzieht sich auch dem moralischen Zugriff. Er zeigt sich nicht in der Moralität des Verhaltens, sondern in dessen Stil. Charakterzüge beinhalten sowohl Laster als auch Tugenden. Sie bestimmen den Charakter nicht. Der Charakter bestimmt sie. Beharrlichkeit und Loyalität können sowohl zu kriminellem Handeln als auch zu gerechten Taten anstiften. Freundschaft kann sowohl zu Rache als auch zu Selbstaufopferung motivieren. Die imaginative Reichweite des Charakters kann nicht in eine ethische Definition gezwängt werden, ohne dass seine Natur pervertiert und seine schöpferischen Kraft beschnitten wird.

8. Anders als die »Persönlichkeit« ist der Charakter unpersönlich. Steine, Gemälde, Häuser und selbst bestimmte Bakterien und logische Vorschläge zeigen Charakter. Die Darlegung der Persönlichkeit ist menschliche Psychologie; die des Charakters bildliche Beschreibung.

9. Was über die Persönlichkeit gesagt wurde, gilt auch für das »Selbst«. Das Selbst verweist auf sich zurück und verschmilzt mit seinem abstrakten Rivalen, dem »Ich«. Das Selbst ist beschränkt auf Personen. Wir sprechen einem Pferd, einer Pinie oder einem Gebirge kein Selbst zu, doch ihren Charakter spüren wir deutlich. Das Selbst, das oft mit dem Zeitlosen im menschlichen Wesen gleichgesetzt wird, hat zum archetypischen Thema des Altseins wenig beizutragen. In Todesanzeigen ist von Charakterzügen die Rede; wenn wir versuchen

wollten, das dahingegangene Selbst zu preisen, würden uns die Worte fehlen. Formulierungen des Selbst enthalten keine begrenzenden Charakterzüge. Das Selbst verschmilzt mit Gott.

10. Aufgrund seiner Einzigartigkeit geht der Charakter über Temperament und Typ hinaus. »Typ« reduziert den Charakter auf »zweidimensionale flache Charaktere« (E.M. Forsters Formulierung). Das Temperament zeigt sich, je nach Charakter, auf unterschiedliche Weise. Ein introvertiertes Temperament kann sich in unzähligen verschiedenen Stilen äußern: Eigensinn, Ängstlichkeit, oberflächliche Anpassung, Schüchternheit, Verschlossenheit, systematische Verleugnung, tiefe Konzentration. Diese Bezeichnungen rufen Bilder wach; das Wort »introvertiert« hingegen hinterlässt Leere im Kopf. Während für die Definition der Introvertiertheit ein Schema von Gegensätzen erforderlich ist, stehen die Eigenschaften und Bilder des Charakters für sich.

11. Der Charakter hinterlässt seine Spuren in der politischen Geschichte. Als bestimmender Faktor des Verlaufs menschlicher Ereignisse bindet der Charakter die Psychologie an die Gesellschaft und entführt sie ihrer besessenen Subjektivität.

12. Der Charakter bringt den Begriff Schicksal wieder in die Psychologie ein, denn die Ersatzbegriffe für den Charakter haben diese uralte Verbindung gelöst. Die Bezeichnungen »Ich«, »Persönlichkeit«, »Selbst«, »Handelnder«, »Individuum« reduzieren die Psychologie auf das Studium menschlichen Verhaltens – auf Verarbeitungsprozesse, Funktionen, Motivationen – und lassen die schicksalhaften Konsequenzen, die mit der Idee des Charakters verbunden sind, außer

Acht. Doch eine Psychologie, die des Schicksals beraubt wurde, ist zu flach, um ihrem Thema, der Seele, gerecht werden zu können.

13. Der Charakter ist für die späten Jahre das, was der individuelle Ruf des Daimons für die frühen Jahre ist; er verleiht den Veränderungen, die mit dem Altwerden einhergehen, Sinn und Zweck. Der Charakter ist eine therapeutische Idee.

KAPITEL 24

ABSCHLUSS

Stellen wir uns vor, wir hätten den edelsten, heiligsten Rat befolgt und dessen Ziele erreicht. Wir haben unseren Zorn gezügelt, unsere Liebe zur Vollkommenheit entwickelt und unserem Willen eine moralische Richtung gegeben. Welche Fragen bleiben am Ende offen? Haben wir noch etwas zu tun? Oder geben wir uns, abgesehen von all den Anstrengungen und Befragungen, der Verwüstung des Alterns anheim, *fiat mihi*, mir widerfahre, weil das Altwerden den Charakter zum Abschluss bringt?

Aber – wie bringt der Charakter das Altwerden zum Abschluss?

»Abgeschlossen« bedeutet, vorbei und getan, wie die Ziellinie, die das Pferderennen abschließt. »Abgeschlossen« bedeutet auch, fertig mit der Arbeit, aufpoliert, wie der Glanz von altem, gut gewachstem Holz. Was bleibt, wenn wir gegangen sind, ist der eigentliche Zustand des Charakters, die Art und Weise, wie die Jahre ihn nicht in erster Linie zum Abschluss gebracht, sondern ihm den letzten Schliff verliehen haben.

Finis (anschließend an das englische Wort »finish« = abschließen, beenden, Anm.d.Ü.) war die lateinische Übersetzung des aristotelischen philosophischen Begriffs *telos*, letztendliches Ziel, »das Ziel, zu dessen Wohle« etwas existiert oder getan wird. Dieser Begriff verweist auf eine langfristigere, entferntere Perspektive (Tele-fon, Tele-vision). Wenn der

Charakter das eigentliche und letzte Ziel des Altwerdens ist, dann bringt er das Leben zum Abschluss, poliert es auf Hochglanz zu einem Bild, das länger bleibt. Eine griechische Inschrift lautet:»Ich, der ich ein solcher war, bin jetzt eine Tafel, ein Grab, ein Stein, ein Bild.«[1]

Was bleibt, nachdem Sie gegangen sind, ist Ihr Sein, verkörpert in Bildern, vor allem den Bildern zum Ende hin, wenn Sie vieles abgestreift haben und die Ausführung Ihres Charakters als Ihre besondere Einzigartigkeit offensichtlicher wird. »Sowohl unser Ruf und Ruhm als auch unser Kummer«, schrieb Santayana, »wird darin gelegen haben, dass wir etwas Einzigartiges waren.«[2]

Diese Einzigartigkeit gehört zu unserer biologischen Substanz. Vielfalt ist mehr als die Würze des Lebens; Vielfalt ist Wahrheit. Wir sollten niemals vergessen, dass wir alle verschiedene Wesen sind. Wie der renommierte Harvard-Biologe Richard Lewontin schreibt:»Tatsächlich ist es unwahrscheinlich, daß zwei nicht verwandte menschliche Wesen, die jemals lebten oder leben werden, auch nur in Bezug auf eine Hand voll der allgemeinsten molekularen Vielgestaltigkeiten identisch sind.«[3]

»Muß nicht unser heißestes Bemühen dahin gerichtet sein, uns unentbehrlich zu machen«, fragte der spanische Philosoph Miguel de Unamuno (1864-1936); »schon wegen der theoretischen Tatsache ... unserer Einzigartigkeit und Unsterblichkeit?« Und so überschreiten wir die Zielgerade:

In der Tat ist jeder Einzelne auch von solcher einzigen Beschaffenheit und Unersetzlichkeit. Ein zweites Ich ist undurchführbar, und ein jeder von uns, das heißt eines jeden Seele wiegt die Welt auf ... Ein Wirken jedoch in dem Sinne, daß die von uns hinterlassene Lücke ungerecht erscheint, daß unsere Mitmenschen und Nachkommen unser Verschwinden bedauern, ein solches Leben ist für jeden erreichbar ...

Ein jeder von uns, wer er auch sei, kann und soll den Vorsatz fassen, daß er nach seinen Kräften, ja, über seine Kräfte hinaus, alles tue, sich unersetzlich zu machen ...«[4]

Wo Unamuno der Leidenschaft für Einzigartigkeit Größe verleiht, fügt Yeats in dem Gedicht »Ein Gebet fürs hohe Alter« dieser Leidenschaft einen Klang von tragischer Bescheidenheit, die Ironie der Selbsterkenntnis hinzu: »Ich bete / ... daß, wiewohl alt, ich gelten mag / Als töricht begehrlicher Mann.«[5]

Die Disziplin, die Unamunos Dynamik fordert, geht über den letzten Kampf des Herkules mit Alter und Tod hinaus. Sich selbst unersetzlich machen ist mehr als eine spirituelle Übung. Es ist ästhetisch. Wir können die Worte »unersetzlich« und »einzigartig« auch auf ein Gemälde, ein Gedicht oder eine Tanzvorführung anwenden. Ein jedes Kunstwerk kreist um sich selbst und schließt sämtliche anderen Werke aus. »Es kann kein anderes geben« als nur dieses eine.

Diese Einzigartigkeit spiegelt sich wider in den Kleidungsstücken, die an der Garderobe hängen, der Lesebrille auf dem Nachtisch, der Sammlung trivialer Dinge in der Schublade, mit denen niemand etwas anzufangen weiß und die aber doch als »Wertsachen« behandelt werden. Nutzlose Unwichtigkeiten, die jetzt eben doch die Besonderheit von Kunstgegenständen verströmen. Geht die unersetzliche Seele des Verstorbenen in dieses gewöhnliche bisschen Materie ein? Ist unser Bild nur in der Erinnerung jener angesiedelt, die an uns denken? Oder dauert der Charakter in der Sammlung von Dingen, den benutzten Werkzeugen, den bewohnten Orten fort? Vielleicht überlebt Geschichte im Gedenken der Welt die menschlichen Erinnerungen.

Jung sagte, dass es ihm nach dem Tod seiner Frau einen regelrechten Schlag versetzt habe, als er in den gemeinsamen Räumen zufällig auf etwas stieß, das ihr gehörte. Projizierte er auf diesen Gegenstand oder wendete dieser sich ihm zu und rührte ihn? Die kleinen Dinge, die zurückbleiben, sind mehr als Relikte der Vergangenheit, Symbole des Verlustes und der Trauer oder Übergangsobjekte, die für das stehen, was gegangen ist. Die Abreise ihres lebenden Gefährten hat sie zum Teil dieses früheren Lebens werden lassen, so dass sie vom Weltlichen zum Heiligen übergegangen sind, vom Ding zum Bild, vom Gebrauchsgegenstand zu nutzloser Kunst. Wie die Ikonen in der alten russisch-orthodoxen Kirche sind sie nun zu Verkörperungen der Seele geworden und haben plötzlich die ästhetische Statur des »Alten« erreicht.

Der Begriff »ästhetischer Abschluss« ruft Bilder von vornehmen Ältesten wach, die heiter und gelassen dahinscheiden. Das jedoch meine ich keinesfalls mit »Ästhetik«. Das Wort selbst wurzelt in einem Keuchen (*aisthou*), einem plötzlichen kurzen Schnappen nach Luft angesichts des Wunderbaren oder Erschreckenden.[6] Ästhetik beginnt mit verblüfftem Staunen, wir halten den Atem an vor Überraschung. Ästhetik geht aus vom Bild als Epiphanie, der vollen Kraft des Charakters, die sich in einem Kunstwerk zeigt.

Kann ein Mensch zur Epiphanie, zur Gotteserscheinung werden? Können wir den Gedanken in Erwägung ziehen, dass unser irdisches Leben durchgängig ein Phänomen war, ein Zeigen, eine Darstellung? Können wir uns vorstellen, dass die Essenz des menschlichen Wesens den beharrlichen Wunsch birgt, bezeugt zu werden – von anderen, von den Göttern, vom Kosmos selbst – und dass die innere Kraft des Charakters diesem Vorzeigen nicht entrinnen kann? Das Bild will hinaus, und die späten Jahre verleihen ihm den letzten Schliff. Dann ist es nur natürlich, dass wir immer mehr Erscheinungen gleichen, schon Grabfiguren, Vertreter der Ahnen. Besuche bei uns werden zu Zeremonien; Geschenke zu Gaben; Gespräche zu liturgischen Wiederholungen.

Wir bleiben als Spuren zurück, bleiben genau in dieser unserer Zartheit wie die kaum sichtbaren Linien auf chinesischen Wandschirmen aus Seide, feinste Schichten von Pigment und Kohle, welche aber doch die substantiellen Tiefen eines Gesichts zu porträtieren vermögen. Nicht länger verweilend als eine kleine Melodie, eine einzigartige Komposition aus disharmonischen Noten, und doch noch lange, nachdem wir gegangen sind, ein Echo hinterlassend. Das ist die Zartheit unserer ästhetischen Wirklichkeit, dieses alte, sehr kostbare und liebe Bild, das zurückbleibt und überdauert.

ANMERKUNGEN

EIN VORWORT FÜR DIE LESERINNEN UND LESER

1 Lynn Margulis (mit Dorian Sagan): »Stamps and Small Steps: The Origin of Life and Our Cells«, *Netview: Global Business News* (August 3, 1997), S. 3.
2 Theodore Roszak: *America the Wise. The Longevity Revolution and the True Wealth of Nations.* New York: Houghton Mifflin 1998, S. 240.
3 ebd., S. 248.
4 T.S. Eliot: Vier Quartette. In: *Gesammelte Gedichte 1909-1962.* Hrsg. Eva Hesse. Werke Bd. 4. Frankfurt am Main: Suhrkamp 1972, II.5, S. 303.
5 José Ortega y Gasset: Was ist Philosophie? In: *Gesammelte Werke* Bd. V. Stuttgart: Deutsche Verlagsanstalt 1978, S. 396.
6 Alfred North Whitehead: *Modes of Thought.* New York: Capricorn Books 1958, S. 50.

EIN VORWORT VOM AUTOR

1 George Rosen: *Madness in Society.* London: Routledge & Kegan Paul, 1968, S. X.
2 C.G. Jung: *Letters*, Bd. I, G. Adler und A. Jaffé. Princeton, N.J.: Princeton University Press 1973, S. 516. (Deutsch: C.G. Jung: *Briefe*. Hrsg von Aniela Jaffé in Zusammenarbeit mit Gerhard Adler. Bd. I-III. Olten und Freiburg i. Breisgau: Walter Verlag 1972.)
3 T.S. Eliot: Vier Quartette. II, 2. In: *Gesammelte Gedichte*, a.a.O., S. 295.
4 Kathleen Woodward: *At Last, the Real Distinguished Thing: The Late Poems of Eliot, Pound, Stevens, and Williams.* Columbus: Ohio State University Press 1980, S. 122.
5 David Mamet, zitiert in: »Fortress Mamet« von John Lahr, *The New Yorker.* November 17, 1997, S. 82.
6 Don DeLillo, zitiert in: »Exile on Main Street« von David Remnick, *The New Yorker.* September 15, 1997, S. 47.
7 Maurice Blanchot: *The Writing of the Disaster.* Übers. Ann Smock. Lincoln and London: University of Nebraska Press 1995, S.10.

8   Woody Allen: *Ohne Leit kein Freud*. Gütersloh: Bertelsmann o.J., S. 95.

9   Baruch von Spinoza: *Sittenlehre*. Hildesheim / New York: Georg Olms Verlag 1981, Der vierte Theil, S. 446.

EIN VORWORT ZU DIESEM BUCH

1   Friedrich Nietzsche: Jenseits von Gut und Böse. Zur Genealogie der Moral. In: *Kritische Studienausgabe*. Hrsg. Giorgio Colli und Mazzino Montrenari. Bd. 5. München: Deutscher Taschenbuch Verlag. Berlin / New York: Walter de Gruyter 1988, S. 144.

KAPITEL 1: EIN LANGES LEBEN

1   Platon: *Sophistes*. In: *Sämtliche Werke* Bd. 4. Nach der Übersetzung von Friedrich Schleiermacher. Hrsg. Walter F. Otto: Ernesto Grassi, Gert Plämböck. Reinbek: Rowohlt 1989, 245D-255E, S. 246f.

2   Steven Pinker: *Wie das Denken im Kopf entsteht*. München: Kindler Verlag 1998, S. 34.

3   *Die Werke des Artistoteles*. Neu übersetzt mit einer Einleitung und erklärenden Anmerkungen versehen von Olof Gigon. Zürich: Artemis Verlag 1950ff. Hier angeführte Zitate siehe: Troy Wilson Organ: *An Index to Aristotle*. New York: Gordian Press 1966, »soul«.

4   Richard Feynman: *Kümmert Sie, was andere Leute denken? Neue Abenteuer eines neugierigen Physikers*. München: Piper Verlag 1991, S. 256.

5   Steven M. Albert, Maria G. Cattell, Albert Cattell: *Old Age in Global Perspective. Cross-Cultural and Cross-National Views*. New York: G. K. Hall & Co. 1994, S. 161.

6   ebd., S. 163.

7   ebd., S. 225-27.

8   ebd., S. 230.

9   Platon: *Politea (Der Staat)*. In: *Sämtliche Werke* Bd.3. A.a.O., 327D-329D, S. 72f.

10   Marcus Tullius Cicero: *Cato der Aeltere oder vom Greisenalter und Lälius oder von der Freundschaft*. Stuttgart: Verlag der J.B. Metzlerschen Buchhandlung: 1827. S. 565.

11   Thomas Browne: *Religio Medici. Ein Versuch über die Vereinbarkeit von Vernunft und Glaube*. Berlin: Henssel 1978, S. 78.

12   Simone de Beauvoir: *Das Alter*. Reinbek: Rowohlt Verlag 1972, S. 389.

13   T.S. Eliot: *Aschermittwoch*. In: Gesammelte Gedichte. A.a.O., S. 141.

14   Robert Bly: »My Father at Eighty-Five«. In: *Meditations on the Insatiable Soul*. New York: Harper Collins 1994, S.30-32

15 Saul Kent: *Life Extension Magazine.* August 1998, S.7.
16 *Forsight Update* 27:4. Palo Alto, CA: Foresight Institute 1996, S. 30.
17 *Fortune.* December 9, 1996, S. 3.

KAPITEL 2: DAS LETZTE MAL

1 T.S. Eliot: *Vier Quartette.* In: Gesammelte Gedichte, a.a.O, II., S. 303.
2 Ezra Pound in: *Imagist Poetry.* Ed. Peter Jones. London: Penguin 1972, S. 32-41.
3 Philip Hamburger: »Al Hirschfeld Blows Out His Candles«, *The New Yorker.* June 22/29 1998, S. 42.
4 W.B. Yeats: »A Dialogue of Self and Soul«. In: *The Collected Poems of W.B. Yeats.* London: Macmillan, Ltd., 1952, S. 267.
5 *Erinnerungen, Träume, Gedanken von C.G. Jung.* Aufgezeichnet und hrsg. von Aniela Jaffé. Olten und Freiburg i. Breisgau: Walter Verlag 1987, S. 360f.

KAPITEL 3: ALT

1 Ashley Crandell Amos: »Old English Words for Old«. In: *Aging and the Aged in Medieval Europe.* Hrsg. Michal M. Sheehan. Toronto: Pontifical Institute of Medieval Studies 1990, S. 103.
2 ebd., S. 104.
3 Virginia Woolf: *Der Tod des Falters.* Gesammelte Werke, Hrsg. Klaus Reichert. Frankfurt am Main: Fischer Verlag 1997, S. 195.
4 John T. Wortley: »Aging and the Desert Fathers: The Process Reversed«. In: *Aging and the Aged in Medieval Europe,* a.a.O., S. 63-74.
5 Ashley Crandell Amos: »Old English Words for Old«, a.a.O., S. 101.
6 T. S. Eliot: *Vier Quartette.* II.5. In: Gesammelte Gedichte, a.a.O., S. 303.
7 Robert Young: *Analytical Concordance to the Bible.* London: Society for Promoting Christian Knowledge, o.J., S. 713f.

KAPITEL 4: VOM »BLEIBEN« ZUM »GEHEN«

1 Roger Gosden: *Cheating Time: Sex, Science, and Aging.* London: Macmillan 1996, S. 101.
2 Zhores Medvedev: »An Attempt at a Rational Classification of Theories of Aging«, *Biological Reviews* 65 (1990), S. 375-98.
3 Avram Goldstein, zitiert in: »Annals of Addiction«, von Abraham Verghese, *The New Yorker* (February 16, 1988), S. 49.

4   Friedrich Nietzsche: »Also sprach Zarathustra I-IV«. In: *Kritische Studienausgabe*. Hrsg. Giorgio Colli und Mazzino Montrenari. Bd. 4. München: Deutscher Taschenbuch Verlag. Berlin/New York: Walter de Gruyter 1988, S. 40.

KAPITEL 5: WIEDERHOLUNG

1   Gilles Deleuze: *Differenz und Wiederholung*. München: Wilhelm Fink Verlag 1992, S. 16.
2   Sören Kierkegaard: *Die Wiederholung*. In: *Gesammelte Werke*, 5. und 6. Abteilung. Düsseldorf/Köln: Eugen Diederichs Verlag 1955, S. 4f.
3   Barry Lopez, Tom Pohrt: *Krähe und Wiesel*. Buxtehude: Verlag an der ESTE 1993, S. 48.

KAPITEL 6: DAS SINKEN DER SCHWERKRAFT

1   T.S. Eliot, J.: *Alfred Prufrocks Liebesgesang*. In: Gesammelte Gedichte, a.a.O., S. 15.

KAPITEL 7: WACHEN IN DER NACHT

1   »Why do Men Urinate at Night?«, *Harvard Men's Health Watch* (February 1998), S. 5-6.
2   William Stafford: »A Ritual to Read to Each Other«. In: *Stories That Could Be True*. New York: Harper & Row 1977, S. 52.

KAPITEL 10:
GEDÄCHTNIS: KURZFRISTIGER VERLUST,
LANGFRISTIGER GEWINN

1   Sherwin B. Nuland: *Wie wir sterben: Ein Ende in Würde?* München: Kindler Verlag 1994, S. 98f.
2   T.S. Eliot: *Vier Quartette*, III.2. In: Gesammelte Gedichte, a.a.O., S. 309, 311.
3   William Butler Yeats: *Byzantium*. In: Ausgewählte Gedichte. Werke Bd. 1. Hrsg Werner Vordtriede. Neuwied und Berlin: Luchterhand 1960, S. 161.

KAPITEL 11: ERHÖHTE REIZBARKEIT

1   Fielding H. Garrison: *An Introduction to the History of Medicine*. 4th ed. Philadelphia: W.B. Saunders 1929, S. 318.
2   Natalie Angier: »How Dangerous to the Heart is Anger?« *The New York Times* (February 10, 1993), S. C12.
3   Dylan Thomas: »Geh nicht gelassen in die gute Nacht«. In: *Windabgeworfenes Licht*. Gedichte Englisch und Deutsch. Ausgewählte Werke in Einzelausgaben, hrsg. von Klaus Martens. Frankfurt am Main: Fischer Verlag 1995, S. 367.

KAPITEL 13: EROTISCHES

1   Raymond Klibansky, Erwin Panofsky und Fritz Saxl: *Saturn und Melancholie. Studien zur Geschichte der Naturphilosophie und Medizin, der Religion und der Kunst*. Frankfurt am Main: Suhrkamp 1992, S. 84.
2   ebd.
3   ebd., S. 58.
4   ebd., S. 64.
5   C.D. O'Malley und J.B. de C.M. Saunders: *Leonardo on the Human Body*. New York: Henry Schuman 1952, S. 461.
6   Roger Gosden: »Cheating Time«, *World Review* (July 2, 1996), S. 4.
7   Samuel Atkin und Adam Atkin: »On Being Old«. In: *How Psychiatrists Look at Aging*. Hrsg. George H. Pollock. Madison, Conn.: International Universities Press 1992, S. 1-24.
8   Gosden: »Cheating Time«, S. 3.
9   William Butler Yeats: *Der Sporn*. In: Ausgewählte Werke. Zürich: Coron-Verlag 1971, S. 263.
10 Alasdair D.F. Macrae: *W.B. Yeats. A Literary Life*. New York: St. Martin's Press, S. 120.
11 Die Zitate stammen aus Yeats' Gedichten »Meerfahrt nach Byzanz«, »Der Turm« und »Nach langem Schweigen«. In: *Werke I. Ausgewählte Gedichte*. A.a.O., S. 157, S. 160, S. 225.
12 Justin Kaplan: *Walt Whitman: A Life*. New York: Simon & Schuster 1980, S. 47, S. 52.
13 Roger Asselineau: *The Evolution of Walt Whitman: The Creation of a Personality*. Cambridge, Mass.: The Belknap Press of Harvard University Press 1960, S. 268.
14 Walt Whitman: »Ventures on an Old Theme«. Aus: *Notes Left Over*. In: *Complete Poetry and Collected Prose*. New York: The Library of America 1982, S. 1055.
15 Die Quellen für die Anekdoten über weiblichen Erotizismus sind: Moreau, Marianne Gray: *La Moreau: A Biography of Jeanne Moreau*. New York: Penguin Books 1996, S. 225, S. 184; Neel: Patricia Hills, *Alice Neel*.

New York: Harry N. Abrams 1983, S. 130; Wood: Garth Clark, »Beatrice Wood«, *Crafts 153* (July / August 1998); Nin: Deirdre Bair, *Anaïs Nin. Eine Biographie*. München: Goldmann Verlag 1998; Sarton: Margot Peters, *May Sarton. A Biography*. New York: Alfred A. Knopf 1997, S. 355; Dinesen: Judith Thurman, *Tania Blixen: Ihr Leben und Werk*. Stuttgart: Deutsche Verlagsanstalt 1989, S. 507.

16 Emily Vermeule: *Aspects of Death in Early Greek Art and Poetry*. Berkeley and Los Angeles: University of California Press 1979, S.173-74.

17 William James: »The Will to Believe«. In: Writings 1878-1899. New York: The Library of America 1992, S. 555. (Deutsch: *Der Wille zum Glauben*. In: *Essays über Glaube und Ethik*. Gütersloh: C. Bertelsmann 1948.)

18 Winifred Milius Lubell: *The Metamorphosis of Baubo: Myths of Woman's Sexual Energy*. Nashville, Tenn.: Vanderbilt University Press 1994, S.39-40.

19 C. Kerényi: *Die Mysterien von Eleusis*. Zürich: Rhein Verlag 1962, S. 53.

20 Pausanias: *Reisen nach Griechenland*. Gesamtausgabe in drei Bänden. Hrsg. Felix Eckstein. Zürich / München: 1954. II.32.3., III.18.1., S. 249, S. 311.

21 Wortley: S. 67; Violet MacDermott, *The Cult of the Seer in the Ancient Middle East*. Berkeley: University of California Press 1971, S. 71-77.

22 *Harvard Health Letter*, 23 / 8 1998, S. 5.

23 Alphonso Lingis: »Lust«. In: *Abuses*. Berkeley: University of California Press 1994.

24 C.G. Jung: *The Collected Works of C.G. Jung*. Übers. R.F.C. Hull. Bollingen Series XX. Princeton, N.J.: Princeton University Press. (Deutsch: Carl Gustav Jung: *Gesammelte Werke*. Olten u. Freiburg i. Breisgau: Walter Verlag 1983.)

KAPITEL 14: BETÄUBUNG

1 *Wellness Letter*, University of California, Berkeley (October 1998), S. 5.

2 Robert Butler in: *Aging and the Elderly: Humanistic Perspectives in Gerontology*, Stuart F. Spiker, Kathleen M. Woodward und David D. Van Tassel (Hrsg.). Atlantic Highlands, N.J.: Humanities Press 1978, S. 391.

3 Alfred North Whitehead, *Modes of Thought*. A.a.O., S. 28.

4 Yoel Hoffman: *Japanese Death Poems*. Rutland, Vt.: Charles E. Tuttel Co. 1986, S. 157, S. 277, S. 278.

5 Butler: »Afterword«. In: *Aging and the Elderly*, S. 390.

6 William Butler Yeats: »Meerfahrt nach Byzanz«. In: *Ausgewählte Werke*, a.a.O., S. 137.

KAPITEL 15: HERZVERSAGEN

1   William Harvey: »Anatomical Dissertation«, zitiert in: *The Discovery of the Circulation of the Blood* von Charles Singer. London: Dawson 1956, S. 1-2.
2   Emile R. Mohler, zitiert in: »Bony Growths Found in Heart Valves«, von N. Seppa, Science News (April 4, 1998), S. 212.
3   Augustinus, *Bekenntnisse*. Berlin/Darmstadt/Wien: Deutsche Buchgemeinschaft 1968, 10.3., S. 220f.
4   Augustinus of Hippo: »Ennarationes in Psalmos«. In: *A Select Library of Nicene and Post-Nicene Fathers*. Grand Rapids, Mich.: Eerdmans Publishing Co., XLII 12, XLI 8 (12). (Deutsch: Aurelius Augustinus: *Die Auslegungen der Psalmen. Christus und sein Mystischer Leib*. Ausgewählt und übertragen von Hugo Weber. Paderborn: Verlag Ferdinand Schöningh 1964.)
5   Henry Corbin: *Creative Imagination in the Sufism of Ibn Arabi*. Übers. Ralph Mannheim. Princeton, N.J.: Princeton University Press 1969, S. 221-46.

KAPITEL 16: RÜCKKEHR

1   Plotins *Schriften*. Übersetzung von Richard Herder. Bd. I. Hamburg. Felix Meiner Verlag 1956, II.2.2.; 2.1., S. 291.
2   Simone de Beauvoir: *Das Alter*. A.a.O, S. 395.

ZWISCHENSPIEL: DIE KRAFT DES GESICHTS

1   Herman Melville: *Moby Dick oder Der Wal*. Übertragen von Alice und Hans Seiffert. Berlin: Verlag Neues Leben 1967, S. 29.
2   ebd., S. 54f.
3   Michael Ventura: »Fifty Bucks Naked«, *LA Village View* (May 27-June 2 1994), S. 5.
4   Joyce D. Nash: *What Your Doctor Can't Tell You About Cosmetic Surgery*. Oakland, CA: New Harbinger 1995, S. 124.
5   ebd., S. 194.
6   Emmanuel Levinas: Justifications de l'éthique. In: *The Levinas Reader*. Hrsg. Séan Hand. Oxford: Basil Blackwell 1989, S. 81.
7   Roland Barthes: »Das Gesicht der Garbo«. In: *Mythen des Alltags*. Frankfurt am Main: Suhrkamp Verlag 1964, S. 75.
8   William James: *Talks to Teachers on Psychology: And to Students on Some of Life's Ideals*. London: Longmans, Green & Co. 1911, S. 75.
9   Alfred North Whitehead: *Modes of Thought*. A.a.O., S. 29.

10   T.E. Hulme: *Speculations*. London: Routledge & Kegan Paul, 1936, S. 162.

11   James Elkins: *The Object Stares Back: On the Nature of Seeing*. New York: Simon & Schuster 1996, S. 200.

12   Levinas: *Justifications de l'éthique*, S. 83.

13   Emmanuel Levinas: *Difficult Freedom*. Übers. Séan Hand. Baltimore: Johns Hopkins Press 1990, S. 140. (Deutsch: *Schwierige Freiheit: Versuch über das Judentum*. Frankfurt am Main: Jüdischer Verlag 1992.)

14   Levinas: *Justifications de l'éthique*, S. 83

15   Emmanuel Levinas: *Totalität und Unendlichkeit. Versuch über die Exteriorität*. Freiburg/München: Verlag Karl Alber 1987, S. 289.

16   George Kunz: The Paradox of Power and Weakness: *Levinas and an Alternative Paradigm for Psychology*. Albany: State University of New York Press 1998, S. 27.

17   *Service of the Synagogue: New Year*. London: Routledge & Kegan Paul, o.J., S. 209.

18   Louis Ginzberg: *The Legends of the Jews*. Übers. Henrietta Szold. Philadelphia: Jewish Publications Society 1954; Gershom Scholem: *Die jüdische Mystik in ihren Hauptströmungen*. Frankfurt am Main: Suhrkamp 1980.

19   Levinas: *Totalität und Unendlichkeit*. A.a.O., S. 289.

20   T.S. Eliot: »J. Alfred Prufrocks Liebesgesang«. In: *Gesammelte Gedichte*, a.a.O., S. 9.

21   Jean-Jacques Courtine und Claudine Haroche: *Histoire du Visage*. Paris: Rivages/Histoire 1998.

22   Nanao Sakaki: »Break the Mirror«. In: *Break the Mirror*. San Francisco: North Point Press 1987, S. 108.

23   Carly H. Smith: »Old-Age Freedom in Josphine Miles's Late Poems, 1974-79«. In: *Aging and Gender in Literature*, Anne M. Wyatt-Brown und Janice Rossen (Hrsg.). Charlottesville: University Press of Virgina 1993, S. 278.

24   Simone de Beauvoir: *Das Alter*. A.a.O., S. 253.

25   William Butler Yeats: »Eh noch die Welt begann«. In: *Ausgewählte Gedichte*. Werke 1. A.a.O., S. 227.

26   James Elkins: *The Object Stares Back*. A.a.O., S. 182.

27   Levinas: *Justifications de l'éthique*, S. 81.

28   T.E. Hulme: *Speculations*. A.a.O., S. 229.

KAPITEL 17: VOM »GEHEN« ZU DEM, »WAS BLEIBT«

1   W.B. Yeats: »Byzantium«. In: *Ausgewählte Werke*. A.a.O., S. 161.

2   Karl Kerényi: *Zeus und Hera. Urbild des Vaters, des Gatten und der Frau*. Leiden: E.J. Brüll 1972, S. 93ff.

3   Pausanius: *Reisen nach Griechenland*. A.a.O., VIII.22.2, S. 48.

4   George Ripley: »The Bosom Book«. In: *Collectanea Chemica*. London: Vincent Stuart 1963, S. 140f.

5   Wallace Stevens: »To an Old Philosopher in Rome«. In: *The Collected Poems of Wallace Stevens*. New York: Alfred A. Knopf 1978, S. 508-10.

KAPITEL 18: DER CHARAKTER, PHILOSOPHISCH BETRACHTET

1   Keith H. Basso: *Wisdom Sits in Places: Landscape and Language Among the Western Apaches*. Albuquerque: University of New Mexico Press 1996, S. 79.

2   ebd., S. 85.

3   Lucien Lévy-Brühl: *Das Denken der Naturvölker*. Wien und Leipzig: Wilhelm Braumüller 1926, S. 116.

KAPITEL 19: DER TUGENDHAFTE CHARAKTER
ODER DER CHARAKTER, MORALISCH AUSGELEGT

1   William James: *Talks to Teachers on Psychology*, S. 75.

2   ebd., S.85.

3   William J. Bennett: *The Moral Compass*. New York: Simon & Schuster 1995, S. 12, S. 13; *The Book of Virtues*. Simon & Schuster 1993, S. 12.

4   Edward O. Wilson: »The Biological Basis of Morality«, *Atlantic Monthly* (April 1998), S. 64.

5   T.S. Eliot: Vier Quartette. IV.2. In: *Gesammelte Gedichte*, a.a.O., S. 329.

KAPITEL 20: DER IMAGINIERTE CHARAKTER

1   Albert Cattell und Maria G. Cattell: *Old Age in Global Perspective*. A.a.O., S. 59.

2   Carolyn H. Smith. In: *Aging and the Elderly: Humanistic Perspectives in Gerontology*. Stuart F. Spiker, Kathleen M. Woodward und David D. Van Tassel (Hrsg.). Atlantic Highlands, N.J.: Humanities Press 1978, S. 278.

KAPITEL 21: GROSSELTERNSCHAFT

1   Steven Rose: *Biology Beyond Determinism*. New York: Oxford University Press 1998, S. 211.

2   Theodore Roszak: *America the Wise*. A.a.O., S. 247.

3   Daniel C. Dennett: *Darwins gefährliches Erbe. Die Evolution und der Sinn des Lebens*. Hamburg: Hoffmann und Campe 1997, S. 477, S. 483.

4   Theodore Roszak: *America the Wise*. A.a.O., S. 248.
5   Anne Baring und Jules Cashford: *The Myth of the Goddess*. London: Viking 1991, S. 259, 303, 394.

KAPITEL 23: DIE TUGENDEN DES CHARAKTERS

1   Horace B. English und Ava C. English: *A Comprehensive Dictionary of Psychological and Psychoanalytical Terms*. New York: David McKay 1958, S. 83.
2   Amélie O. Rorty: »Characters, Persons, Selves, Individuals«. In: *Identities of Persons*. Hrsg. A.O. Rorty. Berkeley: University of California Press 1976, S. 301-323.

KAPITEL 24: ABSCHLUSS

1   Richmond Lattimore: *Themes in Greek and Latin Epitaphs*. Urbana: University of Illinois Press 1962, S. 174.
2   Georges Santayana: *Realms of Being*. New York: Scribner's 1942, S. XIV.
3   Richard Lewontin: *Human Diversity*. New York: Scientific American Library 1995, S. 42.
4   Miguel de Unamuno: *Das tragische Lebensgefühl*. München: Meyer & Jessen 1925, S. 335f.
5   William Butler Yeats: »Ein Gebet fürs hohe Alter«. In: *Ausgewählte Gedichte*, a.a.O., S. 232.
6   R.B. Onians: *The Origins of European Thought About the Body, the Wind, the Soul, the World, Time and Fate*. Cambridge: Cambridge University Press 1954, S. 75.

BIBLIOGRAPHIE

Abram, David: *The Spell of the Sensuous*. New York: Pantheon 1996.

Albert, Steven M., Maria G. Cattell und Albert Cattell: *Old Age in Global Perspective: Cross-Cultural and Cross-National Views*. New York: G.K. Hall & Co. 1994.

Allen, Woody: *Ohne Leit kein Freud*. Gütersloh: Bertelsmann o.J.

Amos, Ashley Crandell: »Old English Words for *Old*«. In: *Aging and the Aged in Medieval Europe*. Hrsg. Michael M. Sheehan, Toronto: Pontifical Institute of Mediaeval Studies 1990.

Angier, Natalie: »How Dangereous to the Heart Is Anger?« *The New York Times*, February 10, 1993.

Aristoteles. *Die Werke des Artistoteles*. Neu übersetzt mit einer Einleitung und erklärenden Anmerkungen versehen von Olof Gigon. Zürich: Artemis Verlag 1950ff.

Asselineau, Roger: *The Evolution of Walt Whitman: The Creation of a Personality*. Cambridge, Mass.: The Belknap Press of Harvard University Press 1960.

Atkin, Samuel, und Atkin, Adam: »On Being Old«. In: *How Psychiatrists Look at Aging*. Hrsg. George H. Pollock. Madison, Conn.: International Universities Press 1992.

Augustinus: *Die Bekenntnisse*. Berlin/Darmstadt/Wien: Deutsche Buchgemeinschaft 1968.

Augustine of Hippo: »Enarrationes in Psalmos«. In: *A Select Library of Nicene and Post-Nicene Fathers*. Grand Rapids, Mich.: Eerdmans Publishing Co. (Deutsch: *Die Auslegungen der Psalmen. Christus und sein mystischer Leib*. Ausgewählt und übertragen von Hugo Weber. Paderborn: Verlag Ferdinand Schöningh 1964.)

Bair, Deirdre: *Anaïs Nin. Eine Biografie*. München: Goldmann Verlag 1998.

Baring, Anne, und Cashford, Jules: *The Myth of the Goddess*. London: Viking 1991.

Barthes, Roland: »Das Gesicht der Garbo«. In: *Mythen des Alltags*. Frankfurt am Main: Suhrkamp Verlag 1964.

Basso, Keith H.: *Wisdom Sits in Places: Landscape and Language Among the Western Apaches*. Albuquerque: University of New Mexico Press 1996.

Bataille, Georges: *Die Erotik*. München: Matthes und Seitz Verlag 1994.

Beauvoir, Simone de: *Das Alter*. Reinbek: Rowohlt Verlag 1972.

Bennett, William J.: *The Book of Virtues*. New York: Simon & Schuster 1993.

Ders.: *The Moral Compass*. New York: Simon & Schuster 1995.

Bergson, Henri: *Zeit und Freiheit*. Frankfurt am Main: Athenäum Verlag 1989.

Blanchot, Maurice: *The Writing of the Disaster*. Übers. Ann Smock. Lincoln and London: University of Nebraska Press 1995.

Bly, Robert. *Meditations on the Insatiable Soul*. New York: Harper-Collins 1994.

Ders.: »Recognizing the Image as a Form of Intelligence«, *Field* 24 (Spring 1981).

Brophy John: *The Human Face Reconsidered*. London: George Harrap 1962.

Browne, Thomas: *Religio Medici. Ein Versuch über die Vereinbarkeit von Vernunft und Glauben*. Berlin: Henssel 1978.

Budge, E.A. Wallis: *The Book of the Dead – The Chapters of Coming Forth by Day*. London: Kegan Paul 1898.

Cannon, Walter B.: *The Wisdom of the Body*. New York: Norton 1932.

Champdor, Albert: *Das Ägyptische Totenbuch. Vom Geheimnis des Jenseits im Reich der Pharaonen*. Freiburg i. Breisgau: Herder 1997.

Cicero, Marcus Tullius: *Cato der Aeltere oder vom Greisenalter und Lälius oder von der Freundschaft*. Stuttgart: Verlag der J.B. Metzlerschen Buchhandlung 1827.

Clark, Garth: »Beatrice Wood«. *Crafts* 153 (July / August 1998).

Clark, R.T. Rundle: *Myth and Symbol in Ancient Egypt*. London: Thames & Hudson 1959.

Connery, Brian A.: »Self-Representation and Memorials in the Late Poetry of Swift«. In: *Aging and Gender in Literature*. Hrsg. Anne M. Wyatt-Brown und Janice Rossen. Charlottesville: University Press of Virginia 1993.

Corbin, Henry: *Creative Imagination in the Sufism of Ibn Arabi*. Übers. Ralph Manheim. Princeton, N.J.: Princeton University Press 1969.

Ders: *Spiritual Body and Celestial Earth: From Mazdean Iran to Shi'ite Iran*. Übers. Nancy Pearson. Princeton, N.J.: Princeton University Press 1977.

Courtine, Jean-Jacques, und Haroche, Claudine: *Histoire du Visage*. Paris: Rivages / Histoire 1998.

Deleuze, Gilles: *Differenz und Wiederholung*. München: Fink Verlag 1992.

DeLillo, Don: zitiert in: »Exile on Main Street«, von David Remnick. *The New Yorker*, September 15, 1997.

Dennett, Daniel: *Darwins gefährliches Erbe: die Evolution und der Sinn des Lebens*. Hamburg: Hoffmann und Campe 1997.

Eliade, Mircea: *Schamanismus und archaische Ekstasetechnik*. Frankfurt am Main: Suhrkamp Verlag 1994.

Eliot, T.S.: *Gesammelte Gedichte 1909-1962*. Hrsg. Eva Hesse. *Werke* Bd. 4. Frankfurt am Main: Suhrkamp 1972.

Elkins, James: *The Object Stares Back: On the Nature of Seeing*. New York: Simon & Schuster 1996.

Emerson, Ralph Waldo: »Old Age« and »Character«. In: *The Works of Ralph Waldo Emerson*, Bd 3. New York: Harper & Brothers, o.J.

English, Horace B., und English, Ava C.: *A Comprehensive Dictionary of Psychological and Psychoanalytical Terms*. New York: David McKay 1958.

Erikson, Erik H.: *Der vollständige Lebenszyklus*. Frankfurt am Main: Suhrkamp Verlag 1992.

Euripides: *Die Bakchen*. Erklärt von Ewald Bruhn. Berlin: Weidemann o.J.

Fenichel, Otto: *Psychoanalytische Neurosenlehre*. Freiburg i. Breisgau: Olten Verlag 1975.

Ferguson, John: *Moral Values in the Ancient World*. London: Methuen 1958.

Feynman, Richard: *Kümmert Sie, was andere Leute denken? Neue Abenteuer eines neugierigen Physikers*. München: Piper Verlag 1991.

Fierz-David, Linda: *Women's Dionysian Initiation*. Dallas: Spring Publications 1988.

Foresight Update 27:4. Palo Alto, CA: Foresight Institute 1996.

Fortune, December 9, 1996.

Fredrickson, George M.: *The Inner Civil War*. Urbana: University of Illinois Press 1993.

Freedberg, David: *The Power of Images*. Chicago and London: University of Chicago Press 1989.

Garrison, Fielding H.: *An Introduction to the History of Medicine*, 4th ed. Philadelphia: W.B. Saunders 1929.

Ginzberg, Louis: *The Legends of the Jews*, Bde. 1 und 2. Übers. Henrietta Szold. Philadelphia: Jewish Publications Society 1954.

Gray, Marianne: *La Moreau: A Biography of Jeanne Moreau*. New York: Penguin Books 1996.

Goldstein, Avram: zitiert in: »Annals of Addiction«, von Abraham Verghese, *The New Yorker*, February 16. 1998.

Gosden, Roger: *Cheating Time: Sex, Science and Aging*. London: Macmillan 1996.

Ders.: »Cheating Time«, *World Review*, July 2, 1996.

Hamburger, Philip: »Al Hirschfeld Blows Out His Candles«. *The New Yorker*, June 22/29, 1998.

Harvard Health Letter 23/8, 1998.

Henry Kimberly A., M.D., und Keckaman, Penny: *The Plastic Surgery Handbook*. Los Angeles: Lowell House 1997.

Heraklit: *Ancilla to the Pre-Socratic Philosophers*. Kathleen Freeman, trans. Oxford. Basil Blackwell 1948.

Hillman, James: »The Animal Kingdom in the Human Dream«. In: *Eranos Yearbook* 51 (1982). Frankfurt am Main: Insel Verlag 1983.

Ders.: »Concerning the Stone: Alchemical Images of the Goal«. In: *Sphinx* 5. London: The London Convivium for Archetypal Studies 1993.

Ders.: »Egalitarian Typologies Versus the Perception of the Unique«. In: *Eranos Yearbook* 45 (1976). Ascona, Switzerland: Eranos Foundation 1980.

Ders.: »On the Necessitiy of Abnormal Psychology«. In: *Facing the Gods*. Hrsg. James Hillman. Woodstock, Conn.: Spring Publications 1991.

Hills, Patricia: *Alice Neel*. New York: Harry N. Abrams 1983.

Hoffman, Yoel: *Japanese Death Poems: Written by Zen Monks and Haiku Poets on the Verge of Death*. Rutland, Vt.: Charles E. Tuttle Co. 1986.

Hogrefe, Jeffrey: *O'Keeffe: The Life of an American Legend*. New York: Bantam 1992.

Hulme, T.E.: *Speculations*. London: Routledge & Kegan Paul 1936.

James, William: *Writings 1878-1899*. New York: The Library of America 1992. (Deutsch: *Essays über Glaube und Ethik*. Ausgewählt von Ralph Barton Perry. Gütersloh: Bertelsmann 1948.)

Ders.: *Talks to Teachers on Psychology: And to Students on Some of Life's Ideals*. London: Longmans, Green and Co. 1911.

Jones, Peter, ed.: *Imagist Poetry*. London: Penguin 1972.

Joyce, James: *Ulysses*. Frankfurt am Main: Suhrkamp Verlag 1997.

Jung, Carl Gustav: *Briefe*, Briefe. Bd. 1-3. Hrsg. Aniela Jaffé in Zusammenarbeit mit Gerhard Adler, London. Olten und Freiburg i. Breisgau: Walter-Verlag 1972.

Ders.: *Erinnerungen, Träume, Gedanken von C.G. Jung*. Aufgezeichnet und hrsg. von Aniela Jaffé. Olten und Freiburg i. Breisgau: Walter Verlag 1987.

The Collected Works of C.G. Jung, Bde. 6,8,13. Übers. R.F.C., Bollingen Series XX. Princeton, N.J.: Pinceton University Press 1960-71. (Deutsch: Carl Gustav Jung: *Gesammelte Werke*. Olten u. Freiburg i. Breisgau: Walter Verlag 1983.)

Kaplan, Justin: *Walt Whitman: A Life*. New York: Simon & Schuster 1980.

Kent, Saul: In: *Life Extension Magazine*, August 1998.

Kerényi, Karl: *Dionysos. Urbild des unzerstörbaren Lebens*. München/Wien: Langenmüller 1976.

Ders.: *Die Mysterien von Eleusis*. Zürich: Rhein Verlag 1962.

Ders.: *Die Heroen der Griechen*. Zürich: Rhein Verlag 1958.

Ders.: *Zeus und Hera. Urbild des Vaters, des Gatten und der Frau*. Leiden: E.J. Brill 1972.

Kierkegaard, Sören: *Die Wiederholung*. In: Gesammelte Werke, 5. und 6. Abteilung. Düsseldorf/Köln: Eugen Diederichs Verlag 1955.

Kilpatrick, William und M. Wolfe, Gregory und Suzanne: *Books That Build Character: A Guide to Teaching Your Child Moral Values Through Stories*. New York: Simon & Schuster 1994.

Kirk, Geoffrey S.: »Old Age and Maturity in Ancient Greece«. In: *Eranos Yearbook* 40 (71). Leiden: E.J. Brill 1974.

Klibansky, Raymond, Erwin Panofsky und Fritz Saxl, *Saturn und Melancholie. Studien zur Geschichte der Naturphilosophie und Medizin, der Religion und der Kunst*. Frankfurt am Main: Suhrkamp 1992.

Kselman, Thomas A.: *Death and the Afterlife in Modern France. Pinceton*, N.J.: Princeton University Press 1993.

Kunz, George: *The Paradox of Power and Weakness: Levinas and an Alternative Paradigm for Psychology.* Albany: State University of New York Press 1998.

Lattimore, Richmond: *Themes in Greek and Latin Epitaphs.* Urbana. University of Illinois Press 1962.

Levinas, Emmanuel: *Diffcult Freedom.* Übers. Séan Hand. Baltimore: Johns Hopkins Press 1990. (Deutsch: *Schwierige Freiheit. Versuch über das Judentum.* Frankfurt am Main: Jüdischer Verlag 1992.)

The Levinas Reader. Hrsg. Séan Hand. Oxford: Basil Blackwell 1989.

Ders.: *Totalität und Unendlichkeit. Versuch über die Exteriorität.* Freiburg/München: Verlag Karl Alber 1987.

Lévy-Bruhl, Lucien: *Das Denken der Naturvölker.* Wien & Leipzig: Braumüller 1926.

Lewontin, Richard: *Menschen.* Heidelberg: Spektrum der Wissenschaft Verlagsgesellschaft 1986.

Lingis, Alphonso: *Abuses.* Berkeley: University of California Press 1994.

Lopez, Barry, und Tom Pohrt: *Krähe und Wiesel.* Buxtehude: Verlag an der ESTE 1993.

Lubell, Winifred Milius: *The Metamorphosis of Baubo: Myths of Woman's Sexual Energy.* Nashville, Tenn.: Vanderbilt University Press 1994.

MacDermott, Violet: *The Cult of the Seer in the Ancient Middle East.* Berkeley: University of California Press 1971.

Macrae, Alasdair D.F.: *W.B. Yeats: A Literary Life.* New York: St. Martin's Press 1995.

Mamet, David. Zitiert in: »Fortress Mamet«, von John Lahr. *The New Yorker,* November 17, 1997.

Marcovich, M.: *Heraclitus: Greek Text with a Short Commentary.* Merida, Venezuela: Los Andes University Press 1967.

Medvedev, Zhores: »An Attempt at a Rational Classification of Theories of Aging«. *Biological Reviews* 65 (1990).

Melville, Herman: *Moby Dicky oder Der Wal.* Übertragen von Alice und Hans Seiffert. Berlin: Verlag Neues Leben 1967.

Merleau-Ponty, Maurice: *The Primacy of Perception: And Other Essays on Phenomenological Psychology, the Philosophy of Art, History and Politics.* Hrsg. James M. Edie. Evanston, Ill: Northwestern University Press 1964.

Ders.: *Das Sichtbare und das Unsichtbare.* München: Fink Verlag 1994.

Miller, David L.: »Red Riding Hood and Grandmother Rhea«. In: *Facing the Gods.* Hrsg. James Hillman. Woodstock, Conn.: Spring Publications 1991.

Mohler, Emile R.: in: N. Seppa, »Bony Growths Found in Heart Valves«. *Science News,* April 4, 1998.

Nash, Joyce D.: *What Your Doctor Can't Tell You About Cosmetic Surgery.* Oakland, Calif.: New Harbinger 1995.

Nietzsche, Friedrich: *Jenseits von Gut und Böse. Zur Genealogie der Moral.* Und: *Also sprach Zarathustra.* In: Kritische Studienausgabe. Hrsg. Giorgio Colli und Mazzino Montrenari. Bd. 4. München: Deutscher Taschenbuch Verlag. Berlin/New York: Walter de Gruyter 1988.

Nuland, Sherwin B.: *Wie wir sterben: Ein Ende in Würde?* München: Kindler Verlag 1994.

O'Malley, C.D. und J.B. de C.M. Saunders: *Leonardo on the Human Body.* New York: Henry Schuman 1952.

Onians, R.B.: *The Origins of European Thought About the Body, the Wind, the Soul, the World, Time and Fate.* Cambridge: Cambridge University Press 1954.

Organ, Troy Wilson: *An Index to Aristotle.* New York: Gordian Press 1966.

Ortega y Gasset, José: *Was ist Philosophie.* In: Gesammelte Werke Bd. V. Stuttgart: Deutsche Verlagsanstalt 1978.

Pausanias: *Reisen nach Griechenland.* Gesamtausgabe in drei Bänden. Hrsg. Felix Eckstein. Zürich/München: Artemis Verlag 1954.

Peters, Margot: *May Sarton: A Biography.* New York: Alfred A. Knopf 1997.

Pinker, Steven: *Wie das Denken im Kopf entsteht.* München: Kindler Verlag 1998.

Platon: *Platons Theaitetos oder vom Wissen.* Leipzig: Reclam 1916.

Platon: *Politeia (Der Staat).* In: *Sämtliche Werke* Bd.3. Nach der Übersetzung von Friedrich Schleiermacher. Hrsg. Walter F. Otto, Ernesto Grassi, Gert Plamböck. Reinbek: Rowohlt Verlag 1989.

Plotins *Schriften.* Übersetzt von Richard Herder. Bd. I. Hamburg: Felix Meiner Verlag 1956.

Pound, Ezra: In: *Imagist Poetry.* Hrsg. Peter Jones. London: Penguin 1972.

Riefenstahl, Leni: *1945-1987. Leni Riefenstahl.* Frankfurt am Main/Berlin: Ullstein Verlag 1995.

Ripley, George: *Collectanea Chemica.* London: Vincent Stewart 1963.

Rorty, Amélie O.: »Characters, Persons, Selves, Individuals«. In: *Identities of Persons.* Hrsg. A.O. Rorty. Berkeley: University of California Press 1976.

Rose, Steven: *Biology Beyond Determinism.* New York: Oxford University Press 1998.

Rosen, George: *Madness in Society.* London: Routledge & Kegan Paul 1968.

Roszak, Theodore: *America the Wise: The Longevity Revolution and the True Wealth of Nations.* New York: Houghton Mifflin 1998.

Sakaki, Nanao: *Break the Mirror.* San Francisco: North Point Press 1987.

Santayana, George: *Realms of Being.* New York: Scribner's 1942.

Scholem, Gershom: *Die jüdische Mystik in ihren Hauptströmungen.* Frankfurt am Main: Suhrkamp 1980.

Service of the Synagogue. New Year. London: Routledge & Kegan Paul o.J.

Shapiro, David: *Autonomy and Rigid Character.* New York: Basic Books 1981.

Singer, Charles: *The Discovery of the Circulation of Blood.* London: Dawson 1956.

Smith, Carolyn H.: »Old-Age Freedom in Josephine Miles's Late Poems, 1974-79«. In: *Aging and Gender in Literature.* Hrsg. Anne M. Wyatt-Brown und Janice Rossen. Charlottesville: University Press of Virginia 1993.

Spiker, Stuart F., Kathleen M. Woodward und David D. Van Tassel (Hrsg.): *Aging and the Elderly: Humanistic Perspectives in Gerontology*. Atlantic Highlands, N.J.: Humanities Press 1978.

Spinoza, Baruch von: *Sittenlehre*. Hildesheim/New York: Georg Olms Verlag 1981.

Stafford, William: *Stories That Could Be True*. New York: Harper & Row 1977.

Stevens, Wallace: *The Collected Poems of Wallace Stevens*. New York: Afred A. Knopf 1978.

Theophrastus: *Charaktere*. Bearbeitet von Ernst Löwenfels. Berlin: Weidler 1955.

Thomas, Dylan: *Windabgeworfenes Licht*. Gedichte. Englisch und Deutsch. Ausgewählte Werke in Einzelausgabe, hrsg. v. Klaus Martens. Frankfurt am Main: Fischer Verlag 1995.

Thurman, Judith: *Tania Blixen. Ihr Leben und Werk*. Stuttgart: Deutsche Verlagsanstalt 1989.

Unanmuno, Miguel de: *Das tragische Lebensgefühl*. München: Meyer & Jessen 1925.

University of California, Berkeley: »Wellness Letter«, October 1998.

Ventura, Michael: »Fifty Bucks Nakes«, *LA Village View*, May 27-June 2, 1994.

Vermeule, Emily: *Aspects of Death in Early Greek Art and Poetry*. Berkeley and Los Angeles: University of California Press 1979.

Whitehead, Alfred North: *Modes of Thought*. New York: The Library of America 1982.

Whitman, Walt: *Complete Poetry and Collected Prose*. New York: Capricorn Books 1982. (Deutsche Ausgabe (Teilsammlung): *Walt Whitman's Werke in zwei Bänden*. Berlin: S. Fischer 1922.)

»Why Do Men Urinate an Night?« *Harvard Men's Health Watch*, Feburary 1998.

Wilson, Edward O.: »The Biological Basis of Morality«. *Atlantic Monthly*, April 1998.

Wolfe, Thomas: *A Stone, a Leaf, a Door*. New York: Scribner's 1945.

Woodward Kathleen: *At Last, the Real Distinguished Thing: The Late Poems of Eliot, Pound, Stevens, and Williams and Other Essays*. Columbus: Ohio State University Press 1980.

Woolf, Virginia: *Der Tod des Falters*. Gesammelte Werke. Hrsg. Klaus Reichert. Frankfurt am Main: Fischer Verlag 1997.

Wortley, John T.: »Aging and the Desert Fathers: The Process Reversed«. In: *Aging and the Aged in Medieval Europe*. Hrsg. Michael M. Sheehan. Toronto: Pontifical Institute of Mediaeval Studies 1990.

Yeats, William Butler: *The Collected Poems of W.B. Yeats*. London: Macmillan 1990. (Deutsche Ausgaben: *Ausgewählte Gedichte*. Werke 1. Hrsg. Werner Vordtriede. Neuwied und Berlin: Luchterhand 1960. *Ausgewählte Werke*. Zürich: Coron-Verlag 1971.)

Young, Robert: *Analytical Concordance to the Bible*. London: Society for Promoting Christian Knowledge, o.J.

Namen- und Sachregister

335